DAM

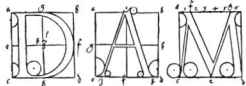

Architektur Jahrbuch
Architecture in Germany

2000

2000

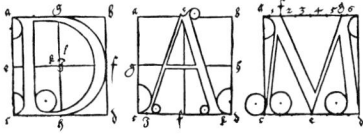

Architektur Jahrbuch
Architecture in Germany

Herausgegeben von
Edited by

Deutsches Architektur-Museum, Frankfurt am Main
Wilfried Wang und Anna Meseure

Mit Beiträgen von
With contributions from

Nikolaus Hirsch, Steven Holl, Annette Ludwig,
Marcel Meili, Anna Meseure, Inge Wolf

und Baukritiken von
and reviews by

Dieter Bartetzko, Christof Bodenbach,
Layla Dawson, Markus Jager, Karin Leydecker,
Anna Meseure, Philipp Meuser,
Walter Nägeli, Andreas Rossmann,
Manfred Sack, Enrico Santifaller, Peter Cachola
Schmal, Walter Schoeller, Paul Sigel,
Christian Thomas, Wilfried Wang

Prestel
München · London · New York

Herausgegeben von
Wilfried Wang und Anna Meseure
im Auftrag des Dezernats für Kultur und Freizeit,
Amt für Wissenschaft und Kunst der Stadt
Frankfurt am Main

Lektorat: Ruth Klumpp
Lektorat der englischen Texte: Courtenay Smith
Übersetzungen ins Englische: Ishbel Flett

Umschlagmotiv:
Thomas Herzog, Expo-Dach, Hannover (Foto: Dieter Leistner)

Frontispiz:
Enric Miralles und Benedetta Tagliabue, Musikschule, Hamburg
(Foto: Markus Kröger, Markus Dorfmüller)

Die Deutsche Bibliothek – CIP-Einheitsaufnahme:
Deutsches Architektur-Museum ‹Frankfurt, Main›:
DAM Architektur Jahrbuch... / hrsg. von Wilfried Wang,
Deutsches Architektur-Museum, Frankfurt am Main.
Hrsg. im Auftr. des Dezernats für Kultur und Freizeit,
Amt für Wissenschaft und Kunst der Stadt Frankfurt am Main. –
München: Prestel.
Erscheint jährlich. – Aufnahme nach 1992
Bis 1991 u. d. T.: Jahrbuch für Architektur
ISSN 0942-7481
NE: HST

Die Leitpläne zur Expo 2000 in Hannover von Albert Speer
(Seite 41, 49) wurden mit freundlicher Genehmigung der
Bertelsmann Media abgedruckt. Die Pläne wurden erstmals
in der Publikation des Hatje Cantz Verlages veröffentlicht:
Architektur Architecture. Expo 2000 Hannover, hrsg. von
EXPO 2000 Hannover GmbH, Ostfildern-Ruit 2000.

Prestel Verlag
Mandlstraße 26, D-80802 München
Telefon (089) 38 17 09-0, Fax (089) 38 17 09-35
E-mail: info@prestel.de
www.prestel.de

Deutsches Architektur-Museum
Schaumainkai 43, D-60596 Frankfurt am Main
Tel. (0 69) 21 23 84 71, Fax (0 69) 21 23 77 21

Gestaltung: Cilly Klotz
Umschlagkonzept: KMS-Graphik, München
Bearbeitung der CAD-Daten: Meike Weber
Reproduktionen: ReproLine, München
Druck- und Bindung: Appl, Wemding
Gedruckt auf chlorfrei gebleichtem Papier
Printed in Germany

ISSN 0942-7481
ISBN 3-7913-2381-4

Edited by
Wilfried Wang and Anna Meseure
on behalf of the Municipal Department for
Cultural and Leisure Affairs, Sciences and
Arts Office, Frankfurt am Main

Copyediting by Ruth Klumpp
Copyediting of English summaries by Courtenay Smith
Translated from German by Ishbel Flett

Cover:
Thomas Herzog, Expo Roof, Hanover (Photo: Dieter Leistner)

Frontispiece:
Enric Miralles and Benedetta Tagliabue, Music School, Hamburg
(Photo: Markus Kröger, Markus Dorfmüller)

Library of Congress Catalog Card Number: 00-104162

© Prestel Verlag, Munich · London · New York and
   Deutsches Architektur-Museum, Frankfurt am Main, 2000

© for the artworks with the artists, with the exception of
   Gerhard Merz, Ludwig Mies van der Rohe and Yngve Zakarias
   with VG Bild-Kunst, Bonn, 2000.

Names of copyright holders of the material used have
been supplied by the architects themselves. Neither the
Deutsches Architektur-Museum nor Prestel Verlag shall
be held responsible for any omissions or inaccuracies.

All illustrations have been made available to the publisher by the
respective authors and architects. Photographic acknowledgements
are included in the picture captions.

The site plans for the Expo 2000 in Hanover by Albert Speer
(pp. 41, 49) have been reproduced here by permission from
Bertelsmann Media. The plans were first published in *Architektur
Architecture: Expo 2000 Hannover*, edited by Expo 2000
Hannover GmbH, Ostfildern-Ruit,
and published by Hatje Cantz Verlag 2000.

Prestel Verlag
Mandlstrasse 26, 80802 Munich, Germany
Phone +49 (089) 38 17 09-0, Fax +49 (089) 38 17 09-35;
16 West 22nd Street, New York, NY 10010 USA
Tel. +1 (212) 627-9090, Fax +1 (212) 627-9511;
4 Bloomsbury Place, London WC1A 2QA
Tel. +44 (0171) 323 5004, Fax +44 (0171) 636 8004

Deutsches Architektur-Museum
Schaumainkai 43, 60596 Frankfurt am Main, Germany
Phone +49 (069) 21 23 84 71, Fax +49 (069) 21 23 77 21

Designed by Cilly Klotz
Cover concept by KMS-Graphik, Munich
Work on CAD files by Meike Weber
Lithography by ReproLine, Munich
Printing and binding by Appl, Wemding
Printed in Germany on acid-free paper

ISSN 0942-7481
ISBN 3-7913-2381-4

Inhalt Contents

Vorwort

Foreword

Wir alle haben uns angewöhnt, Utopien als Nostalgie nach vorne zu lesen. Denn jede Art von Prognose rechnet den gesellschaftlichen und technischen Status quo hoch, eine Momentaufnahme, die sich dann oft schneller verändert, als die Utopien in Rechnung gestellt haben. Nun werden gerade architektonische Utopien mehr als Vorhersagen in anderen gesellschaftlichen Feldern an ihrem visuellen Konkretisierungsgrad gemessen. Architektur als die Kunst der Behausung, der Bereitstellung von urbanen Räumen und kommunikativen Verdichtungen ist darauf angewiesen, im utopischen Diskurs die Parameter ihrer Fantasie gewissermaßen dingfest zu machen. Nicht zufällig intensiviert sich das Panorama spezifisch architektonischer Utopien parallel zum Progress der Moderne, der, jedenfalls in Zentraleuropa, bereits um 1800 einsetzt. Von den Revolutionsarchitekten geht ein direkter Weg bis zu den konkretisierten Utopien eines Jules Verne, der die eher gesellschaftssoziologischen Utopien etwa eines Campanella an Konkretisierung weit übertrifft. Parallel zu dem sich beschleunigendem Veränderungsdruck innerhalb der modernen Produktionsverhältnisse, die neben der Fließbandproduktion neue, bis dahin so nicht gekannte Materialien wie Stahl, Aluminium und später Kunststoff in serielle präfabrizierte Wohnsysteme zwingt, entstehen architektonische Fantasien darüber, wie man, die jeweils perfektionierte Handhabung dieser Technologien vorausgesetzt, in Zukunft mit dem konstruktiven Versprechen dieser Neuerungen umgehen könnte. Bodo und Heinz Raschs Hängehäuser, Yona Friedmans megalomane Überbauungen historischer Stadtstrukturen, Walter Jonas' Trichterhäuser und selbst Archigrams Röhren-Landschaften sind Emanationen dieses technologischen Glaubens an eine bessere Zukunft. Jene ingenieurmäßige Euphorie, die die architektonischen Utopien der zweiten Hälfte des 20. Jahrhunderts charakterisiert, war Gegenstand des Diskurses unseres letzten Jahrbuchs. Unter den Gesichtspunkten der Computerisierung, Digitalisierung und Miniaturisierung sind architektonische Utopien von heute aus allerdings anders zu denken: als dominant dezentralisierte Szenarien. Jene ›dehnbaren Horizonte‹, die der amerikanische Architekt Steven Holl unter Berufung auf mikrobiologische und interaktive Möglichkeiten der architektonischen Materialien und Technologien für das 21. Jahrhundert sowohl reklamiert wie imaginiert, werden dabei ergänzt durch die Diagnose von Nikolaus Hirsch über ›stabile und instabile Zustände‹ des heutigen Prozesses jedweder Realisierung, die Planungen und Verabredungen konstruktiver, soziologischer und ästhetischer Art jeweils nur noch als ›Moderation‹ unterschiedlicher Interessenträger konstatiert, denen das gemeinsame Ganze jeweils nur noch rudimentär zugänglich ist. Genau dies ist auch das Thema der theoretischen Reflexion des Schweizers Marcel

We have all become accustomed to the notion of utopia as a kind of nostalgia for the future. After all, any form of forecast is based on an extrapolation of the social and technical status quo, like the blow-up of a snapshot capturing a moment that, as often as not, changes faster than the utopian vision. In architecture, more than in any other social field, utopian visions tend to be judged primarily in terms of their tangibility. Within the utopian discourse, architecture, as the art of housing, the provider of urban space and the creator of communicative networks, has to stake out the boundaries of the imagination more or less unequivocally.

It is surely no coincidence that the spectrum of specifically architectural utopian visions broadened as modernism progressed. Modernism emerged in Central Europe, at least, around 1800. There is a direct path leading from revolutionary architecture to the concrete utopias of Jules Verne, which go much further than the social utopias of, say, Campanella. Increasing pressure for change within modern production systems brought not only conveyor belt production methods, but also pushed hitherto lesser-known materials such as steel, aluminium and, later, plastic into mass-produced prefabricated housing systems. At the same time, we find the emergence of architectural fantasies about where the constructive potential of these innovations might be channelled in the future, provided the handling of the materials and technologies could be perfected. Bodo and Heinz Rasch's suspended dwellings, Yona Friedman's megalomanic redevelopments of historic urban structures, including Paris, Walter Jonas's funnel houses and even Archigram's tubular landscapes are all manifestations of this technology-driven faith in a better future, one in which machine competence generates sociological reason more or less automatically.

Last year's annual addressed the engineering euphoria and constructivist optimism that informed the architectural utopias of the second half of the twentieth century. Today, architectural utopias must be viewed differently, in light of computerisation, digitalisation and miniaturisation, as dominant, decentralised scenarios. American architect Steven Holl postulates "elastic horizons" for the twenty-first century on the basis of the microbiological and interactive possibilities of architectonic materials, technologies and processes—a vision that is complemented by Nikolaus Hirsch's diagnosis of the "stable and unstable conditions" of current architectural processes. Hirsch posits that the nature of the system is to reduce constructive, sociological, aesthetic and social plans and agreements to mere "brokerages" between parties of different interests who have only rudimentary access to the common whole.

This subject is also addressed by Swiss architect Marcel Meili in his theoretical reflections. In short, Meili

Auch in diesem Jahr möchten wir unsere Leser herzlich einladen, sich mit Projektvorschlägen und Anregungen an die Redaktion des Architektur Jahrbuchs, Deutsches Architektur-Museum, Schaumainkai 43, 60596 Frankfurt am Main, zu wenden.

This year, once again, we invite our readers to send their comments and ideas to the editors of the Deutsches Architektur-Museum, Schaumainkai 43, 60596 Frankfurt am Main, Germany.

Meili, der damit auch die Unmöglichkeit architektonischer Utopien oder doch zumindest ihrer jeweils fachübergreifenden und selbstbewussten Kompetenz eines einzelnen Intellekts, der von jenen systemimmanenten Zwängen der Fachingenieure unberührt bleibt, konstatiert. Utopien entstehen nicht im demokratischen Konsens sich widerstreitender Partikularinteressen, die mit möglichst wenig Reibungswiderstand am Ende harmonisiert werden. Andererseits haben auch architektonische Utopien trotz der ihnen immanenten Verführungskraft konkretisierter, zeichnerisch festgehaltener Welten immer auch das Manko, dass sie sich nicht auf das Hier und Jetzt und die konkreten Bedingungen einzelner Bauaufgaben einlassen. Um diesem Manko entgegenzuwirken, haben wir im vorliegenden Jahrbuch auch Lösungsbeispiele konkreter Bauaufgaben versammelt, die jeweils für sich utopische Latenz haben. Und selbstverständlich haben wir innerhalb dieses Panoramas bewusst einen Schwerpunkt gelegt auf die Architektur der Expo 2000 in Hannover. Unter den Gesichtspunkten klassischer Architekturutopien, die jeweils ihr Heil in neuesten avanciertesten High-Tech-Materialien sehen, mag es nicht ohne Ironie sein, dass das dominante Material nicht weniger sich futuristisch gebärdender Länderpavillons sowie das Signet dieser Weltausstellung, das Dach von Thomas Herzog, der nachwachsende Rohstoff Holz ist. Offenbar, und dies mag eine Lehre jener Materialdominanz sein, ist es so, dass die technologischen Bedingungen und ihre jeweils avancierteste Fortschreibung innerhalb der Baumaterialien und ihre konstruktive Potenz nicht deckungsgleich sind mit der chemischen Apotheose immer wieder neuer Molekülverbindungen, auch wenn es bereits seit einigen Jahren chemisch abbaubare Kunststoffe gibt. Schon wird Holz in äußerst komplizierten Verfahren mit Kunststoff- und Metallinlays kombiniert und erlaubt Spannweiten und konstruktive Kühnheiten, die sich die architektonischen Utopisten fast des gesamten 20. Jahrhunderts nicht hätten träumen lassen. Insofern ist dies auch ein Versprechen: nämlich den nachwachsenden Rohstoff Holz, also die Prämisse der Ökologie, mit der Prämisse der technologischen Fortschrittlichkeit zu verbinden, wenn nicht zu harmonisieren. Dies ist am Beginn des neuen Jahrtausends ein Versprechen, welches die Dampf- und Eisenrevolution der ersten Industrialisierung sich ebenso wenig wie die Kunststoffeuphorie der nicht abbaubaren Plastikwerkstoffe der sechziger Jahre überhaupt hätte vorstellen können. Nachhaltige Bewirtschaftung und ressourcenschonenden Umgang mit Materialien mit gleichzeitig avanciertester Technologie in Einklang zu bringen, mag jene Kritiker des angeblich besinnungslosen Fortschritts der Moderne nachdenklich stimmen, die in der technologischen Vernunft immer nur Hybris erkennen wollten.

Wilfried Wang, Anna Meseure

notes that architectural utopias and visions have become impossible, as has the confident, interdisciplinary competence of the individual, of the specialist engineer. Utopias are not created through democratic consensus nor can they be harmonised with a minimum of friction.

On the other hand, despite their seductive and tangible appeal, architectural utopias invariably suffer the disadvantage of not addressing the here and now or the specific requirements of individual building tasks. In order to counter this deficit, we presented a number of examples of specific buildings with a latent utopic approach in last year's issue.

Needless to say, within our survey of individual buildings in Germany, we have chosen to focus on the architecture and national pavilions of Expo 2000 in Hanover, the first world exposition held in Germany. Given that classical utopias sought redemption in the latest and most advanced high-tech materials, it is ironic that the predominant material in quite a few of the futuristic national pavilions at the Expo, including Thomas Herzog's distinctive roof, is sustainable, forested wood. Clearly—and this may be a lesson learned from the dominace of certain materials—technological conditions and cutting-edge developments in building materials and their applications do not necessarily go hand in hand with the chemical apotheosis of innovative molecular combinations, even though there have been chemically degradable plastics for some years now. Already, wood is being combined with plastic and metal inlays, in highly complex technological processes, in order to develop greater potential span and bolder structures that would defy the imagination of any twentieth-century, architectural utopian. These processes combine, and even harmonise, sustainable raw materials, such as wood, with technological progressiveness.

And so, the new millennium dawns with a promise that could no more have been foreseen in the steam and iron revolution of the industrial age than in the non-degradable plastic euphoria of the 1960s. Combining sustainable and ecologically sensitive materials with cutting-edge technology will provide food for thought for those critics of modernism who see only hubris in its alledgedly senseless progress of technological reason.

Wilfried Wang, Anna Meseure

Steven Holl   **Dehnbare Horizonte**

Seit mehr als dreißig Jahren bewirken sich heraus-kristallisierende Entdeckungen in den Wissenschaften eine Dehnung erdgebundener Horizonte. Seit Neil Armstrongs Spaziergang 1969 auf dem Mond, wo die Mondzeit = 0, können wir die Erde über einem weiteren gekrümmten, staubigen Horizont betrachten. Die Frage einer umfassenderen Kenntnis von Horizonten außerhalb der Erde sollte nicht zur Frage heruntergeschraubter Erwartungen an die handfesten Erfahrungen der Erde werden. Die unbeschreibliche Harmonie dieser Welt ist mit einem neuen organischen Verständnis dynamischer Systeme verbunden. Mikrobiologische Entdeckungen und Methoden korrelieren mit dem Kosmologischen. Ihre Weiterentwicklung gebiert fraktale, zufällige, interaktive und kombinatorische Formen und Methoden. Als eine neue Matrix für das Raumverständnis liefert unsere aufgeladene Wahrnehmung der räumlichen Vorstellungskraft neue Ideen.

Dehnbarkeit: Ein neuer formbarer innerer Horizont in Form fragmentierter Grenzen der Spannung, Komprimierung und Ausdehnung, der das Denken herausfordert. Im 21. Jahrhundert haben sich die Horizonte unserer Grunderfahrungen erweitert, und sie erweitern sich weiterhin. Wir erleben und denken anders, deshalb fühlen wir anders. Wie dehnbar ist unser Geist? Wie weit können wir ihn treiben?

Die Wahrnehmung ändert sich durch raumbezogene Entdeckungen der Wissenschaften. Neue Ansichten des intergalaktischen Raums dehnen und erweitern den psychologischen Raum. Erfahrung wird nicht nur verstanden durch Gegenstände oder Dinge oder durch das Denken von Inhalten, und dennoch existiert Raumwahrnehmung nur, wenn ein Subjekt sie beschreibt. Dieses Subjekt ist angesiedelt in einer Zeit. Raum ist daher verbunden mit Dauer und Wahrnehmung. Der virtuelle Körper ist, als ein Ganzes von Nerven und Sinnen, im Raum ›orientiert‹. Er kennt ein Verkehrt-herum und ein Richtig-herum. Der Körper, der gelebte Körper, ist der Wesenskern unseres Seins und unserer räumlichen Wahrnehmung. Wenn wir durch Räume gehen, bewegt sich der Körper in einem Dauerzustand notwendiger Unvollständigkeit. Ein bestimmter Blickpunkt weicht zwangsläufig einem unbestimmten Fluss von Perspektiven. Das Schauspiel des räumlichen Flusses ist in der Metropole, wie in der Welt schlechthin, stets im Gange. Es erzeugt ein Hochgefühl, das wiederum das Aufkommen provisorischer Bedeutungen aus dem Innern befördert.

Wahrnehmung und Erkenntnis wägen die Volumetrie architektonischer Räume gegen das Verständnis der Zeit als solcher ab. Es kristallisiert sich eine ekstatische Architektur des Unermesslichen heraus. Die zwingendsten architektonischen Bedeutungen rücken

eben genau auf der Ebene der räumlichen Wahrnehmung in den Vordergrund.

Das Licht besitzt heute eine neue, fruchtbare Dimension als Mittel der Messungen und der Kommunikation. Verglichen mit der Geschwindigkeit des Lichts sind sämtliche spürbaren Bewegungen, die in unseren tagtäglichen irdischen Erfahrungen eine Rolle spielen, unheimlich langsam. So pflanzt sich Schall mit einer Geschwindigkeit von 1125 Kilometer pro Stunde vergleichsweise langsam fort gegenüber dem Licht, das sich mit einer Geschwindigkeit von 300000 Kilometer pro Sekunde bewegt: Der Unterschied ist so groß, dass sie sich im Grunde kaum miteinander vergleichen lassen. Die beiden grundlegenden Theorien der modernen Physik, die Allgemeine Relativitätstheorie (für große Maßstäbe) und die Quantenmechanik (für kleinste Maßstäbe bis hin zu subatomaren Teilchen) sind nach wie vor nicht miteinander vereinbar. Sie können nicht beide richtig sein. Die Wissenschaft bleibt im tiefsten Grunde geheimnisvoll, und dennoch prägen unsere täglichen wissenschaftlichen und phänomenalen Erfahrungen unser Leben: Die Erfahrung begründet einen neuen Bezugsrahmen, anhand dessen wir das, was wir wahrnehmen, deuten.

Im Dunkel der nächtlichen Metropole löst sich der Raum vor unseren Augen auf, um innerhalb von Sekunden neue Gestalt anzunehmen. Die räumliche Tiefe des städtischen Raums wird nicht präzise objektiviert. In ihrem Pulsieren verliert die polarisierte Position unseres Körpers und unserer Wahrnehmungen ihren Halt. Wenn wir die räumliche Tiefe ausloten, können wir uns überlegen, wie Gegenstände auf dem Kopf oder ›richtig herum‹ aussehen. Im Zuge unserer raumbezogenen Gedankenexperimente – bezogen insbesondere auf über das Erdgebundene hinausgehende Räume – akzeptieren wir neue räumliche Ebenen und verändern kraft unserer Imagination die bekannten räumlichen Ebenen des bisherigen menschlichen Daseins.

Nehmen wir den Artikel in der New York Times über ein schwarzes Loch in einer 100 Millionen Lichtjahre entfernten Galaxie. Wie Schätzungen ergeben, kann ein schwarzes Loch Materie mit einer Geschwindigkeit von 10 Millionen Kilometer pro Stunde in sich hineinziehen. Die äußere Begrenzung eines schwarzen Lochs, der Punkt, jenseits dessen es für Materie und Licht kein Entrinnen mehr gibt, wird der Ereignishorizont genannt. Ein Ereignishorizont lässt sich anhand einer Formel berechnen. So hat der Ereignishorizont eines schwarzen Lochs mit 303facher Masse der Sonne einen Durchmesser von ungefähr 4830 Kilometer (das entspricht der Entfernung zwischen New York und Los Angeles). Mit unvorhergesehenen Entdeckungen eröffnen sich für den Begriff Horizont neue

Elastic Horizons

Taking as his starting point the scientific advances of the past thirty years in microbiology, chaos theory, fractal mathematics and interactive digital systems — all of which have radically altered our notions of time and space and brought about a new, organic understanding of dynamic systems — Steven Holl charts the consequences of changing perception, both generally and specifically, in architecture and the built environment.

Today, at the beginning of the twenty-first century, the horizons of our fundamental experiences have expanded and continue to do so. The experience of the "simultaneity of the non-simultaneous" described by Walter Benjamin as early as the 1920s in respect to major cities, has been magnified to an unforeseen degree in the spectacular spatial flow that is continuously alive in the metropolis. Tentative meanings emerge, with spatial perception prefigured by scientific frames of reference. The spatial depth of the urban field is like a pulse in which both the external and internal perceptions of the body itself are upset. The notion of an "event horizon," that describes and defines the limit of a black hole in space devouring matter and light, is applied by Holl to urban planning and architectural design. The replacement of rotational energy and axes of movement that leave the classical horizontal level with vertical or oblique directions multiplies the dimensions of spatial limitation and perception. All historic theories of perspective are based on a notion of horizontal space that, today, has been replaced by vertical space. Thus, as Holl writes, "architectural experience is taken out of its historic closure." This diagnosis is exemplified by Le Corbusier's concept of

Steven Holl, ›Kiasma‹, Museum für Zeitgenössische Kunst, Helsinki, 1993–98. Außenansicht
Steven Holl, "Kiasma," Museum of Contemporary Art, Helsinki, 1993–98, outdoor view

Überkreuzen

Ein Gebäude ist selten unbewegt:
  Wohlgefallen stellt sich ein,
wenn wir umhergehen und
  dadurch unsererseits das Gebäude in
Bewegung versetzen, derweil wir
  uns an all den verschiedenen
Kombinationen seiner Teile ergötzen.
  Wie sie wechseln: die Säule
dreht sich, tiefe Räume weichen zurück,
  Galerien schweben dahin
– tausend Bilder verfliegen …

Paul Valéry, *Introduction à la méthode de Léonard de Vinci*

Raum ist das wesensmäßige Medium der Architektur. Raum ist vieles gleichzeitig: Es ist die umbaute Leere in der Architektur, der umgebender Raum, der weite Raum von Landschaft und städtischer Raum, die intergalaktischen Räume des Alls … Raum ist etwas zugleich für sich Bestehendes und durch Beziehungen Definiertes.

Die Parallaxe – die Verschiebung in der Anordnung von Flächen, die einen Raum begrenzen, infolge einer Standpunktveränderung des Beobachtenden – erhält eine andere Qualität, wenn Bewegungsachsen die horizontale Ebene verlassen. Die Durchquerung städtischen Raums in vertikaler oder diagonaler Richtung vervielfacht dessen Erfahrungsdimensionen. Raumbegrenzung wird durch Blickwinkel geordnet. Die historischen Theorien der Perspektive als umschlossener Volumetrie auf der Grundlage horizontalen Raums macht heute der vertikalen Dimension Platz. Die architektonische Erfahrung wird aus ihrer historischen Statik befreit. Das Verrutschen in der Senkrechten und in der Diagonalen ist für die neue Raumwahrnehmung entscheidend.

Die Bewegung des Körpers beim Durchqueren der sich überschneidenden Perspektiven, die sich in Räumen herauskristallisieren, stellt die grundlegende Verbindung zwischen uns und der Architektur dar. Der ›scheinbare Horizont‹ ist ein entscheidender Faktor, da der sich bewegende Körper den Raum deutet. Die moderne Metropole entbehrt jedoch oft eines solchen ›scheinbaren Horizontes‹. Das sich aus der Parallaxe ergebende sukzessive Raumerleben mit seinem leuchtenden Fluss kann sich lediglich im subjektiven Empfinden ereignen. Einen wichtigeren Maßstab der Kraft und des Potenzials der Architektur gibt es nicht. Wenn wir Fotos in Zeitschriften oder projizierte Bilder an die Stelle der unmittelbaren Erfahrung treten lassen, verlernen wir die Sinneswahrnehmung von Architektur, sodass die Architektur unbegreiflich wird. Unsere Urteilsfähigkeit ist unvoll-

"ineffable space" as applied in his Dominican monastery, La Tourette. The entire geometry of the complex counters all of the expectations that its exterior provokes. The twists and turns of the individual, architectural compartments of the interior, the handling of light and even the walled roof garden are aimed at underpinning secret dimensions and inspiration—the instrinsic movement of perception that built reality normally hinders. The author claims a similar dualism occurs in the "Kiasma" Museum of Contemporary Art in Helsinki. This, too, is an architecture of chiasmatic intertwining, of tangible and visible criss-crossing—a geometry of architecture like a musical sequence.

Grenzen und zugleich unbekannte zukünftige Inhalte. Der Horizont ist nicht nur ein optischer Umstand, sondern gleichzeitig ein rotierender Augenblick in der Raum-Zeit. So gesehen ist die Erde nicht Boden. Mit der anhaltenden Neigung der Dinge zum Schweben drehen und beschleunigen sie sich. Zentrifugale Kräfte wie elektronische Kreise mit Klingen aus Stahl treiben zentripetale Böden vor sich her. Das Mechanische weicht verschiedenartigen, digital dynamischen Systemen. Wir sind aber organische Wesen. All unsere objektiven Beziehungen gehen vom umgestülpten Innern aus. Wir müssen ein erweitertes Verständnis von Raum und Zeit auf der Ebene astronomischer Ereignisse aufbauen, ohne dabei das Mikroskopische aus den Augen zu verlieren.

Horizonte des Denkens – immer umfassender, immer weiter unter Einbeziehung von Rotationen und Energien – versuchen, die mikroskopische und die von einer ›erdgebundenen‹ Krise befallene ökologische Dimension miteinander in Einklang zu bringen. Während der Horizont unserer Erdkugel schrumpft, dehnt sich der Horizont unseres Denkens. Angesichts der ungeheuren Umwälzungen im Denken harren unsere Werte auf jeder Ebene einer Neudefinition.

ständig ohne diese Erfahrung des Durchquerens von Räumen. Die Drehungen und Biegungen des Körpers bei einem langen Ausblick, gefolgt von einem kurzen, bei einer Auf- und einer Abwärtsbewegung, bei einem offenen und einem geschlossenen beziehungsweise einem dunklen und einem hellen Rhythmus der Geometrien – sie sind das Herzstück der räumlichen Partitur der Architektur: nicht ein Hämmern auf die Tasten von Takt zu Takt, sondern ein Überkreuzen von Raum zu Raum durch den Körper.

Die Ränder, Umrisse und Oberflächen der Gebäude, die städtische Räume begrenzen (bei der Parallaxe immer wieder neu bestimmt), werden in der dynamischen Wahrnehmung und im Licht sichtbar. Bloße Geometrie oder der Begriff der Fassade engen zu sehr ein. Die Erfahrung städtischen Raums, die sich durch eine leichte Drehung einzelner Mauerflächen ergibt, ist untrennbar verbunden mit der Parabel von Sonnenlicht, das die Ränder dieses Raums streift. Die Bewegung des Sonnenlichts lässt relationale Kräfte auf das Raumbild einwirken, die den Körper eines statischen Baus nicht unberührt lassen. Das silberne Licht der Sonne, der von Bäumen geworfene Schatten und die glänzende Oberfläche von Betonwänden interagieren nach Art eines Schattenspiels mit der Bewegung des sie durchquerenden Körpers.

Nachts umfangen uns städtische Räume mit Ellipsen projizierten Lichts, mit leuchtenden Glasfassaden und mit durch Nebel, Dunst und Regen hervorgerufenen Verwandlungen. Ein dichter Komplex von Wohnblöcken, durch den eine Straße bei Tag eine tiefe Schneise schlägt, erscheint bei Nacht in neuem Gewand als irisierendes Prisma von Lichtern in einem Helldunkel geworfener Schatten. So ergeben sich nachts verblüffende Effekte durch Nebelschwaden, wenn Wolken aus weißem Licht die Spitze erhellter Hochhäuser einhüllen oder goldene, hauchfeine Lichtstreifen in den nächtlichen Himmel hinaus leuchten. Die Raumbilder der Stadt fügen sich zusammen in einem Geflecht aus Bewegung, Parallaxe und Licht.

Wir leben das reine Ergötzen offenen Auges, gehenden Beines und unter Einbeziehung von Armen und Rumpf. Das Phänomen des unbeschreibbaren Raums bezieht sich auf die maximale Intensität und die Qualität der Ausführung und der Proportion: Eine Erfahrung strahlt aus. Abmessungen alleine schaffen nicht diesen Raum; er ist vielmehr eine aufs engste mit der Wahrnehmung verknüpfte Größe.

Le Corbusiers Begriff des »nicht beschreibbaren Raums« findet sich nirgendwo so anschaulich umgesetzt wie bei dem von ihm entworfenen Dominikanerkloster La Tourette in Eveux-sur-l'Arbresle. Als ich im April 1976 zum ersten Mal dort war, hielt ich mich drei Tage lang in einer der Zellen auf, machte Zeich-

nungen und nahm Messungen vor. Dieser intensive Ort, ein kleine Stadt, wurde 1953 entworfen und am 19. Oktober 1960 eingeweiht. Bei einem zweiten Besuch am 29. August 1999, einem Sonntag, entdeckte ich an diesem intensiven Bauwerk neue Qualitäten, die ich 23 Jahre vorher übersehen hatte. Die drei Seiten des quadratischen Grundrisses sind durch einen kreuzförmig angelegten Kreuzgang mit der Kirche auf der vierten Seite verbunden. Die gesamte Anlage beginnt beim oberen Horizont des obersten Geschosses, und anstatt auf der Erde aufzuliegen, schwebt sie, mit Ausnahme der Kirche, über ihr. Der Klosterhof mit einem pyramidenförmigen Oratorium an Stelle eines Brunnens bildet den einzigen offenkundigen Schwerpunkt der Anlage. In der Kirche, einem schlichten, nackten Rechteck, ist das Chorgestühl parallel zur zentralen Längsachse angeordnet, auf der der Hochaltar steht. Eine zweite, geheimnisvollere zentrale Kreuzung führt unter dem Altar von der Sakristei in die Krypta. Dies ist, fast blind im Dunkel des Tunnels, die Hauptüberkreuzung der Anlage – nicht die vermeintliche im zentralen Kreuzgang! Le Corbusier gibt dieser dunklen Kreuzung die pronzierteste Geometrie des gesamten Komplexes. Es fängt an mit den sieben trapezoidförmigen Lichtkanonen über der Sakristei und endet nach der desorientierenden Durchquerung des Tunnels mit den drei leuchtenden ovalen Lichtkanonen über dem gestuften, wie eine Rampe ansteigenden Boden der Krypta. Hier haben wir flüssigen Raum mit einer ondulierenden geneigten Wand. Als eine metaphorische Reise hin zur persönlichen Offenbarung zeigt er, in seinem unerwarteten Charakter, die Dimension einer inneren Entdeckung. Während die Architektur von außen klösterlich-rechteckig wirkt, enthüllt sie ein Inneres von erstaunlichen krummlinigen Erfahrungen.

Drehungen und Biegungen des Körpers wie die massive Wendeltreppe, die zum Atrium hinunterführt, oder die Auf- und Abwärtsbewegung entlang der von Xenakis inspirierten Musik der mit Schatten bestreuten Rampen sind allesamt Teil der physischen Sinnesempfindungsdimension, die neckt, scherzt und anregt. Das Treppenhaus, schräg gegenüber dem Glockenturm gelegen, ragt in die Höhe in einem winzigen, engen Raum mit einem dynamischen, sich rechteckig hochwindenden Fenster, das Aussicht auf die Graslandschaft des ummauerten Dachgartens bietet. Man hängt hinter der verriegelten Tür wie die Glocke im Turm auf der gegenüberliegenden Seite der Anlage. La Tourette beherbergt heute das Thomas-Moore-Zentrum, das es sich zum Ziel gesetzt hat, die Erforschung der Probleme des menschlichen Daseins zu fördern, doch dieses architektonische Vehikel mit all seinen geheimen Dimensionen und seiner Inspira-

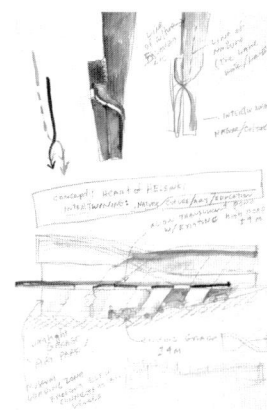

Steven Holl, ›Kiasma‹, Museum für Zeitgenössische Kunst, Helsinki, 1993–98. Konzeptskizze
Steven Holl, "Kiasma," Museum of Contemporary Art, Helsinki, 1993–98, conceptual sketch

Steven Holl, ›Kiasma‹, Museum für Zeitgenössische Kunst, Helsinki, 1993–98. Innenansicht
Steven Holl, "Kiasma," Museum of Contemporary Art, Helsinki, 1993–98, interior view

tionskraft steht bereit, zeitlose Lektionen zu erteilen. In *Die Verflechtung – Der Chiasmus* schreibt Merleau-Ponty: »Durch dieses Überkreuzen von Berührendem und Berührbarem, das in ihr vorgeht, werden ihre Eigenbewegungen Teil des Universums, das sie befragen …« Der Körper verleibt sich die Welt ein und beschreibt die Welt. Motilität und das Körpersubjekt sind die Messinstrumente für architektonischen Raum. Profane phänomenologische Untersuchungen sind ebenso ineffektiv wie eine Überdosis verzerrter Weitwinkel-Farbfotografie. Lediglich das Überkreuzen von Raum durch den Körper verknüpft – wie die Verbindung von Stromkreisen – Raum, Körper, Auge und Geist.

Das Museum für Zeitgenössische Kunst in Helsinki, ›Kiasma‹, macht sich für den Körper als den eigentli-

chen räumlichen Maßstab für sich überschneidenden Raum stark. Das Überkreuzen des Gebäudekonzepts und eine Verflechtung der Landschaft, des Lichts und der Stadt markieren zahlreiche Wege durch das Museum, die jeweils Drehungen des Körpers und die Parallaxe sich entfaltender Räume einschließen. Der Körper wird zu einem lebenden räumlichen Maßstab, indem er die ausgebreiteten, sich überschneidenden Perspektiven durchquert. Der umfangende Raum bildet einen Ausweg aus der Dualität Körper-Ding und Mensch-Natur im Zuge eines Kehrtmachens und Überquerens. Die Geometrie faltet in sich zusammen, um über die Körper-Person- oder Raum-Objekt-Beziehung hinauszugelangen. Noch bevor man das Gebäude überhaupt betritt, zeigt die Fassade bereits eine Verschiebung: Ihre beiden Seiten sind bereits verschoben, die linke nach außen, die rechte nach innen, und markieren damit den Anfang der chiastischen Verflechtung der Räume dahinter. Das räumliche Überkreuzen verbindet sich also mit einem Überkreuzen des Sehenden und des Gesehenen sowie des Berührbaren und des Sichtbaren.

Beim Betreten biegt sich gleich der Raum, weichen Fluchtpunkte. Im Haupteingangsbereich ist das auf den Menschen zugeschnittene Maß dank der oberen Rampen von zumindest drei Ebenen aus zu erkennen – der Raum wird mit dem Körper-Subjekt lebendig. Diese ausgedehnte räumliche Biegung wird von verschiedenen Gesichtspunkten und verschiedenen ›Horizonten‹ aus aktiviert.

An der chiastischen Kreuzung, wo die zwei Hauptbaukörper sich zu einer Querpassage zusammenfalten, wird die senkrechte Kreuzung markiert durch DNS-ähnliche vertikale Bänder: Betontreppen, die sich zu Verbindungen sämtlicher Ebenen verbiegen. Die Entscheidung der Museumsbesucher für mehrfache Rundgänge durch die Ausstellungsräume erfolgt mit Nachdruck.

Von Ausstellungsraum zu Ausstellungsraum sind die orthogonalen, neutralen Wände für die Kunst leicht verbogen durch die übergreifende Geometrie des Gebäudes, die den Betrachter durch den Raum zieht. Die gesamte Folge von 25 Sälen – alle bis zu einem gewissen Grad mit Tageslicht – mündet wie eine musikalische Sequenz in einen Hauptraum im Obergeschoss, der sich zu bauschen scheint, während Licht von der westlichen ›Eiswand‹ strahlt. ›Kiasma‹ ist ein räumliches Manifest der Parallaxe, verstanden durch den Körper im Raum. Es ist zuallererst ein Raum für zeitgenössische Kunst: zwangsläufig ein dynamisches, sich entfaltendes Phänomen.

Vorabdruck der beiden ersten Kapitel des bei Princeton Architectural Press erschienenen Buches: Steven Holl, *Parallax*, Princeton 2000

Marcel Meili   **Zehn Fragen an eine europäische Architektur**

Es ist nicht von vornherein klar, dass die Architektur eine Zukunft hat. Diese Feststellung ist nicht weniger rhetorisch als die Frage nach der Zukunft der Architektur. Natürlich wird auch im 21. Jahrhundert gebaut werden, und man wird das Ergebnis Architektur nennen. Aber diese Bauten werden unter so deutlich anderen Voraussetzungen entstehen, dass der Begriff wahrscheinlich eine neue Bedeutung bekommen wird. Denn die neuen Spielregeln werden sicherlich jene gesprengt haben, welche um 1960 festgelegt worden sind, auch die allgemeineren Grundregeln von 1910. Vielleicht werden sie sogar den Nachhall auf die Entdeckungen von 1770 schlucken, oder noch mehr. Wir werden sehen. Ich spreche davon, auf welche Weise in Europa gebaut wird – und wie nicht mehr.

**Prolog I: Von furnierten Steinen und
        gekrümmten Böden**

Zwei Bilder von den gedanklichen und realen Baustellen der zukünftigen Architektur illustrieren unsere Ausgangslage.

Das eine Bild zeigt einen Stapel Steinplatten auf einer Baustelle. Aber wenn wir näher hinschauen, sehen wir, dass da keine Marmorplatten liegen, sondern millimeterdünne, steinerne Furnierscheibchen, aufgeklebt auf einen Kunststoffwabenkern, wie wir ihn von Flugzeugrümpfen kennen, federleicht und hoch präzise. Dann drehen wir das Stück und finden auf der Rückseite eine raffinierte Ankermechanik, die eher an ein Schloss erinnert als an eine Plattenhalterung. Das andere Bild ist ein Computerrendering eines gefalteten Bodens, jener sphärisch gekrümmten Schleifenebene, welche wie ein Schleier eine Architektur durchflutet, die ein Museum sein könnte, aber auch eine Werbeagentur oder eine Disco, welche aber tatsächlich eine Entsalzungsanlage ist oder etwas ähnliches.

Die Steinplatte gäbe genügend Stoff für allerlei moderne, konstruktionsethische Entrüstung. Uns interessiert das Stück aber eher als ein archäologischer Gegenstand. Er birgt viele Merkmale jener Prozesse, welche seit einiger Zeit die Baustellen förmlich umkrempeln, und diese Entwicklungen sind mit den Begriffen Rationalisierung und Kostendruck nur unzureichend umschrieben. Konstruiert wird ›auf Sicht‹ und unter Einsatz aller zur Verfügung stehender Technologien, vorab mit einem Ziel: Das gesamte Know-how soll im Werk konzentriert und insbesondere auf gesteuerte Präzisionsmaschinen und rationale Verbindungstechnik ausgerichtet werden, um die Baustelle möglichst von Fachleuten zu räumen. Die

angebotenen Bauteile sind damit nicht mehr im starren Korsett der alten Präfabrikation gefangen, sie sind bis zu einem gewissen Grad beweglich und beeinflussbar geworden wie die Ausstattung eines Wagens. Aber diese Materialsysteme werden dennoch weniger eingesetzt als vielmehr eingekauft, weil ihre Anwendung festgeschrieben ist, und sie werden auch kaum mehr von Handwerkern gebaut, sondern von Anschlägerkolonnen appliziert. Damit hat der Architekt als Konstrukteur weitgehend ausgespielt, denn er ist Einkäufer von Material- und Verbindungskonglomeraten geworden.

Der gefaltete Boden weist auf einen ganz anderen, eher gedanklichen Wandel hin. Er ist der letzte notwendige Schritt in der theoretischen Ablösung der Architektur von der klassischen Syntax. Im Grunde ist der anarchische Furor dieser Geste die naturalistische Umkehr des architektonischen Prinzips des griechischen Tempels. Der Tempel führte über seinem Sockel die ebene, leicht bombierte und scharf geschnittene Fläche des Bodens ein, um einen formalen, gedanklichen und funktionalen Kontrast zur Bewegung des städtischen oder landschaftlichen Terrains zu schaffen. Die Bodenfalte im Haus dagegen verwandelt den Benützer – oder eher Besucher – in einen künstlichen Landschaftswanderer, der zweckfrei und funktionslos nach dem taktilen Kick sucht (es sei denn, er bevorzuge einen schiefen Tisch …). Die Entdeckung des sphärischen Bodens als letztes Glied einer finalen Befreiung aller Bauteile vom Terror des rechten Winkels ist sicherlich eine bedeutende Wegmarke. Es gibt nun – zurückgehend auf die siebziger Jahre – erstmals ein ausgearbeitetes architektonisches Gedankengebäude, dessen Regelwerk nicht mehr auf der entwerfenden Beugung und Umformung der klassischen Syntax beruht, sondern auf deren Negation. Das ist, man täusche sich nicht, selbst bei den futuristischen oder organischen Konzepten nicht der Fall gewesen …

Ich denke, dass beide Momente, der radikale Umbau des Herstellungsmodus von Architektur und die Sprengung, Überwindung oder Auflösung der Bindung an die klassische und moderne Erbschaft, die prägenden Voraussetzungen für die Metamorphose des architektonischen Gegenstands schaffen werden. Wahrscheinlich müssen wir sogar, um fündig zu werden, diese beiden Entwicklungen übereinander schieben: Wie radikal anders werden wir – theoretisch – Architektur denken müssen, um – praktisch – mit den veränderten Produktionsbedingungen fertig zu werden? Natürlich umfasst die Umwandlung dieser Produktionsmodi, wie wir noch sehen werden, nicht allein die technischen Prozesse, sondern vielmehr noch die gesamten Organisationsformen der Erzeugung von Bauwerken, bis hin zu den gesellschaftli-

**Ten Questions Put to
European Architecture**

How will architecture develop in the twenty-first century? In the past, new materials and systems, machine-made, prefabricated building components and more rational assembly techniques have increasingly turned the traditional architect into a planner and buyer. Radically restructuring the way buildings are made and severing ties with the classical and modern tradition will pave the way for a metamorphosis of architecture. Just how radically will our theoretical approach to architecture have to change in order to cope with the practicalities of new and different production processes? An analysis of the four conjunctural cycles of European architecture since the death of Semper indicates that theoretical development has been influenced by two streams of tradition: a radical cultural critique of modernism and a profound curiosity about the real state of modern culture. On this basis, the author outlines ten future scenarios.

Building techniques set the pace for architectural development. The current focus seems to be on the development of new systems for the outer skins of buildings that have nothing in common with traditional prefabrication. The architect is becoming an orchestrator of systems.

Interior architecture is changed by outer skin systems. There is much that suggests that clients and contractors alike are rethinking spatial perception. Breaking the inner shell out of the building blurs the boundaries between architecture and interior design.

Negotiation architecture is emerging as a result of highly sophisticated, building information systems and their management. Architects will increasingly find themselves steering the information flow of major buildings. **The state and other sponsors** are finding their roles changed. Whereas the state, especially in Europe, used to shape the development of modern architecture and urban planning, it is now more or less excluded from zoning, subsidies and contracting and is little more than a powerless mediator. **Boundaries** are shifting. There is likely to be an acceleration in the kind of architectural cross-overs we saw in the 1990s, with building becoming a general area of design that can barely be distinguished from art, visual communication and fashion. Cross-over productivity will, however, come up against limitations on two fronts: incompatibility with the intrinsic architectural urge to permanence and constraints imposed by huge financial obligations on the free flow of dreams. **The language** of architecture, since the late 1970s, has no longer been a self-contained collective syntax, with pseudo-dialects emerging as the result of a serious loss of meaning in architecture. **Time** shortage and information overload are the predominant aspects of the contemporary building site. The severe pressure of time has made it all but impossible to clarify, systematically, the context of a given project. Design processes demand new and greater flexibility. **Space** is clearly undergoing a process of generalisation that goes hand in hand with the intensification of the contemporaneous. In large-scale projects, especially, space is treated as an abstract, amorphous mass that is more or less freely malleable. However, a more liberal approach to the handling of space has led to innovations that would have been inconceivable not so long ago and is therefore conducive to experimentation.

chen Garantien für die Architektur der Stadt. Am Ende dieser Verpuppung wird die Architektur vermutlich viele ihrer geläufigen Konnotationen ausgewechselt haben.

Prolog II: Utopien, Prognosen

Entgegen der Vermutung haben Zukunftsprognosen – zumindest in der Architektur – nichts mit der Vorwegnahme von Zukunft zu tun. Sie sind im Grunde nicht einmal verschärfend gedachte Gegenwartsanalysen. Vielmehr stellen sie eine Art von eigenständiger architektonischer Disziplin dar, die sowohl erklärende wie entwerfende Komponenten aufweist. Die Geschichte dieser architektonischen Prognosen ist deshalb ziemlich aufschlussreich und bedeutend, weil ihre Visionen und Utopien den jeweiligen theoretischen Aggregatzustand der Disziplin widerspiegeln. Ihre Prägekraft liegt weniger in der Vorhersage als vielmehr im unterschwelligen Kommentar zu den augenblicklichen, äußeren Voraussetzungen, unter denen das Projekt entsteht. Dies gilt natürlich auch für uns selbst, wenn wir uns heute mit Zukunft befassen. Es lohnt sich deshalb zu fragen, ob wir den gegenwärtigen Zustand und seine Bedingungen zumindest in grober Form zu umreißen vermögen. Dazu kommen wir nicht ohne einen schematischen Blick zurück auf das Jahrhundert der modernen Utopien aus. Denn, so möchte ich vermuten, alles, was sich im Moment über die kommende Baukunst sagen lässt (und gesagt wird), ist eine direkte Reibung an den Zukunftskonzepten der Moderne. Es sind aber lediglich vier solche Konjunkturen, die uns für unser Argument besonders interessieren.

Die Ausgangslage zu dieser Jahrhundertdebatte wurde bereits in der Zeit zwischen Gottfried Sempers Tod und dem Ersten Weltkrieg geschaffen und in einem erstaunlichen Syndrom verkörpert, welches erst viel später erkannt und ausgewertet worden ist. Die Texte jener Zeit – etwa jene eines August Schmarsow, eines Hendrik Petrus Berlage, eines Robert Vischer oder Otto Wagner – waren nämlich wesentlich weiter und schärfer in eine neue Zeit hineingedacht worden als die Entwürfe der Epoche. Manche Texte der Jahrhundertwende lesen sich im Rückblick wie Beschreibungen von Architekturen, die noch nicht gezeichnet waren. Als dann der alte Formenkodex aufzubrechen begann, ist diese Diskrepanz langsam deutlich geworden. Diese Erkenntnis ist in der frühen Moderne zur Idee des Manifests als theoretisches Konzept verdichtet worden, indem der völlig revolutionierte Entwurf mit einer scheinbar dazugehörigen, theoretisch-ideologischen Gebrauchsanweisung versehen worden ist. Diese Verkoppelung hat einen

Zyklus von prognostischen Behauptungen begründet, deren zentrales und produktives Merkmal nicht etwa die Kohärenz war, sondern die latente oder akute Spannung zwischen gezeichneter und geschriebener Hypothese. Dabei wurde, bezogen auf die Zukunft, eine wirklich aufregende Frage aufgeworfen: nämlich die, ob das zukünftige Leben der nun vorstellbar gewordenen, neuen architektonischen Form gewachsen sein würde. Mit wechselndem Druck hat diese – dem Avantgardismus der französischen Revolution entliehene – Denkfigur die Zukunftsdebatte ziemlich genau bis 1968 geprägt. Wie Fieberschübe erfassten die provokativen, bild-schriftlichen Extrapolationen regelmäßig wiederkehrend die neuere Architektur. Noch das gesamte Thesenwerk der Metabolisten, deren Manifeste der späten sechziger Jahre fast nur noch gezeichnet waren und kaum geschrieben, war auf abstrakte Weise in diesem Impetus gefangen.

Aber gleichzeitig wurde im Werk von Archigram, das bemerkenswerterweise in denselben zeitgenössischen Büchern wie das von Kenzo Tange und Richard Buckminster Fuller als Versprechen gefeiert worden ist, fast unmerklich eine andere Farbe in die avantgardistisch verschattete Analyse eingeführt: jene des – kritischen oder faszinierten – Staunens über das Leben, das die real existierende, moderne Welt hervorgebracht hat. Bei Superstudio oder der Wiener Szene ist dieses Farbbild zur Weltenanalyse gesättigt worden: Die Welt ist unkontrollierbar, unübersichtlich, aufregend und bunt geworden (aber ohne die Bändigung durch Piet Mondrian oder Wassily Kandinsky …). Und die Ausführungen wurden gleichzeitig künstlerisch, ironisch, liebevoll und frivol.

Am anderen Ende von Europa, in Italien, wurde fast gleichzeitig eine ähnliche Diagnose aufgestellt, aber pessimistisch gewendet; und sie hat eher Schweigen anstatt Lärm hervorgebracht. Auch wenn dort die real existierende Moderne von den Architekten nicht mehr als Hoffnung oder Reiz ausgewertet wurde, so teilten ihre architektonischen Thesen mit jenen aus England eine grundlegende Eigenschaft: Sie waren eher Kommentare als Verheißungen. Erstmals seit langem ist der Architektur – in beiden Anschauungsfiguren – die Erkenntnis gedämmert, sie könnte möglicherweise nicht mehr die führende Disziplin sein bei der Bewältigung von Modernität.

Von diesem Moment an sind fast alle in die Zukunft gewendeten Perspektivskizzen und theoretischen Entwürfe von einem dieser zwei Drehmomente in Bewegung gehalten – oder von beiden gleichzeitig. Der eine Vorstoß wurde von einer radikalen Kulturkritik an den Ergebnissen der Moderne angetrieben, sei es durch Rekurs auf die Wurzeln der Moderne, sei es durch Evokation der Geschichte dahinter oder der

Region darunter. Der andere Antrieb entstammte einer beinahe volkskundlichen Neugierde am realen gegenwärtigen Zustand der modernen Kultur. Wahrscheinlich haben nach oder neben Archigram mit Robert Venturi und Aldo Rossi nur noch zwei Theoretiker eigenständige und konträre Positionen in diesem Feld abgesteckt. Alle weiteren architektonischen Manifeste jener zwanzig Jahre bis 1990 lassen sich ohne Verunglimpfung als direkte oder indirekte Auseinandersetzung mit dieser Exposition erklären.

Eine Brechung dieser Spannung deutet sich erst in den Entwurfshypothesen der ausgehenden achtziger Jahre an. Erstaunlich viele der veröffentlichten Argumentationen haben nun ihre Wurzeln gleichzeitig in beiden Traditionen. Aber sie entschärfen den Widerspruch zwischen radikaler Kulturkritik und ethnografischer Spurensicherung am modernen Leben auf unerwartete Weise durch eine höchst doppeldeutige, rabiate Apologie der Gegebenheiten. Ihr Motor ist nun nicht mehr der formende Zugriff auf eine Zukunft, sondern deren behaupteter, vorweggenommener Ausdruck. Die erbarmungslos gute Laune vieler Texte und Entwürfe – welche die selbstbeschworene ›Krise des Subjektes‹ offenbar ohne Verletzungen überstanden hat … – deutet auf eine Veränderung des architektonischen Betrachtungswinkels hin: Die Zukunft hat ihre Form schon außerhalb von Architektur gefunden, und diese Form ist nur noch freizulegen. Und es kann deshalb auch nicht mehr darum gehen, die tradierte Architektur vor der Zukunft in Schutz zu nehmen. Nun sollen nur noch Prozesse antizipiert und verortet werden, damit die Architekten an ihnen teilhaben können, sie gar zu beschleunigen vermögen, indem sie den Vorgängen einen Ausdruck, einen ›autorenlosen‹ Signifikanten verleiht. Am Ende wird nicht nur die eiskalte Erkenntnis zutage gefördert sein: »Es ist vorbei. Das war die Geschichte von der Stadt, es gibt sie nicht mehr.« Sondern man wird diesem Satz: »Erleichterung!« hinterherrufen … Die Architektur steht dann nur noch für eine (fast funktionslose) Ver-Körperung irgendwelcher allgemeiner und kaum mehr begreifbarer Umstände in Global City, irgendwo zwischen fröhlicher Selbstauflösung und verzweifelter Selbstbehauptung.

Das also wäre etwa die gegenwärtige Lage. Irgendwo im Dreieck zwischen Seismografie, Kulturkritik und Apologie siedeln sich heute – cum grano salis – fast alle architektonischen Ausführungen an, welche Zukunft im Blickwinkel führen. Sie alle starren gebannt auf das moderne Leben, dessen Bugwelle nun offensichtlich unwiederbringlich außerhalb der Reichweite von Architektur geraten ist.

Umgekehrt ist das aber gar nicht der Fall, im Gegenteil. Dieses moderne Leben ist dabei, sich mit

großem Selbstbewusstsein seine eigene Vorstellung von Architektur anzueignen und damit auch die Verfahren, welche diese Bauten schaffen. Damit erscheint Architektur zum ersten Mal auf jene Weise in der Abrechnung der modernen Ökonomie, wie wir uns das immer vorgestellt haben, als Form nämlich – aber eben auch als Wille und Vorstellung … Ich glaube, dass die Entwicklung der Disziplin nun wesentlich davon abhängen wird, wie wir mit dieser Umarmung fertig werden. Im Folgenden möchte ich deshalb zehn Schauplätze skizzieren, auf denen dieses Stück aufgeführt werden dürfte. Es hat noch alle Möglichkeiten zu Komödie, zum Drama, zur Groteske oder zur Posse.

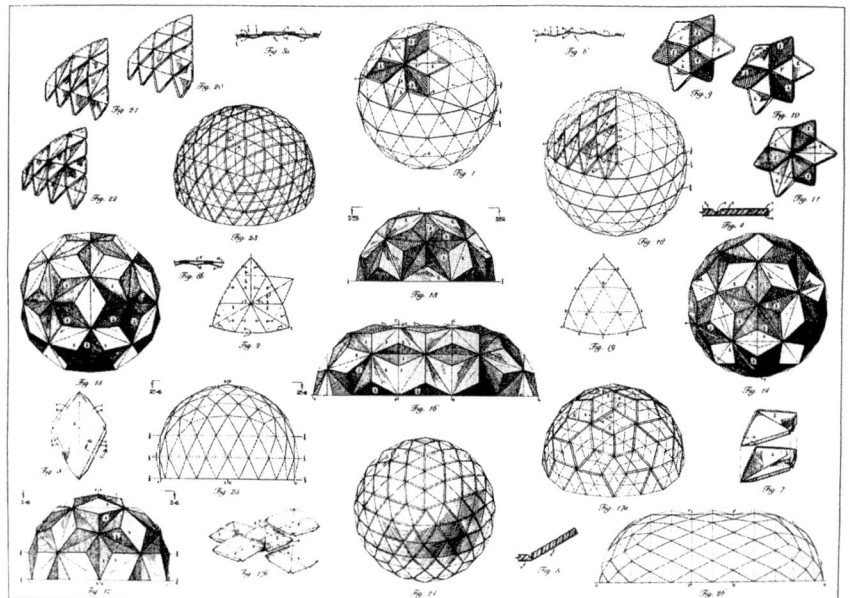

Richard Buckminster Fuller, Geodätischer Dom, um 1966. Zeichnung
Richard Buckminster Fuller, Geodesic Dome, c. 1966, drawing

1. Über Materialität

Dass die Entwicklung der Bautechnik den durchdringenden Takt festlegt, über dem sich die Evolutionsschübe der Architektur immer entfaltet haben, das ist eine triviale Feststellung. Weniger banal ist die Erkenntnis, dass die neueren Schübe auf diesem Gebiet nicht mehr die Technologie selbst fokussieren, sondern fast ausschließlich die Organisationsform und die Prozesse des Bauens. Glas ist vielleicht das letzte Material, das in seiner Technologie noch grundlegenden Innovationen unterliegt, aber damit werden auch nur die achtzig Jahre alten, liegen gebliebenen Träume abgearbeitet … Der Traum allerdings von einem vollständig neuen Verfahren, ein Haus zu konstru-

Landscape is being treated as one design issue among others, ultimately heralding the end of the urban-rural dichotomy. In re-evaluating concepts in landscape architecture, ecology plays a key role. For this reason, new landscape images are invariably equivocal as to whether they actually mean nature, architecture, installation or infrastructure. For the city of the future, architecture has to have dependable answers to the question of landscape.

The city of the future is mirrored in London's Millennium Dome. This vastly expensive structure bears all the hallmarks of the present parading as the future. It stands for the sobering realisation that the problems of the city will, in the future, probably have less to do with buildings themselves than with the urban structures.

These ten questions weave a web for future architecture, based on two premises. First, if European architecture, which is characterised by the shared theoretical origins of the design process, is to gain profile, then it will do so less through the force of history than through its performance on the global cultural stage. Second, in the play for the architecture of the future, the role of the architect will be more important than his strategies. The working conditions behind the architecture, rather than the architecture itself, will become increasingly virtual. That alone pushes the building away from the architect, at least from the traditionl European viewpoint.

ieren und zu errichten, ist vorläufig ausgeträumt. Die Bauwirtschaft führt anderes im Schilde.

Das ist nur schon daran ablesbar, dass die Industrie im Rahmen dieser Neuausrichtung den Versuch zur Revolutionierung des Rohbaus offenbar aufgegeben hat. Seit etwa dreißig Jahren scheint sich diese Roh-Baustelle in ihr archaisches Schicksal zu fügen, und sie nimmt dankbar noch die paar Anstrengungen zur Verbilligung und zur technischen Optimierung hin, ohne dass dies den Bauprozess entscheidend verändern würde. Die maßgebenden Veränderungen erfassen eher die Materialapplikationen, und dort trifft es vor allem die Fassaden und die Oberflächentechnologien, nebst der Gebäudetechnik natürlich.

Im Zentrum der Anstrengung scheint die Entwicklung eines neuen Typus von Systemen zu stehen, vorab solche für Häute. Diese Systeme haben mit den alten Präfabrikationen nichts mehr gemein. Oft sind es vielschichtige, hybride Materialkonglomerate, deren Anwendungsbereiche genau umrissen sind. In ihrem Aufbau spielen oft Klebstoffe die entscheidende Rolle, und ihre Schnittstelle zum Bau wird durch raffinierte Fügungstechnologien kontrolliert. Diese Systeme sind wesentlich abstrakter, aber auch beweglicher geworden. Ihr hermetischer, schwer durchschaubarer Zug geht auf drei ganz unterschiedliche Motive zurück: zunächst auf den Versuch, Hochtechnologie-Wissen und entsprechende Produktions- und Verbindungstechniken im Werk zu konzentrieren und die Baustelle zu dequalifizieren, dann auf das Ziel, das Territorium der Kalkulation von äußeren Einflüssen freizuhalten und damit präzis und beweglich zu halten, und schließlich auf die Absicht, die gefährlichen Folgen der Amerikanisierung des Haftungsrechts unter Kontrolle zu bringen. Alle Produktionsfirmen versuchen deshalb, das Bauen zu einem Schnittstellenproblem umzuformen.

Diese Hermetik trifft natürlich auch den Architekten. Dessen konstruierendem Zugriff wird das Baustoffkonglomerat weitgehend entzogen. Er wird Arrangeur der Systeme, und er ist mit einem klar begrenzten, technischen, organisatorischen und formalen Entscheidungsspielraum konfrontiert. Das setzt ihn ungewöhnlichen konzeptionellen Problemen aus, allen voran auch der Frage, wie er diese Materialien überhaupt begreifen soll. Ein ganz großer Teil der angebotenen Systeme hat Surrogat-Charakter. Die Produkte bieten bauphysikalisch leistungsfähige Verkleidungen, deren Aufbau auf die Erzeugung eines – meist irgendwie traditionellen oder simulierten – Erscheinungsbildes abzielt. Aufgrund ihres Preises stehen sie fast ausschließlich mit anderen Surrogaten in Konkurrenz, nicht aber mit einem konventionellen, schichtweisen Materialaufbau.

Eine vordergründige Materialethik ist dabei noch das harmloseste Problem. Schwerer wiegt die Erfahrung, dass die Architektur offenbar in Spiralform zum dritten Mal auf eine theoretische Frage zurückzukommen scheint, die einst bereits Semper, Viollet-le-Duc oder Berlage bewegt hat. Nun sind aber die Voraussetzungen für eine neue ›Bekleidungstheorie‹ schwieriger geworden. Wie lässt sich eine ausdrucksfähige Beziehung zwischen Gerippe und Verkleidung erarbeiten und klären, wenn sich das Material selbst gegen die entwerferische und konstruktive Ver-Formung sperrt? Denn für den Architekten, der gerade noch auswählt, anstatt fügt, ist lediglich noch die Rolle eines Managers von Erscheinungen oder eines Ausdrucksberaters vorgesehen. Es dürfte sehr schwierig werden, unter diesen Verhältnissen eine neue Tektonik der Teile und eine Morphologie des Stoffes zu entwickeln, welche weiterhin strukturelle Fragen des Materials an das Bauwerk stellt. Auf alle Fälle wird die dazu gehörende Grammatik nicht mehr auf der Baustelle selber entwickelt und die technischen Regeln werden, wie es scheint, auch nicht mehr vom ›ersten Handwerker‹ miterdacht werden, vermutlich nicht einmal mehr verstanden werden. Wenn die materielle Fassung des Bauwerks die Farbe des architektonischen Bilds sein soll, dann wird diese nun anderswo gemischt werden …

Nicht etwa die Sachlichkeit steht damit auf dem Spiel, sondern die Gegenständlichkeit. Mit dem materiellen Ausdruck, der nun aufgerieben wird, verflüchtigt sich auch die Radikalität der Dinge gegenüber dem medialen Versprechen. Die gewandelte Oberfläche erwartet den erfahrenden Blick gar nicht mehr. Die Vorstellung, dass die Schärfe der Wahrnehmung und die Dichte der Erfahrbarkeit von Architektur nicht über oder hinter den Dingen angesiedelt ist, sondern in ihnen, wird von einer anderen, visuellen Logik vollkommen unterdrückt. Das neue architektonische Spektakel braucht die Abstrahlung des Materiellen nicht mehr, denn es gründet in der vordergründigen Spannung zwischen einem abstrakten, gedanklichen Konzept und einem physischen Arrangement, welches die Idee als Erscheinung abbildet. In dieser Gleichung kommt dem Stoff selbst keine eigene Aufgabe mehr zu …

Gewissermaßen als logisches Spiegelbild dieser Entwicklung gewinnen am anderen Ende der Skala die ›rauhen‹ Teile des Bauwerks für die Architektur an Gewicht. Das Tragwerk und die Haustechnik, beide nach wie vor in anspruchsvollen Koproduktionen mit den Ingenieuren auf Maß entwickelt, weisen aus technischen Gründen eine sehr viel größere Resistenz gegenüber der systematischen Entflechtung auf. Es ist gut denkbar, dass sich auch deshalb die latent plastischen Züge in der gegenwärtigen Architektur verdeutlichen, weil man als Antwort auf die tektonische Frage den Rohbau durch die galertartige Masse der Verkleidungen hindurch zur Form drücken lässt. In der Trägheit und Widerborstigkeit des Rohbaus und der Gebäudetechnik liegt durchaus auch eine Kraft zur Gestalt.

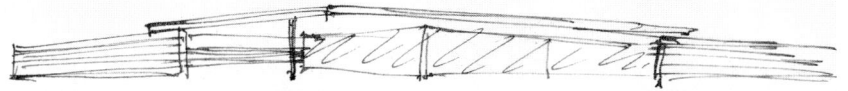

Ludwig Mies van der Rohe, Haus Hubbe, Magdeburg, um 1935, Skizze
Ludwig Mies van der Rohe, Hubbe House, Magdeburg, c. 1935, sketch

2. Über Innenräume

Am meisten verändern die Hautsysteme die Architektur in ihrem Innern. Die Trennung von Systemen bewirkt, dass der Rohbau selbst schon aus technischen Gründen räumlich kaum mehr wirksam werden kann. Diese Verhüllung des Tragwerks ist natürlich bereits in der Idee der Skelettbauweise selbst angelegt gewesen. Doch traditionell hielt der Skelettbau das Zusammenspiel zwischen Stützen, Decken, Wänden und Ausbau in einem strukturtypischen Gleichgewicht, das in einer Art geschichtetem, transparentem Zusammenklang zwischen den Teilen verwirklicht wurde. Ihm verdanken noch die schönsten Bürohäuser der achtziger Jahre ihren leichten, schwebenden Charakter.

Es gibt nun zahlreiche Anzeichen, dass sich – vor dem Hintergrund der amerikanischen Erfahrungen – bei Auftraggebern wie bei den Konstruktionsfirmen ein Raumverständnis herausbildet, welches diese klassisch moderne Gedankenkette unterbricht. In diesem Verständnis werden nicht nur konstruktive und bauökonomische, sondern auch das Marketing betreffende, betriebliche und ästhetische Entwicklungen neu geordnet. Sie brechen die innere Verkleidungshülle gewissermaßen aus dem Bauwerk heraus, um sie anderen Regeln und Regisseuren zu unterwerfen als das Rohbauwerk. Der Ausbau übernimmt nun ständig wechselnde Funktionen, und die gedankliche Amortisationszeit dieser ›Projektionsfläche‹ wird der realen angepasst. Damit wird eine neue Demarkationslinie zwischen Architekten und Interior Designer festgelegt, und deren reibungslose Realisierung verlangt, dass die Haut auf das Baugerippe geclipt wird wie die Schale auf das Smart Mobil. Dabei spielen die hohen technischen Anforderungen an diese Haut eine wichtige Rolle, denn als Interface ist sie die Schnittstelle zu komplexen haus- und informationstechnischen Wirkungselementen, und sie hat die Distributionssysteme dahinter mit immer kürzerer Halbwertszeit ständig zugänglich zu halten.

In dieser Logik wird das Bauwerk nur noch als eine Art Bühnenraum gesehen. Dessen Aufgabe ist es, im Laufe seiner voraussichtlich langen Lebenszeit verschiedene Bühnenbilder in Form von Szenarien kürzerer Lebensdauer aufzunehmen. Diese Szenarien unterliegen erklärtermaßen kurzfristigen Strategien wie Marketingkonzepten, Führungspsychologien oder Lifestyle-Resonanzen, und das nicht nur im Corporate Design. Im Grunde handelt es bei dieser Bewegung nur um eine Annäherung der Architektur an andere Gestaltungsbereiche, die Lebensstile verdichten, wie Mode, Medienkonsum oder Fahrzeugtechnologie, Sport oder Kunstvermittlung. In allen diesen Feldern werden die Zyklen kürzer, die Profile schärfer und dennoch die Grenzen weicher.

Es ist offensichtlich, dass diese Entwicklung die Architektur vor neue Fragen stellt, für die bisher wenige befriedigende Antworten vorliegen. Vier Zwangsbeziehungen koppeln vorläufig noch den Rohbau an den losgelösten Ausbau: das natürliche Licht, die ungefähren Raumproportionen, die Einschnürung des Raums durch das Tragsystem und das unvermeidbare Zusammenspiel in der Wahrnehmung von äußerer Fassade und Innenausbau. Es sind nun beide Entwicklungen denkbar. Diese Verzahnungen können so weit wie möglich aufgelöst werden, was bereits durch Archigram angedacht wurde, oder es werden in diesen vier Verklammerungen neue Ausdrucksmöglichkeiten und damit neue Entwurfsverfahren herausgearbeitet.

3. Über Verhandlungsarchitektur

Entscheidend an der gegenwärtigen Umwälzung des Bauens ist die Frage, wo die hochentwickelten Informationen verwaltet werden. Diese Entwicklung ist Teil einer allgemeineren, gesellschaftlichen Reorganisation, in der das physische Objekt gegenüber der Information ständig an Terrain verliert. Nicht nur das Bauen selbst, sondern auch das Erarbeiten von Gebäuden wird von diesem Drall erfasst. Sowohl Auftraggeber wie bauende und planende Firmen konzentrieren sich deshalb immer genauer darauf, entscheidende Informationen in ihrer eigenen Arbeit systematisch zu fassen und mit anderen, für das Bauwerk wirksamen Informationsflüssen zusammenzu-

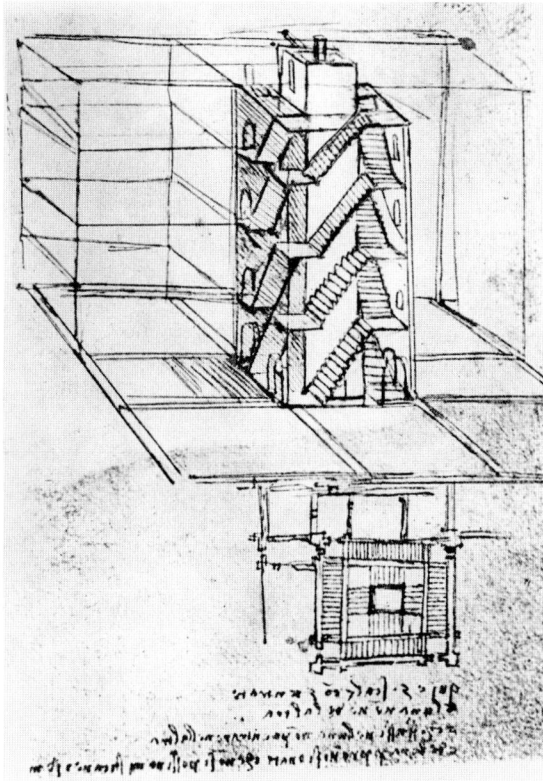

Leonardo da Vinci, Vierfache Treppe, MS. B, fol. 47 recto
Leonardo da Vinci, Quadruple stairs, MS. B, fol. 47, recto

agieren die Beteiligten nicht mehr in ihrem eigenen Namen oder mit einem persönlichen Mandat, sondern als funktionale Abordnung eines informationsverwaltenden Organismus. Dessen Bedürfnisse sind zwar vielleicht virtuell, aber keinesfalls irrational. Das Dispositiv dahinter ist ausgesprochen kompliziert, und es leidet unter der Tatsache, dass sich diese Informationsstruktur nicht mit den realen Vorgängen des Bauens deckt, aber dennoch von diesen Vorgängen dauernd verschattet wird – und zuweilen auch den Bauvorgang verschattet. Das führt zur bizarren Situation, dass jene, welche diesen Informationsfluss-Metabolismus aufgebaut haben, seiner Wirksamkeit auch dauernd misstrauen. Deshalb wünschen sich alle Beteiligten immer nur einen Ansprechpartner, und sie versuchen damit, Konfliktghettos zu schaffen, die außer Sichtweite sind. Verdrängung oder besser Abstraktion von Komplexität ist für diese Mechanik mindestens ebenso typisch wie rationalisierte Verarbeitung.

In dieser Ordnung gewinnt immer der ruchloseste, im Normalfall der Totalunternehmer. Er hat, außer seiner Rechnung, keine weiteren inhaltlichen Probleme, welche ihn am rücksichtslosen Verschieben von Informations-Pflichten, -Verantwortungen und -Verarbeitungen hindern würden, und er tut dies ausgiebig. Der Erfolg des Totalunternehmers ist üblicherweise weniger seiner Kompetenz zu verdanken, als vielmehr seinem durch keinerlei Skrupel behinderten Versprechen der Rationalitäts-Darstellung im Dickicht unbeherrschbar gewordener Informationsgeflechte.

Eine Architektur, welche in diesem Netz entstehen soll, wird sich nicht mehr darauf abstützen können, Entscheidungsträger zu überzeugen, sondern ähnliche Fließrichtungen für Informationen und parallele Vektoren für Bedeutungen aufzuspüren. Sie wird sich dabei im Klaren sein müssen, dass ein bedeutender Teil der anderen Moderatoren im selben Moment aus ihrer Warte genau dasselbe versuchen werden. Deshalb müssen wir annehmen, dass in Zukunft jede Architektur – soweit sie nicht eine reine Mäzenenarchitektur ist, also eine Art ›Renaissance-Sage‹ – im wesentlichen eine Verhandlungsarchitektur sein wird. Ihr Fluchtpunkt wird nicht das Einverständnis sein, sondern die produktivste Balance von Missverständnissen. Denn die Verhandlung ist eine Auseinandersetzung um unkontrollierbar gewordenes Wissen. In dieser Auseinandersetzung wird die Architektur eine Art Valenzenergie unter Beweis stellen müssen, das heißt die Fähigkeiten, in großer Beweglichkeit Informationen der Anderen in den Korpus eines architektonischen Projektes hineinzudenken und auszuwerten. Dabei spielt, wie wir noch sehen werden, die Zeit eine wichtige Rolle.

legen. Auch die Architekten sind zunehmend in dieses Netzwerk verstrickt.

Die zentrale Figur in diesem Informationsgeflecht ist der Moderator. Nun könnte man annehmen, dass sich der Architekt als Generalist wie kein anderer für diese Moderatorenrolle eignen würde. Damit unterschätzt man aber die Eigenheiten dieser Organisationsform deutlich. Eine durchschnittlich zusammengesetzte Sitzung für ein großes Bauwerk besteht nämlich ausschließlich aus Moderatoren. Sie alle stauen, lenken oder erzeugen ununterbrochen Informationsflüsse, über die sie nicht allein, ja nicht einmal maßgeblich Verfügungskompetenz haben, denn sie sind lediglich ›Entscheidungs-Spieler‹. Im fortgeschrittenen Stadium entwickelt sich dieses Spiel zu einer amüsanten Posse. In ihr sind alle Rollen und alle Darstellungsformen einer Commedia della Costruzione angelegt: der Sorgenvolle, das Schlitzohr, der Sachkundige, der Schweiger, der Intrigant, der Künstler oder der Chef, und sie alle verwenden die entsprechenden Techniken von Behauptung, Inquisition, Lüge, Sachauskunft oder Versprechen wie frei verfügbare Werkzeuge an der Mechanik von Informationen.

Diese Entwicklung ist der Ausdruck einer schrittweise entwerteten Subjektivität. Als Moderatoren

4. Über den Staat und die Sponsoren

Der wichtigste Moderator ist der Staat geworden. Damit ist in Europa ein Jahrhundertzyklus der Hoffnung mit einiger Ernüchterung abgeschlossen. Es besteht kein Zweifel, dass die Entwicklung der modernen Architektur und des Städtebaus in keiner anderen Weltgegend derart grundlegend vom Wirken des Staates abhängig gewesen war wie in Europa.

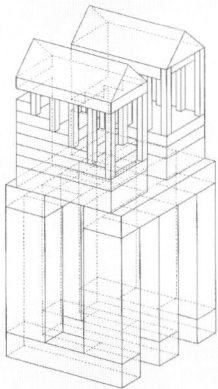

Claus Bury, Vom Modell zum Bauprojekt, 1996. Zeichnung
Claus Bury, From Model to Building Project, 1996, drawing

Heute kann man festhalten, dass der Staat in seinen drei Hauptwirkungsfeldern – Zonenordnung, Subventionspolitik und Bauherrenrolle – ausgeschaltet ist. Dieser Tatbestand ist schon konstatiert worden, aber er wird dennoch unterschätzt. Zumindest in zwei Bereichen hatte das staatliche Wirken generierende Kraft beim Bau der modernen europäischen Stadt. Von Bedeutung war zunächst die schiere Tatsache, dass es überhaupt als Entwurf einen Stadtplan gab, jenseits von Leitungen und Straßenplänen; darüber hinaus stemmte sich die staatliche Baupolitik systematisch gegen das vollständige Auseinanderbrechen zwischen ›Groß-A-Architektur‹ und Massenproduktion.

In beiden Absichten ist der Staat letztlich gescheitert, und die beißende Kritik an seinem Wirken auf diesen Feldern im letzten Viertel des vergangenen Jahrhunderts war nicht ganz unberechtigt. Nur, die Architekten, die sich berufsmäßig fortschrittlich sehen, haben im kritischen Eifer nicht bemerkt, dass Ihre Kritik vor dem Hintergrund einer völlig veränderten politischen Landschaft vorgetragen worden ist. In dieser Landschaft haben die maßgeblichen Kräfte gar nie die Verbesserung des Diskurses beabsichtigt, sondern seine Abschaffung. Das ist weitgehend gelungen.

Was ist das Ergebnis? Der Staat ist politisch gesehen zum kraftlosen Vermittler und Kommunikator geworden. Nur einige engagierte Beamte versuchen noch, unter Verkennung der Kräfteverhältnisse, sich möglichst wirkungsvoll an vorhandenen Entwicklungen anzuhängen. Der Erfolg ihres Wirkens aber hängt ausschließlich davon ab, ob ihre Intentionen mehr oder weniger verträglich zu den Investoreninteressen ausgerichtet sind oder nicht. Dabei spielt es eine wichtige Rolle, ob der Investor, aus was für Gründen auch immer, die Architektur zum integrierten Bestandteil seiner Projektpolitik erklärt hat. Dann könnte es sich um ›Sponsoren-Architektur‹ handeln, und es werden sich – neben den Architekten – auch die Administrationen an dieses Versprechen klammern müssen. Denn jetzt werden nicht mehr Verordnungen über Architektur und Stadt sprechen, sondern alle Seiten bereiten ihre Argumentationsfeldzüge vor, mit denen sie den Begriff ›architektonische Qualität‹ zu besetzen gedenken.

Während in den prestigeträchtigen zentralstädtischen Verfahren deshalb noch etwas wie staatliche Präsenz auszumachen ist, scheitern die Beamten gerade dort, wo sich in der Massenproduktion widerborstige, eher unsentimentale Interessen manifestieren. Die Auslagerung der Qualitätsdebatte aus dem Staatsdiskurs schafft also keineswegs die Qualität ab, sondern sie neigt vor allem anderen dazu, die Zweiteilung des architektonischen Arbeitsfelds zu verschärfen. Dazu gehören, wir wissen es, zwei neue, getrennte Berufe: der Design-Consultant, der als Star einen vermarktbaren Namen mit verbaut, und der Architekturmanager, der Investitionsvolumina kalkulierbar realisiert. Wirtschaftspolitisch gesehen kann man das auch einfacher beschreiben: Nun ist es ausschließlich der Markt, der über Qualität befindet …

Man darf nicht einmal behaupten, das ein solches Kräftespiel nicht in der Lage sei, irgendwie Stadt hervorzubringen, vielleicht beiläufig, kraftstrotzend und schnell. Das kann durchaus aufregend sein. Es ist aber noch nicht abzusehen, welche Art Stadt dieses Dispositiv erzeugt. Denn traditionell war ja die Struktur der Stadt – zumindest in Europa – auf das Ganze hinter dem Individuellen, auf relative Unteilbarkeit und auf Dauer angelegt. Die zukünftige Stadt, auch in Europa, wird aber nicht mehr dem Gemeinsinn verpflichtet sein, sondern einem Fächer partikulärer, höchst unterschiedlicher Strategien. Für die Architektur tut sich deshalb aber eine andere, neue Frage auf: Welche Verfahren wird sie entwickeln, wenn sie außer Versace auch Aldi bedienen möchte?

5. Über Grenzverläufe

Die Cross-over-Operationen in der Architektur der neunziger Jahre könnten durchaus als eine Modeerscheinung abgetan werden. Das wäre ziemlich kurzsichtig. Alles deutet darauf hin, dass sich dieser Prozess eher beschleunigt als verlangsamt.

Dass die Grenzüberschreitung zuallererst der Ausdruck bedrängter Selbstgewissheit von Disziplinen ist, dies lässt sich schon allein am manchmal seltsamen Plot ablesen. Denn Cross-over ist zu oft die Technik der Ratlosen, welche wechselseitig ihre Hoffnungen in die Abgründigkeit des anderen, unbekannten Territoriums projizieren … Dies gilt auch für die Grenzwanderungen der Architektur, aber diese Neugierde hat wie anderswo auch durchaus ihre anregenden Seiten. Sie gründen in den Grenzerfahrungen des Metiers, dessen Erkenntnismöglichkeiten für das Medium als belanglos, gar erschöpft erscheinen. Dies löst ein nervöses Experimentieren aus, indem sich die Architektur die Wirklichkeitserfahrungen anderer Gebiete erschließt, um diese im Entwurf auszutesten. Unübersehbar haben sich auf diese Weise die kategorialen Grenzen der Architektur längst aufzulösen begonnen. Mit großen Hoffnungen und naiven Versprechungen wird das Bauen gewissermaßen in einem allgemeinen, labilen und fließenden Gestaltungsfeld aufgelöst, wo es von Kunst, visueller Kommunikation oder Mode kaum noch zu unterscheiden ist. Wie immer stellt sich diese Eroberung als Befreiung dar: Eine Architektur, die gleichermaßen mit dem Faltenwurf von Yamamoto, mit der Chaostheorie und mit dem animierten Rendering von Nintendo umzugehen vermag, die muss sich aus dem akademischen Korsett in Richtung ungebändigter Formenfindung verabschiedet haben …

Der Glamour des avantgardistischen Furor vernebelt aber den Blick auf die Rückseite dieses Hochglanzprospekts. Diesen Raubzügen eignet nämlich auch eine Art vorauseilender Gehorsam gegenüber dem kulturellen Kräftespiel im Hintergrund. Der Ausbruch von Architektur ist nicht so sehr die Idee kreativer Architekten, als vielmehr die schnelle Reaktion auf die schrittweise Enteignung der eigenen professionellen Handlungsfelder. In dem Maße, in dem den Architekten die Hegemonie über das Bauwerk zu entgleiten droht, versuchen sie in Gestaltungsfelder einzudringen, in denen Ästhetik und Information relativ frei, schnell und weniger kontrolliert zirkuliert. Ungeprüft bleibt, ob diese Erkenntnisse am Bauwerk schließlich wirksam werden.

Die Auflösung von Verfahrensfeldern weist somit ebenso apologetische wie anarchistische Eigenschaften auf. In der Architektur wird die grenzüberschrei-tende Produktivität zumindest an zwei Punkten anecken: Sie wird mit dem inhärenten, architektonischen Hang zur Dauer kollidieren, und die Bindung gewaltiger finanzieller Mittel durch das Bauwerk wird den freien Fluss von Träumen einengen … Es sei deshalb die Vermutung erlaubt, dass die maßgebende Herausforderung des architektonischen Entwurfs in dieser unscharf parzellierten und beweglich gewordenen Landschaft weniger in der Begabung liegt, außerarchitektonische Anleihen zu verarbeiten, sondern in der Fähigkeit, unter dem Druck äußerer Erfahrungen und offener Grenzen die Selbstkonzentration der Architektur neu zu definieren. Oder schärfer ausgedrückt: Unter den bedrängenden Bedingungen verwandelt sich die Selbstgewissheit der Architektur von einer Voraussetzung in einen Gegenstand des Entwurfs.

6. Über Sprachen und Dialekte

Das Gegenstück zur offenen seitlichen Grenze der Architektur ist die innere Konsistenz ihrer Sprache. Seit den späten siebziger Jahren kann man in der europäischen Architektur nicht mehr von einem geschlossenen, theoretischen Korpus, einer kollektiven Sprache, ja nicht einmal mehr von dominierenden Tendenzen reden. Denn dominant würde bedeuten, dass eine Analyse- und Entwurfsfigur in einer bestimmten Region über eine bestimmte Zeit die relative Verbindlichkeit eines Kodex annehmen würde. Das war nie mehr der Fall.

Im Grunde entspricht dieser Zustand der Prognose der theoretischen – nicht der architektonischen – Nachmoderne. In diesem Umfeld bildet eine labile, ort-zeitlich und personell eng begrenzte Übereinkunft die Grundlage einer raunenden, provisorischen architektonischen Kommunikation. Diese relativ individuelle Stilisierung des Projekts ist Ausdruck geworden einer vom Ganzen auf die Teile hin verschobenen Anschauung von Architektur. Ein so deutlich eingegrenzter ›Dialekt‹ ist dann in seiner zugespitzten Form nicht mehr eine örtlich gefasste Sonderform einer allgemeineren Sprache, sondern eher eine riskante Exemplifizierung innerhalb eines destabilisierten, von seinen Quellen entfremdeten Sprachfelds.

Dieses Weg-Experimentieren von Geschichte hat auch eine fast paradox anmutende Triebfeder außerhalb der Architektur. Denn die Herausbildung architektonischer Scheindialekte ist vor allem anderen das Ergebnis eines krassen Bedeutungsverlusts. Die Gesellschaft, auch in Europa, ist offensichtlich dabei, ihr Interesse daran zu verlieren, was Architektur in

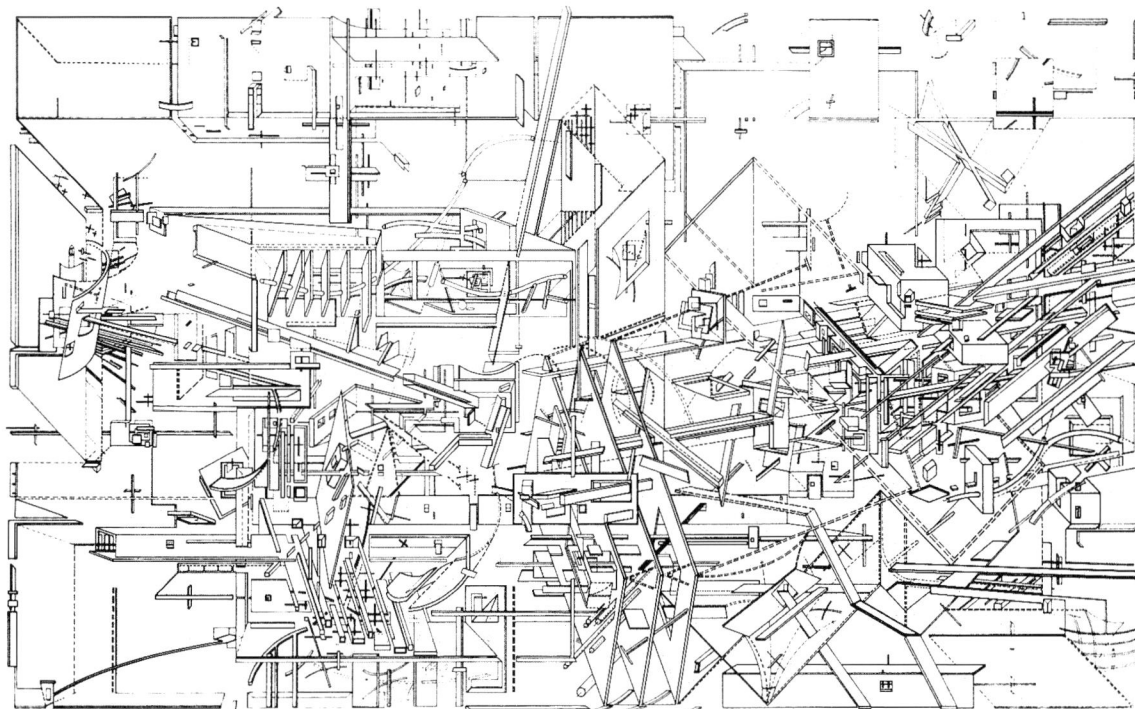

Daniel Libeskind, Micromegas. Time sections, 1980, Siebdruck
Daniel Libeskind, Micromegas: Time Sections, 1980, silkscreen print

ihrem Kern einmal ausgemacht hat. Stadt, Dauer, Raum bewegen die gegenwärtige Kultur kaum mehr, oder zumindest nicht in dem Sinne, wie sie durch die Architektur bis vor kurzem beschrieben worden sind. Architektur wird nicht nur beiläufiger hervorgebracht, sondern vor allem auch beiläufiger, oberflächlicher und im Verbrauch betrachtet. Die breite Sicht auf das Bauwerk wird durch die streifende Wahrnehmung eines Gegenstands zunehmend unterdrückt.

Dieser Verlust an Bedeutung, die relative Nebensächlichkeit unseres Tuns, ist nur deshalb nicht so offensichtlich, weil sie gleichzeitig durch einen gigantischen Hype übertönt wird, der auch den Namen Architektur trägt und etwas anderes meint: das Event, den Augenreiz oder das Fancy Instrument. Das Haus ist gewissermaßen ein Trailer für eine inexistent gewordene Stadt: schnell, laut, klar und indifferent. Diese aufgebauschte Wahrnehmung meint immer einen Gegenstand, der seinen eigenen Hintergrund übertönt und die Zeit zu Gegenwart bündelt. Oder anders gesagt: Es gibt für eine gegliederte Wahrnehmung innerhalb der Disziplin, also für Sprache, offenbar gar kein kulturelles Bedürfnis mehr …

Nun könnte man nicht ohne Grund an dieser Schraube weiterdrehen. Denn sie hat das Metier zweifellos ›bunter‹ gemacht, und sie hat ihm seine Bitterkeit geraubt. Ein wolkiger Spaß hat sich Raum verschafft, der nicht nur allen Ernst einebnet, sondern gleich auch jede Heiterkeit. Kritischen Einwänden ließe sich entgegenrufen, dass sie die Sorgen eines retardierenden Intellektuellen ausdrückten, der sich in der globalen Architektur nicht mehr zurechtfinde. Man würde dann hinzufügen, dass die aufregendsten Wolkenkratzer und Städte in den USA fast ohne städtebauliche Auflagen und soziale Konventionen entstanden seien und heute in Ostasien oder Afrika entstünden – und zwar gerade nicht trotz, sondern wegen des Wirkens absolut anarchistischer, von Sprachbindungen nicht gezügelter Kräfte.

Aber abgesehen davon, dass eine solche historische Unterstellung falsch ist: Die Triebfeder fast aller diskursprägender Gegenwartsarchitekturen ist das Gegenteil von Anarchismus, selbst dann, wenn sie mit einer oft rührenden, ungebärdig-plappernden Tonspur untermalt werden. Nein, das ist die kalkulierte Arbeit für die Boutique, Maßprodukt einer ausgeklügelten Marktstrategie, und deshalb wird sie eingekauft. Der unumkehrbare Verlust einer großen Sprachkonvention wirft unter diesen Erkenntnissen zumindest diese eine Frage auf: Der Spaß der ›kleinen Sprachspiele‹ in Global City wird uns gewiss ein bisschen amüsieren, aber interessiert, bewegt er uns auch?

7. Über Zeit

Zwei Ressourcen beherrschen die gegenwärtige Baustelle: Information durch Überflutung und Zeit durch Austrocknung. In der Schere dazwischen droht die Arbeit an der Qualität des Projekts auf fatale Art aufgerieben zu werden. Eng wird die Zeit.

Die Verschärfung der Arbeits- und Produktionsrhythmen hat nunmehr einen Stand erreicht, der das gedankliche Rationalisierungsvermögen der Disziplin offensichtlich überfordert. Sie beginnt deshalb, den Entwurfs- und Planungsprozessen ungewöhnliche Verfahren, Verhaltensmuster und Handlungsdispositive abzupressen. Diese Verfahren sind nun architektonisch nicht mehr neutral. Deren bedeutendstes Merkmal ist ein stupendes Reaktionsvermögen oder, etwas freier ausgedrückt, die Schlagfertigkeit. Unter den drastisch eingeengten zeitlichen Verhältnissen der Entwurfsarbeit ist es schon heute kaum mehr möglich, die diffusen Voraussetzungen und verdeckten Bedingungen eines Projekts systematisch aufzuklären. Es kommt dazu, dass sich diese Bedingungen noch während der Arbeit einem zeitlichen Verschleiß ausgesetzt sehen: Die Programme haben ihre Stabilität verloren und verformen sich wie Amöben. Damit büßen die Entwurfsprozesse jede Form einer systematischen Gliederung ein, weil sie dauernd durch Destabilisierung bedroht werden.

Um handlungsfähig zu bleiben werden deshalb zunehmend Elemente einer neuen Beweglichkeit in die Entwurfsverfahren eingeflochten, die weit mehr sind als die Reaktion eines flexiblen Prozessmanagements. Der Erfolg einer entwerferischen Strategie wird dann nicht zuletzt davon abhängen, inwiefern sie schlagfertige Antworten auf sich schlagartig veränderte Bedingungen zulässt. Die zugehörigen Instrumente innerhalb solcher Entwurfsprozesse drohen gewissermaßen architekturformend zu werden, indem sich die gedankliche Elastizität eines Planes zum Schluss auch in physische Beweglichkeit oder Unschärfe verpuppt. Entwerfen wird nun die Eigenschaften eines Simultaneous Engineering annehmen. Ab einem bestimmten Kompressionsgrad lassen sich nämlich strukturell hintereinander angeordnete Arbeitsschritte nicht mehr weiter ineinander pressen. Dann gewinnt der Entwurfsprozess tendenziell anarchische Züge, weil Arbeiten parallel und relativ unabhängig vorangetrieben werden, die logisch in der Zeitachse aufeinander bezogen sind. Eine Art strategische Moderation ersetzt nun den klassischen Entwurf, zusammengehalten von der Fähigkeit, jede noch so chaotische Überraschung im eigenen entwerferischen Gerüst formal zu absorbieren ... Diese neue, ›realistische‹ Flexibilität begründet einen eigenartigen Widerspruch. Weil die pulsierenden Bewegungen des Programms unaufhörlich den Körper der Architektur anzugreifen drohen, wird es nämlich dennoch das eigentliche Ziel dieser Reaktionsfähigkeit bleiben, den Abstand des Projekts gegen seine augenblicklichen, instabilen Voraussetzungen zu verteidigen. Denn der schiere Ausdruck von Schnelllebigkeit im Bauwerk selbst ist genauso wenig aufregend wie es jener von Funktion zuvor schon war. Sofort wird sich der Neuigkeitswert jenes provisorischen ›Zeit‹-Geistes verflüchtigt haben, der im beweglichen, undeutlich konturierten Bauwerk gefeiert worden ist. In diesem Moment ist das Bauwerk selbst provisorisch geworden.

Die Bedrängung der Architektur durch die Zeit wird ein Widerspruch bleiben, der auch durch noch so pfiffige Strategien nicht aufgelöst werden wird. Denn Bauen und Bauen-Denken ist enger an Zeiträume gefesselt, als die Gegenwart offenbar zu akzeptieren bereit ist. Und das architektonische Projekt wird deshalb daran gemessen werden, auf welche Weise es seine Vergangenheit und seine Zukunft gegen den Angriff der Gegenwart in Schutz nimmt, um ein Kluge-Diktum umzuformen ...

8. Über Raum

Die einschneidendste Veränderung im Raumgefüge dürfte weder der Angriff auf den rechten Winkel noch die Destabilisierung des Boden sein. Diese Errungenschaften sind eher Folge denn Gegenstand einer Erkenntnis. Es gibt offenbar parallel zur Verdichtung von Gegenwart einen Zug zur Verallgemeinerung des Raums, welcher das moderne Konzept weniger erweitert als vielmehr angreift. Die Umrisse dieser Verallgemeinerung lassen sich einigermaßen erkennen: Überkreuzung von Typen und Gattungen, Entkopplung vom Gebrauch, Vorrang der Bewegung vor der Ruhe, Auflösung von Grenzen, Individualisierung der Raumform. Nur scheinbar schließen diese Entwicklungen an das transparente, moderne Raumgefüge an. Im Unterschied aber zu deren radikalsten Abstraktionen, jenen des Suprematismus und von de Stijl, beabsichtigt die gegenwärtige Verallgemeinerung des Raums nämlich nicht die konzeptionelle Verschärfung, sondern die Verfügbarkeit und Operabilität.

Diese Absicht hat durchaus ein Korrelat im aktuellen Markt der Lebensstile. Der penetrante Auftritt des ›Pseudo-Lofts‹ im Wohnungsmarketing in den Städten, die Entwicklung hybrider Raumsysteme in der Büroorganisation oder bei Museen, aber auch die faktische Aufhebung der Unterscheidungen zwischen öffentlichem und privatem Raum beschwören nicht ein neues Raumgefühl, sondern den freien Zugriff auf Raummodelle in unterschiedlichen Zusammenhängen: der Raum wird Bild. Dies ist offenbar deshalb möglich, weil der Raum nun geradezu aggressiv von der Bindung an jedwede Erinnerung abgekoppelt wird. Der freie, geschichtslose Transfer von Typen, Geometrien und Stimmungen rückt damit den Raum auf bisher unbekannte, spekulative Weise ins Zentrum der kulturellen Auseinandersetzung. Das ist erstaunlich, weil Raum als abstrakteste Manifestation der Architektur bisher weitgehend autonom gewesen war. Denn der Raum konnte im Entwurf – jenseits der Funktionen – von Laien kaum gelesen und identifiziert werden.

Natürlich ist diese Entkopplung als Befreiung denkbar. Die zahlreichen virtuellen Raumskulpturen, im Moment noch eher vom Computer gezeichnet als gebaut, feiern diese neue Zeit. Es ist aber anzunehmen, dass diese ›Raumforschungen‹ in Wirklichkeit mindestens ebenso sehr Diagnose wie Begehren sind. Das freie Fluten von Raumwahrnehmung wird dazu führen, dass das Projekt eine letzte Stabilisierung durch eine autonome Grammatik einbüßen wird. Besonders in den großen Projekten wird Raum, ohne jede poetische Anwandlung, als abstrakte, amorphe Masse abgehandelt werden, die praktisch frei formbar ist, und deren Konsumierbarkeit zum Schluss, wenn der Prozess der Knetung irgendwann einmal eingefroren wird, durch eine Oberflächenschicht abgesichert wird, die von den innenarchitektonischen Dermatologen aufgebracht wird wie ein Wundverband.

Die freiere Verfügbarkeit von Raum hat schon einige Überraschungen hervorgebracht. Es sind Raumschöpfungen denkbar geworden, welche noch vor kurzem unmöglich schienen. Wie so viele gegenwärtige Entwicklungen begünstigt aber diese Forschung vor allem ein exquisites Experimentieren und die Haute Couture einer Architektur, die sich in einer Art endlosen Jugendlichkeit der permanenten Prototypie verschrieben hat. Für diese Haltung wird jedes Bauwerk gewissermaßen der Prüfstand seiner selbst sein: Architektur stellt sich selber aus. Je individueller sich Raum nun formt, um so schwieriger lässt sich ein Zusammenhang vorstellen, der über diesen exaltierten Einzelfall hinaus weisen würde. Die Frage ist, ob diese Frage noch jemanden beschäftigt.

9. Über Natur

Kaum ein Bereich der Architektur hat in den letzten Jahren eine so spektakuläre Offenbarung durchlebt wie die Landschaftsarchitektur. Das hat Gründe. Einer davon spiegelt die gewandelten Voraussetzun-

Gunnar Asplund, Woodland Cemetery, Stockholm, 1915–40. Perspektive, 1935
Gunnar Asplund, Woodland Cemetery, Stockholm, 1915–40, perspectival drawing, 1935

gen der Disziplin wider: Indem die Landschaft als Designproblem an die anderen Entwurfsaufgaben herangeführt wird, bereitet man die endgültige Abkehr von der Stadt-Land-Dichotomie vor. Landschaft wird also nicht mehr nur im Park oder vor der Versicherung gedanklich zu überformen sein, sondern überall, am Meer, in den Alpen, in der Heide, um die Hügelstädte.

Daran ist weniger die Frage aufregend, was nun in Zukunft alles entworfen werden wird (es wird sehr vieles sein), sondern die theoretische Entwicklung dahinter. In dem Moment, wo aufgrund der Ausdehnung der urbanen Strukturen die Unterscheidung zwischen Stadt und Land aufgehoben wird, ist entweder alles Stadt oder alles Zwischenraum. Unter diesen Bedingungen darf man annehmen, dass der neue Landschaftsbegriff der Vorbote ist einer Auseinandersetzung über die Stadt, in der die Beschlagnahmung der Landschaft zu den am schärfsten umstrittenen Feldern gehören wird. Denn die Abschaffung des spätromantischen Konzeptes von Natur hat auch dessen Mitschwingung von Unendlichkeit begraben. In diesem Moment wird das Bauen von Landschaft zu einer Frage von Besetzung. Und das lässt sich zu Ende denken: Die Schaffung eines umfassenden Landschaftsbegriffs durch die Architektur bereitet den Kontinent auf das Konzept einer flächendeckenden urbanen Kultur vor. In diesem Prozess sind die abgestuften Modelle einer künstlichen und künstlerischen Natur womöglich entscheidende Wörter für eine umspannende, urbane Grammatik.

Wem das alles etwas martialisch anmutet, dem seien ein paar Stichworte aktueller Konflikte nachgeliefert, in denen die Herrschaft über die Ressource

Landschaftsraum eine wichtige Rolle spielt: der Lastwagenkrieg in den Alpen, der Konflikt der bretonischen Bauern mit der Zentralregierung, der Streit um die Landwirtschaftspolitik der EU, der hoffnungslose Kampf der privatisierten Staatsbahnen gegen die Spediteure, der Niedergang des alpinen Sommertourismus, die gnadenlose Verteidigung der ›Gartenstadt‹ in Suburbia. Viele dieser Konflikte sind natürlich zunächst im engeren Sinn ökologische Auseinandersetzungen. Und Ökologie ist durchaus auch von zentraler Bedeutung bei der Umwertung der Begriffe in der Landschaftsarchitektur.

In einem erweiterten Sinn ist aber die Frage aufzuwerfen, ob das unkontrollierbare Wachstum von moderner Infrastruktur überhaupt anders als durch endlose Konflikte – und dauernde Niederlagen der Peripherie – in Beziehung zum Landschaftsraum gebracht werden kann. Die augenblicklichen Anstrengungen, diese Kollisionen auf einer höchst artifiziellen Ebene zu entschärfen oder aufzuheben deuten zumindest darauf hin, dass eine Art paradigmatischer Wechsel vorbereitet werden soll. Die neuen Landschaftsbilder lassen deshalb immer offen, ob sie Natur, Architektur, Installation oder Infrastruktur meinen. Denn sie gehen – wohl zu Recht – davon aus, dass die Landschaft in Zukunft wie die Stadt eine Belegung durch mehrfache Bedeutungen wird ertragen müssen. Ob die Architektur dazu tragfähige Antworten liefern wird, ist vor allem auch für die zukünftige Stadt selbst von Belang. Denn mehr noch als heute dürfte in Zukunft über das Schicksal von Marseille in der Camargue mitbefunden werden; und die Küsten außerhalb von Hamburg machen heute schon dem Wasser Konkurrenz …

10. Über Stadt

Die Stadt der Zukunft steht, für ein Jahr und in Ausstellungsform: der Millenium-Dom in London. Dieses milliardenschwere Jahrtausendwerk weist alle Merkmale einer zur Zukunft aufgeblasenen Gegenwart auf – oder ihrer Besorgnis erregenden Momente. Zur Debatte steht dabei nicht die Aktualität einer solchen megalomanen Ausstellung. Millenium-Dom kann und soll gelesen werden wie eine kleine Versuchs-Stadt, deren Zweck die Erforschung ihrer eigenen Perspektive ist. Als begehbare Erfahrung verschafft uns der Dom nun die ernüchternde Erkenntnis, dass die Probleme der Stadt in der Zukunft wahrscheinlich weniger in deren Bauwerken liegen, als vielmehr in der Struktur, welche diese Stadt erdenkt.

Wie in einem bunten, schrullig vertonten Trickfilm spult dieses Städtchen alle Schreckensbilder ab, die

man sich zur neuen Stadt ausmalen könnte. Das Sagen hatten fast ausschließlich die Sponsoren, und die waren weder bereit noch in der Lage, irgendeinen übergreifenden Reiz oder eine Atmosphäre außerhalb ihrer Pavillons zu denken, und auch kein Gespräch außerhalb von unverblümter Propaganda. Ihre Idee von Stadt, spärlich moderiert von bis zur Selbstverleugnung modernen, flexiblen Major- und BlairManagern, besteht aus einer lärmig-stummen Aneinanderreihung von gar nicht mehr kaschierten Marketingoperationen, die in ein überraschend billiges, aber putziges Knusperhäuschen von Architainment abgefüllt worden sind. Es ist eine Stadt ohne Herkunft, ohne Plural, ohne Differenz und ohne Grenzen. Erstaunlicherweise implodiert diese Stadt aber nicht vor dem beiläufig-aufmerksamen Auge des Flaneurs. Unfreiwillig räumt sie gerade das selbstgewählte Terrain dort, wo Unterhaltung, Marketing und Stadt miteinander vermählt werden. Denn nicht einmal die minimalen Anforderungen an die Einschaltquote werden offenbar erfüllt. Kaum jemand will diese Stadt sehen.

Dieses Ergebnis ist für sich genommen belanglos, aber es ist interpretationsfähig. Zumindest darf auch in Zukunft befürchtet werden, dass die systematische Schwächung der die Stadt denkenden, entwerfenden und koordinierenden Instanzen zwecks Entfesselung von partikulären Interessen nicht von selbst die urbane Aufregung von Schanghai, Lagos oder Los Angeles produziert, sondern allenfalls die bleierne Langeweile eines Jahrmarktplatzes – allerdings ganz ohne den poetischen Reiz eines Fellini- oder Menzel-Filmes …

Wie anders denken wir uns aber in Zukunft überhaupt Stadt, wenn nicht als loses, belangloses Konglomerat von Bauten, welche marketinggeschulte mittlere Moderatoren-Kader ausgeheckt haben? Dazu hält der Dom noch eine zweite Ebene der Erfahrung bereit, jene der Ausstellungen selbst. Diese Themenshows in den Pavillons durchpflügen so ziemlich jede medial aufgedunsene Gegenwartsdebatte in irgendeiner Form. Aus dem Innern der Bauten dringen diese Behauptungen und Verheißungen nach außen in das kleine Universum des Doms, als ob die Bilder Lärm erzeugen könnten. Wenn intelligente Ford-Mobile die neuesten Concept-Handys von British Telecom stören oder auch die Konzentration in der kleinen Spekulantenschule der City-Banken, dann ertappt man sich bei Zweifeln: Zwischen den Pavillons, unter dem Gewölbe der falschen Himmelskuppel, da könnte man sich sehr wohl einen städtischen Raum vorstellen, ein Zusammenspiel und einen Klang zwischen Häusern und Straßen, die Stimmung und den Blick eines Flaneurs. Aber zwischen all diesen Themen, zwischen diesen Behauptungen von Leben? Dave Hickeys Diktum ge winnt hier tatsächlich an Kontur: »Alles hängt zusammen, nichts passt zusammen …«. Man verlässt diese Stadt wie ein Management-Training, überflutet von leerem Optimismus, der frei ist von jeder Hoffnung.

Einfach wäre es nun, sich zu beruhigen. Zur Darstellung der Vielschichtigkeit, der Virtualität und der Widersprüchlichkeit des modernen Lebens sind solche universalen Ausstellungsstädte völlig bedeutungslos geworden, so oder so. Das war ja nicht immer so gewesen, denn zu ›London 1851‹ hat London 1851 gehört, und zu ›Paris 1889‹ auch das Paris von 1889. Konsequenterweise müsste man sich nun aber eine paradoxe Frage stellen: Welche Stadt gehört eigentlich zum gescheiterten Dom 2000?

Epilog: Europa

Die zehn Fragen legen ein Netz aus für eine zukünftige Architektur. Dass auch andere Fragen denkbar wären: natürlich. Es sind zwei Hypothesen, welche die Wahl der Knotenstellen bestimmt haben.

Zunächst wurde dem Stück die Behauptung einer europäischen Architektur unterlegt. Diese unbewiesene Vermutung begründet ein ganzes Gedankenspiel. Es geht davon aus, dass eine solche Architektur weniger durch einen supraregionalistischen Stil zu umreißen wäre, sondern vielmehr durch gemeinsame theoretische Wurzeln hinter den entwerferischen Verfahren und durch die Unfähigkeit, die Geschichte der Stadt als beendet zu betrachten. Wenn eine solche Architektur ein Gesicht gewinnen sollte, dann wäre die Triebfeder ihrer Genese aber dennoch nicht die Kraft der Tradition, sondern das Profil auf dem globalen Markt der Kulturen.

Dies führt zum anderen Fluchtpunkt. Die Untersuchung wendet ihr Interesse zeitweise von der gedanklichen und poetischen Kraft entwerferischer Konzepte ab, um sich den Spielregeln und dem Script für die Spieler zuzuwenden, die an der Entstehung der Bauwerke beteiligt sind. Damit wird vermutet, dass

für die Arbeit an einer ›Architektur der Zukunft‹ der Rollenzuweisung für die Architekten eine größere Bedeutung zukommen könnte als ihren Strategien. Denn dieses Script wird wahrscheinlich den gesamten entwerferischen Arbeitsprozess umbauen, bis hinein in seine pragmatischen Operationen. Weniger die Archi-

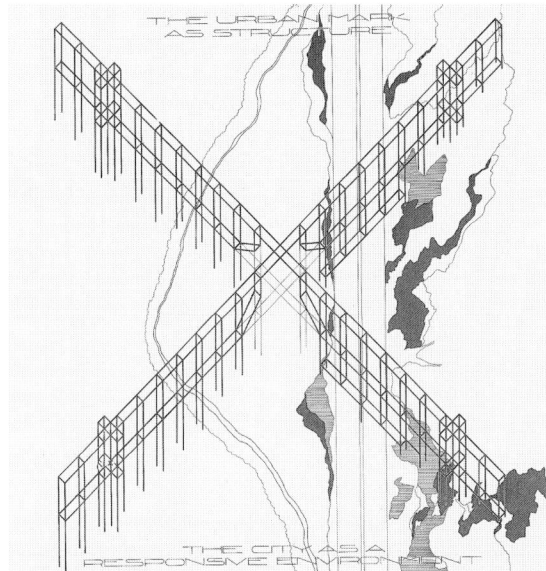

Peter Cook, The Urban Mark. The city as a Responsive Environment, 1972, Zeichnung
Peter Cook, The Urban Mark: The City as a Responsive Environment, 1972, drawing

tektur selbst, als vielmehr die Arbeitsverhältnisse dahinter werden also virtueller werden. Dass die Architektur selbst virtueller werden würde, das bleibt ein nervöses intellektuelles Versprechen: sie verliert lediglich an Substanz, auch wörtlich … Und das allein schon drängt das Bauwerk weg von den Architekten, zumindest aus der Tradition einer europäischen Sicht. Diese Zukunft hat natürlich schon längst begonnen, aber das größere Stück liegt noch vor uns.

Nikolaus Hirsch   **Stabile und instabile Zustände**

Stable and Unstable Conditions

The essence of the architectural, according to Aristotle, lies in foreseeing and predetermining a future end state (telos). The primacy of telos is based on a procedure that determines and subordinates the place of the various parts *a priori*. Thus, when the discussion of architecture turns to the concept of the "visionary," it is predetermination that is both the heart of the matter and the real problem in a world in which predictability is constantly on the decline. As an assertion of determinate and stable conditions, architecture is beginning to seem more and more like a built anachronism, like an inert object with serious difficulties in adapting. Yet it looks as though this is not just a temporary difficulty in responding to changing rhythms of time but an inherent problem in architecture itself—a question of the feasibility of planning and its relation to temporal phenomena.
The shift in interest from the Being of things to their Becoming fundamentally calls into question the form of architecture. As architectural

Telos

Das Wesen des Architektonischen ist, so lehrt uns Aristoteles,[1] im Vorhersehen und Prädeterminieren eines zukünftigen Endzustands *(telos)* begründet. Das Primat des *telos* basiert auf einem Vorgehen, das den Platz der verschiedenen Teile a priori festlegt und unterordnet. Wenn also vom Visionären in der Architektur die Rede sein soll, so ist die Vorherbestimmung ihr eigentlicher Kern – aber auch ihr eigentliches Problem in einer Welt, in der das Maß an Vorhersehbarkeit stetig abnimmt.

Als Ausdruck festgelegter, stabiler Zustände wirkt Architektur mehr und mehr wie ein gebauter Anachronismus; wie ein träges Objekt, das gravierende Anpassungsprobleme hat. Es scheint jedoch, als handele es sich hierbei nicht um vorübergehende Anpassungsschwierigkeiten an differierende Zeitrhythmen, sondern um ein immanentes Problem des Architektonischen, um die Frage nach Planbarkeit als solcher und deren Verhältnis zu zeitlichen Phänomenen.

Das Zeitalter der totalen Mobilmachung verschärft zwar die Probleme von Architektur, der Konflikt, der sich mit der Teleologie von Planung und ihrer Auswirkung auf zukünftige Zeit verbindet, war jedoch bereits einigen Gründervätern der Moderne bewusst. So erzählt Adolf Loos von einem »armen reichen Manne«, der einen Architekten mit der Gestaltung seiner Wohnung beauftragt. Der Entwurf der Einrichtung wird bis in die kleinsten Einzelheiten entsprechend den Gewohnheiten seines Auftraggebers angepasst. Jedes Möbelstück wird gezeichnet, jeder Gegenstand eigens erfunden. Jedes Gerät hat seinen bestimmten Platz und ist mit den anderen in einem kompositorischen Gesamtkunstwerk verbunden. Und doch geschah es,

Neapel/Naples, 1995

dass der reiche Mann ein Buch aus der Hand legte und es gedankenlos in ein Fach schob, das für Zeitungen angefertigt war. Oder dass er die Asche seiner Zigarre in jene Vertiefung des Tisches abstrich, die bestimmt war, den Leuchter aufzunehmen. Es kam der Tag, an dem der reiche Mann Geburtstag feierte und reich beschenkt wurde. Man ließ den Architekten kommen, um ihn zu fragen, wie die neuen Gegenstände aufzustellen seien. Die Reaktion des Architekten auf die neuen Gegenstände war eindeutig: »Habe ich Ihnen nicht alles gezeichnet? Habe ich nicht auf alles Rücksicht genommen? Sie brauchen nichts mehr. Sie sind komplett!«[2]

Gewissermaßen als Gegenmodell zu determinierter architektonischer Planung erinnert sich Loos bei anderer Gelegenheit an die elterliche Wohnung, eine Wohnung ohne Stil, deren Einrichtung kurios, bisweilen hässlich und voller Spuren der Benutzung war: »Die Wohnung war nie fertig; sie entwickelte sich mit uns und wir entwickelten uns in ihr.«[3]

Loos beschreibt einen stabilen und einen instabilen Zustand. Im einen Fall handelt es sich um eine zeitlich abgeschlossene, determinierte Form, im anderen Fall um eine zeitlich offene, evolutive Form. Der Architekt steht von jeher im Verdacht, auf der Seite der stabilen und, wie in der *Geschichte vom armen reichen Manne* deutlich wird, autoritären Form zu stehen. Er ist ein ›Archi-Tekt‹.[4] Die Wortzusammensetzung legt nahe, dass es um mehr geht als das reine Herstellen eines Gebäudes, um mehr als die Tätigkeit eines *Tektonikos*. *Arche* impliziert vielmehr ein doppeltes Prinzip: das einer beherrschenden und koordinierenden Autorität und das eines Anfangs, der das Ende vorherbestimmt.

Rückkehr der Praxis

Die immobile Ordnung des architektonischen Projekts, so will es das Berufsbild, erfordert Autonomie. Dabei entstehen theoretische Gebilde, die nach Michel de Certeau auf mehrere Operationen zurückzuführen sind[5]: erstens die Produktion eines sauberen Raums, der von physischen und psychischen Verunreinigungen befreit ist; zweitens die Setzung eines universalen und anonymen Subjekts (zum Beispiel die Stadt), das heterogene, zuvor verstreute Aufgaben auf sich vereint; drittens die Einführung einer Nicht-Zeit, das heißt eines Begriffs von Temporalität, der sich gegen traditionale und unvorhersehbare Zeit richtet.

Das Aufrechterhalten eines zeitlosen und stabilen Status von Architektur stellt sich allerdings als nicht so einfach heraus, wie es sich planerische Allmachtsfantasien ausmalen. Sobald der autonome architek-

Le Corbusier, Wohnsiedlung Frugès, Pessac, 1925. Aufnahme von 1927 und aus den siebziger Jahren
Le Corbusier, Frugès Colony, Pessac, 1925, as photographed in 1927 and during the 1970s

tonische Raum in die Realität entlassen wird und auf einen Raum trifft, der in erster Linie ein soziales Produkt ist, wird das theoretische Gebilde dekonstruiert. Es entwickelt sich etwas, was man die Rückkehr der Praxis nennen könnte. Es entstehen soziale Ablagerungen, Überformungen, Infiltrationen. Dabei sind selbst architektonische Monumente, die auf ein hohes Maß an Unvergänglichkeit und Ewigkeitsanspruch hin konzipiert wurden (etwa die Großbauten der römischen Antike), nicht sicher vor Veränderung durch äußere Prozesse.

Gerade die Bedingungen am Anfang des 21. Jahrhunderts scheinen die Schwierigkeiten determinierter Planungsstrategien noch zu verschärfen. Langfristige Prognosen werden angesichts der rapiden Veränderungen von Lebensformen immer unzuverlässiger. Nicht selten sind die Nutzungsvorgaben bereits vor Fertigstellung eines Gebäudes überholt. Das geschlossene Zeitkonzept von Gebäuden kollidiert mit den Rhythmen von Stadtentwicklung, mit ökologischen Zyklen, technologischen Fortschrittswellen und – nicht zuletzt – mit der Unberechenbarkeit der Nutzer.

Die Rückkehr der Praxis ist für den Architekten meist schmerzlich, wie Le Corbusier in Pessac erfahren musste. Nur wenige Jahre nach Veröffentlichung von *Vers une architecture* hatte er 1925 eine der ersten Umsetzungen seiner Visionen realisieren können. Der Mitbegründer des Purismus musste mitansehen, wie die Nutzer im Laufe der Jahre die heiligen Prinzipien der architektonischen Moderne verrieten: die liegenden Bandfenster wichen einer Lochfassade mit traditionellen Fensterläden, die scharfen Konturen der geometrischen Baukörper wurden durch überkragende und geneigte Dächer unscharf gemacht.

Auf das Konzept eines allmächtigen Prinzips von *Arche* bezogen, gilt hier *An-Archie*: die Prinzipienlosigkeit des Nächstliegenden, eine Taktik der Bricolage im Sinne von Claude Levi-Strauss. Die deutsche Übersetzung *Basteln* gibt den Begriff nur unvollkommen wieder, da *Bricolage* sich ursprünglich auf plötzliche Bewegungsänderungen einer abprallenden Billardkugel oder eines vor einem Hindernis ausweichenden Pferdes, bezieht. Für den Bricoleur bedeutet dies –

weit entfernt von dem Streben des Architekten nach Kohärenz – ein plötzliches Umdrehen der Logik. Die Mittel, die dem Bricoleur dabei zur Verfügung stehen, sind nicht durch ein vorherbestimmtes Projekt definiert, sondern verdanken sich der Kontingenz des Vorhandenen und dem Opportunismus der Situation.

Anpassung

So umfassend die Vision in die Zukunft auch angelegt war, so kurzsichtig zeigte sich der Blick der modernen Architektur in seiner zeitlichen und funktionalen Determiniertheit. Die Kritik des Determinismus führte zu unterschiedlichen Versuchen, die sich implizit oder explizit als Auseinandersetzung mit zeitlichen Paradigmen lesen lassen.

Die naheliegende Reaktion auf moderne Zukunftsvision war die Retrovision. Auf das Gewebe der historischen Stadt und ihrer Bauformen bezogen wurden architektonische Typologien rekonstruiert, die als gleichsam unveränderliche Muster primäre Elemente und feste Punkte in der urbanen Dynamik darstellen.

Anfangs verwies die typologisch-morphologische Methodik kritisch auf eine komplexere gesellschaftliche und zeitliche Realität als jene der Moderne. Heute erscheinen die Möglichkeiten dieser Herangehensweise zunehmend begrenzt – und zwar nicht zuletzt in einem unmittelbar räumlichen Sinn: unüberschaubare Nutzungsprogramme werden in das Korsett vorgefertigter Muster gezwängt.[6] Während es anfangs um die Auseinandersetzung mit Bestehendem, also historisch Gewordenem ging, formuliert sich heute manche Position im Widerstand gegen gesellschaftliche Praxis: Architektur als stabiler Zustand, als gegen die Instabilität der Zeit errichtetes Bollwerk.[7]

Anpassung an natürliche Zeit sucht hingegen eine Architektur, die Umwelt als ökologischen Kontext interpretiert. So entstehen *intelligente* Gebäude, die natürliche Phänomene für sich nutzen, beispielsweise die *Haut* als eine ihrer zentralen Metaphern. Als steuerbare Fassade soll die Haut eines Gebäudes ihre Beschaffenheit je nach Himmelsrichtung, Tages- und

styles pass by in ever more rapid succession, the search for a "no-style" architecture has led to the emergence of morphogenetic processes in which any firm identities that might stem the flow of time are obliterated. Operations and deformations internalise the procedural aspect at the design stage. Does this mean that, in the end, the building is merely a reified image of temporality?

Perhaps what has happened is a mimetic short circuit in which the representation of temporality is mistaken for a real development in the direction of future time. It could be that architectonically formulated differentiation and complexity reduce, rather than heighten, the possibilities of temporal openness, with an increase in autonomy rather than the hoped-for decrease. It is therefore possible to speak of the evolutionary advantage of the unspecific and the indifferent. In other words, it would not be the degree of differentiation that determined how open architecture is to its environment but the relationship between stable an unstable conditions.

This approach does not seek to interpret the future. It does not even permit a prognosis. Instead, it is a question of creating a stable framework that provides space for the unstable. In this respect, the framework operates using "hard" and "soft" factors. On the one hand, there are permanent, structural

Jahreszeit ändern können und sich damit der natürlichen Zeit anpassen.

Dank großer Fortschritte in der Steuerungstechnologie und der Entwicklung neuer Werkstoffe werden Lösungen auf geringem Energieniveau möglich. Die technisch aufwendigen Konstruktionen führen jedoch meist zu isolierten Gebäuden, die einer Vorstellung zu gehorchen scheinen, die Richard Buckminster Fuller in seiner *Bedienungsanleitung für das Raumschiff Erde* kritisierte: isolierte Archipele, die ihre eigene Umwelt herstellen. Sie stehen für das Modell einer Zeitkapsel, die eine autonome Zeit kreiert und steuert.

Noch deutlicher kann das Verhältnis von Architektur zur Umwelt (und der Frage der Zeit, die daran gekoppelt ist), in jenen Tendenzen beobachtet werden, die sich äußerer Komplexität in einem umfassenden, also nicht nur gebäudetypologischen oder ökologischen Sinne öffnen. Gemeint ist eine Entwicklungslinie, die von Robert Venturis *Komplexität und Widerspruch in der Architektur* über Philip Johnsons und Mark Wigleys *Dekonstruktivistische Architektur* bis hin zu zeitgenössischen *weichen* und *gefalteten* Architekturen führt. Architektur und Ereignis werden gekoppelt, um die zeitliche Determiniertheit aufzubrechen. Es entstand eine Architektur der »Glätte«[8]. Der Begriff des Glatten deutet auf ein kontinuierliches, prozesshaftes Verhältnis zwischen Architektur und

Umwelt hin. Kronzeuge für diese Herangehensweise ist Gilles Deleuze, der in *Tausend Plateaus* einen *glatten* Raum gegen einen *gekerbten* Raum setzt: »… der glatte Raum ist direktional und nicht dimensional oder metrisch. Der glatte Raum wird viel mehr von Ereignissen oder Haecceitates als von geformten oder wahrgenommenen Dingen besetzt. Er ist eher ein Affekt-Raum als ein Raum von Besitztümern. Er ist eher eine haptische als eine optische Wahrnehmung. Während im gekerbten Raum die Formen eine Materie organisieren, verweisen im glatten Raum die Materialien auf Kräfte oder dienen ihnen als Symptome.«[9] Auf Architektur angewandt, bedeutet dies, dass ein Bauwerk nicht mehr durch eine statische Form definiert ist, sondern eher einer Modulation in der Zeit gleicht. Ein komplexes Verhältnis zur Umwelt führt damit zu komplexen Formen (inwieweit derart komplexe Gebilde tatsächliche Komplexität erlauben oder gerade aufgrund ihrer komplexen Form behindern, sei vorerst dahingestellt). Die Formen dieser Operationen sind *weich*, *gefaltet*, *glatt* und gleichen damit eher topografischen Formationen als primären Formen. Während intern motivierte Systeme zu geraden Linien tendieren, resultieren »curviliniear developments« (Greg Lynn) aus einer morphologischen Einverleibung von äußeren Einflüssen.

Synchronisierung als mimetisches Problem

Die Verlagerung des Interesses vom *Sein* zum *Werden* der Dinge stellt die Form der Architektur grundsätzlich in Frage. Konnten einst Architekturformen unterschieden werden in jene, die wie der Salomonische Tempel einen idealen und festen Zustand verkörperten, und jene, die wie das Stiftszelt des Exodus einen ephemeren und provisorischen Zustand beschrieben, so geht es nunmehr um eine strukturelle Kopplung von Architektur und Ereignis, also um eine grundsätzliche Temporalisierung zwischen Architektur und Umwelt.

Zu einem der Hindernisse auf dem Weg zu einem synchronen Verhältnis wurde die Form an sich erklärt. Dies mag erklären, weshalb es in jenen Arbeiten, die in erster Linie zeitliche Prozesse thematisieren, eher um Formlosigkeit denn um Form geht. Nachdem die Halbwertzeit von Architekturstilen immer mehr abnimmt, führte die Suche nach einem *No-Style* zu Ergebnissen, die ihrem Anspruch nach feste Identitäten, die den Fluss der Zeit behindern könnten, in morphogenetischen Prozessen auflösen.

In programmatischer Indeterminiertheit werden verschiedenste Umwelteinflüsse in einer amorphen und informellen Weise internalisiert. So spricht Rem

Anwendungsdiagramm für 12 Uhr mittags, 25. Juli 1985, der Tokaido und Sanyo Shinkansen Linie, Nationales japanisches Eisenbahn-Kontrollzentrum, Tokio
Operation diagram for 12:00 noon, July 25, 1985, Tokaido and Sanyo Shinkansen Lines, Japanese National Railroad control room, Tokyo

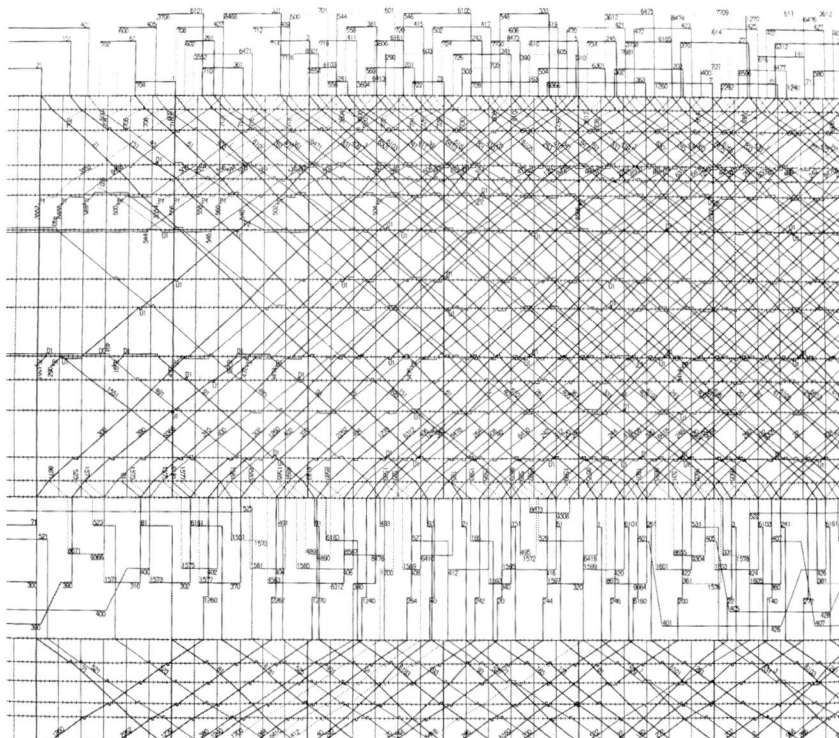

Koolhaas in Zusammenhang mit einem 1992 entstandenen Entwurf für Yokohama von einem kontinuierlichen und formlosen Projekt, welches das Grundstück wie »programmatic lava«[10] durchströme. In diesem wie in vergleichbaren Projekten der neunziger Jahre orientiert sich die Formfindung, besser gesagt: die bewusste Formvermeidung, eher an morphogenetischen Prozessen als an klassischen, hylomorphen Methoden. Morphogenese ist in diesem Sinne eine Herangehensweise an Form als fluidem Zustand, nicht in einem idealen, ewigen Zustand.

Eine solchermaßen verstandene Synchronisierung zwischen Architektur und Umwelt führt zu einem Naturalisierungseffekt, der einige Fragen aufwirft. Zu fragen wäre, ob eigene, also architektonischer Autorität geschuldete Entscheidungen in den weichen Formen verschleiert werden, ob die architektonisch gewendeten Begriffe *Evolution* und *Anpassung* nicht eine Realität verdecken, die sich in Wirklichkeit einer spezifischen Ideologie verdankt.

Es könnte sich um eine Strategie handeln, die Gerhard Richter und Sigmar Polke in der bildenden Kunst entwickelten: Ein *realistischer Kapitalismus*, der es unter Vermeidung eigener formaler Entscheidung ermöglichte, weiterzumalen. Analog könnten nunmehr Architekten – entlastet von der Bürde formaler Verantwortung – guten Gewissens weiterbauen. Es ginge damit nicht mehr um das ideale, aber als Autorität diskreditierte Abbild dessen, was sein soll, sondern um ein Abbild dessen, was ist.

Damit einhergehend verschieben sich die Leitbilder der Architektur und des Städtebaus von relativ autarken, stabilen Kulturen hin zu evolutiven, globalen Stadtphänomenen. *Generic Cities* wie Manhattan, Pearl River Delta und Singapur stellen Planung als Determinierung eines stabilen Zustands grundsätzlich in Frage, da sie nicht Ausdruck einer genialen Architektenhand sind, sondern – entstanden durch eine anonyme, unsichtbare Hand – ein reiner, unschuldiger Ausdruck von Zeit. Der Naturalisierungseffekt führt darüber hinaus zum Problem der tatsächlichen evolutiven Möglichkeiten. Denn Architekturen, die auf Ereignisformen basieren, stehen vor der Frage, welche Phase des morphogenetischen Prozesses die *richtige* sei. Im Gegensatz zur häufig zitierten, von Edward Tufte visualisierten Morphogenese von Stürmen[11], ist die Beschaffenheit der Architektur von solcher Trägheit, dass ein bestimmtes Stadium des Prozesses festgehalten werden muss.

Es drängt sich der Verdacht auf, dass es sich bei Ereignis-Architektur keineswegs um fließende, sondern um gefrorene Zeit handelt, also um die Festlegung auf eine bestimmte (und nicht: unbestimmte) Phase von Zeit. Zu fragen wäre folglich, ob die Einverleibung von Komplexität eine Entwicklung in der Zeit eher behindert als fördert.

Gerade *formlose* Architekturen, die für sich beanspruchen, ein unschuldiges reines Produkt von Zeit zu sein, scheinen aufgrund ihrer aufwendigen Geometrien eine sich in der Zeit entwickelnde Komplexität eher zu verhindern als zu fördern. Prozesshaftigkeit wird dabei im Entwurf mit Hilfe von Operationen und Deformationen internalisiert. Das Gebaute ist dann am Ende nur noch ein fest gewordenes Abbild von Zeitlichkeit. Möglicherweise liegt also ein mimetischer Kurzschluss vor: eine Verwechslung zwischen Repräsentation von Temporalität und einer tatsächlichen Entwicklung in Richtung zukünftiger Zeit. Je komplexer ein Gebäude sich in seiner formalen Struktur auf die Umwelt bezieht, desto totaler ist die Mimesis; und man könnte hinzufügen, desto totalitärer.

Differenzierung

In der Auseinandersetzung um die Frage nach zeitlicher Offenheit beziehungsweise Geschlossenheit von Architektur spielt der Begriff der Grenze eine wesentliche Rolle. Die Grenze ist der Ort, an dem sich das Verhältnis zwischen Architektur und Umwelt ausdifferenziert. Ob nun als Differenzierung durch immer komplexere Materialien oder durch die zunehmende Differenzierung der Architektenrolle – die Interpretation der Grenze ist ausschlaggebend für die evolutiven Möglichkeiten des Bauens.

Während die Verfechter der *kritischen Rekonstruktion* ihre Planungen am Ideal spezifischer Grenzen orientieren und immer häufiger deren Erosion konstatieren, beobachtet Michael Hays einen Übergang von konfliktiven, durch harte Grenzen charakterisierten Strategien zu Ansätzen, in denen die Gegensätze sich auflösen und miteinander verschmelzen.

Der Logik des *Non-Design*, des Nicht-Bezeichnens und – Definierens, folgend, verzichtet diese *glatte* Architektur auf die Zuordnung von Spezifika. Sie setzt nicht auf Identität und Differenz, sondern auf hybride Mischungen. Eine solchermaßen *formlose* Architektur basiert auf »Ununterscheidbarkeit«[12], anders gesagt: auf der Auflösung von Grenzen. Hierbei werden nicht nur die Grenzen zwischen einzelnen Elementen verwischt, sondern zum Zweck einer allgemeinen Versöhnung auch jene zwischen Architektur und Umwelt. Das klassische Modell von spezifischen Grenzen wird in ein Konzept von glatten und reibungslosen Beziehungen überführt.

Um der Frage der Grenze und damit der strukturellen Offenheit von Architektur auf die Spur zu kommen, muss das Verhältnis zur gesellschaftlichen Um-

elements, and, on the other hand, there are elements created by unpredictable and situation-related processes. This would permit an architecture that is reflexive, in the sense that it operates by adapting. Economic and social changes thus appear as opportunities and bases for further design, rather than as deviations from some previously defined end state or final condition. A primary statement to ensure both coherence and openness would be decisive. This qualitative framework prefigures further development and ensures the overall interaction of the measures in each phase. The level of determination would be kept to a minimum, while the degree of openness for future developments would remain at a maximum.

welt genauer untersucht werden. Einen Ansatz hierzu bietet Niklas Luhmanns Theorie autopoietischer, sich selbst ausdifferenzierender Systeme. Die Systemtheorie ist geprägt von einem Wechsel des Interesses von Design und Kontrolle zu Autonomie und Umweltsensibilität, von Planung zu Evolution, von struktureller Stabilität zu dynamischer Stabilität. Die Unterscheidung zwischen geschlossenen und offenen Systemen wird abgelöst durch die Frage, wie selbstreferentielle Geschlossenheit Offenheit erzeugen könne.

Umberto Boccioni, Entwicklung einer Flasche im Raum, 1911/12
Umberto Boccioni, Development of a Bottle in Space, 1911/12

Systeme sind danach nicht nur gelegentlich und nicht nur adaptiv, sondern strukturell an ihrer Umwelt orientiert und können ohne Umwelt nicht bestehen. Die Umwelt ist dabei ein notwendiges Korrelat selbstreferentieller Operationen, weil gerade diese Operationen nicht unter der Prämisse des Solipsismus ablaufen können. Da sich Systeme durch permanente Ausdifferenzierung in Bezug auf die Umwelt konstituieren und erhalten, benutzen sie ihre Grenzen zur Regulierung dieser Differenz. In diesem Sinne ist also Grenzerhaltung auch Systemerhaltung. Für Luhmann existieren also im Gegensatz zu den Thesen der Formlosigeit durchaus Grenzen, ja sie haben entscheidenden Charakter. Grenzen markieren zwar keinen Abbruch von Zusammenhängen, doch der Grenzbegriff besagt, dass grenzüberschreitende Prozesse beim Überschreiten der Grenze unter andere Bedingungen gestellt werden. Ein System geht selektiv vor und unterwirft die Einflüsse der Umwelt seinen autopoietischen Gesetzen. Es handelt sich um Reduktion von Umweltkomplexität[13] und damit nicht um eine perfekte Synchronisation zwischen einem System, beispielsweise Architektur und Umwelt.

Damit stellt sich die Frage, inwieweit sich Architektur der Umwelt anpassen könne, in einem anderen Licht. Es scheint, als handele es sich nicht um An-

passung, sondern vielmehr um einen eigentümlichen Zwang zur Autonomie, der permanent Anschluss sucht. Der Architekt wäre damit nicht jener Übersetzer, der Gebäude an sich ändernde äußere Daten anpasst. Er wäre vielmehr, nicht unähnlich dem von Joseph Schumpeter beschriebenen Phänotyp des Unternehmers, jemand, der neue Kombinationen und neue Anschlussmöglichkeiten entwickelt. Die Wirklichkeit, auf die er reagiert, definiert er durch sein eigenes Handeln. Anpassung geht von einem Bild des Gleichgewichts aus, man kann jedoch nach dem Gesagten kaum umhin, von einem prinzipiellen Ungleichgewicht auszugehen.

Eng verbunden mit dem Phänomen der Grenze ist die Frage der Form. Die Form ist nach Luhmann, der sich an dieser Stelle auf das Formenkalkül von George Spencer-Brown[14] bezieht, die Unterscheidung von zwei Seiten: eine innere, die das System spezifisch und autopoietisch organisiert, und eine äußere, die als ›unmarked space‹ fungiert. Form wäre demnach ein Einschnitt, eine Verletzung eines unbestimmten Bereichs von Möglichkeiten durch eine Unterscheidung, eine Transformation von unbestimmbarer in bestimmbare Komplexität. Form ist dabei im elementarsten Sinne die Grenze. Dies würde bedeuten, dass architektonische Entscheidungen immer spezifisch sind, während die Außenseite für die Architektur immer unspezifisch bliebe.

Permanenz und Prozess

Die Kurzsichtigkeit von Architekturvisionen nimmt zu. Das Vorausblicken wird schwerer, je schneller die Veränderungen der Umwelt ablaufen. Dies rührt im doppelten Sinne am Status von Architektur: einerseits an ihrer gesellschaftlichen Rolle, andererseits an ihrem unmittelbaren *Stehen*, ihrer Statik, ihrem Anspruch auf Unveränderlichkeit und Dauer. Das alte, träge Medium Architektur versucht im Zeitalter der totalen Mobilmachung, mit dem Rhythmus der Veränderungen mitzuhalten. Sie versucht schnell zu sein und ist dabei doch zu langsam. Sie versucht neu zu sein und sieht am Ende (zuweilen schon nach der Bauzeit) doch alt aus.

Es ist evident, dass die Unvorhersehbarkeit von Zukunft eine Disziplin, die sich seit jeher auf ihre besondere Befähigung zur Antizipation und Prädetermination beruft, vor eine schwere Herausforderung stellt. Wie, so möchte man fragen, reagiert ein Planer auf die Krise der Planbarkeit? Wie reagiert Architektur auf Ungewissheit? Könnte es eine Architektur geben, die zeitliche Entwicklung nicht als mimetisches, sondern als tatsächliches Problem behandelt?

**Nikolaus Hirsch, Wolfgang Lorch und Andrea Wandel,
Mahnmal Gleis 17, Bahnhof Berlin-Grunewald, 1996–98**
Nikolaus Hirsch, Wolfgang Lorch and Andrea Wandel,
Memorial Track 17, train station, Berlin-Grunewald, 1996–98

Tatsache scheint zunächst einmal zu sein, dass Architektur trotz gegenteiliger Beteuerungen ein hohes Maß an Determiniertheit aufweist. Umgekehrt scheinen die äußeren zeitlichen Prozesse aus der Perspektive des architektonischen Systems weitgehend indeterminiert und unvorhersehbar zu sein. Wenn also eine ausschließlich auf Zeitlichkeit basierende Architektur ebenso fragwürdig ist wie eine Architektur, die sich im Widerstand gegen die Zeit definiert, so stellt sich ein Problem. Die Frage, was eine adäquate Architekturvision wäre, steht damit vor einem Paradox, das durch den Begriff der *nachhaltigen Entwicklung* zum Ausdruck kommt. Diese im Zentrum der Agenda 21 stehende Wortkombination fordert einen Widerspruch ein: Erhaltung *und* Entwicklung, also Entwicklung und Nicht-Entwicklung. Der Widerspruch lässt sich nicht aufheben, da die Versöhnung zwischen Architektur und Umwelt zwangsläufig an den Grenzen der Architektur scheitern muss. Die Grenzen lassen sich zwar nicht negieren, doch möglicherweise enger ziehen. Dieser Ansatz zielt nicht auf eine Ausweitung der Architektur auf alles andere, sondern auf bewusste Beschränkung. Architektur wäre in diesem Sinne eher ein Rahmen, der zwar eine Unterscheidung in Bezug auf die Umwelt bildet, jedoch gegenüber den ablaufenden Veränderungen indifferent bleibt.

Es könnte somit sein, dass architektonisch formulierte Differenzierung und Komplexität, die Möglichkeiten zeitlicher Offenheit eher reduzieren denn erhöhen. Das Maß an Autonomie würde eher gesteigert als, wie erhofft, gemindert. Es liegt daher nahe, von einem Evolutionsvorteil des Unspezifischen und Indifferenten zu sprechen. Damit würde nicht mehr das Maß an Differenziertheit über die Umweltoffenheit von Architektur entscheiden, sondern das Verhältnis zwischen stabilen und instabilen Zuständen.

Dieser Ansatz leistet keine Deutung der Zukunft. Er ermöglicht nicht einmal Prognosen. Es geht ihm vielmehr darum, einen stabilen Rahmen zu schaffen, der Raum für das Instabile bietet.

Das Rahmenwerk operiert dabei mit *festen* und *weichen* Faktoren: auf der einen Seite dauerhafte, strukturbildende Elemente, auf der anderen Seite Elemente, die sich unvorhersehbaren, situationsgebundenen Prozessen verdanken. Auf diese Weise würde eine Architektur möglich, die reflexiv, also mit Rückschlüssen und Anpassungen, operiert. Ökonomische und soziale Veränderungen wirken dabei nicht als Abweichung von einem vormals definierten Endzustand, sondern als Chance und Ansatzpunkt für die weitere Gestaltung. Entscheidend wäre eine primäre Aussage, die zugleich Kohärenz und Offenheit garantiert. Dieser qualitative Rahmen präfiguriert die weitere Entwicklung und gewährleistet den Gesamtzusammenhang der Maßnahme in jeder Phase. Das Niveau der Determinierung würde hierbei so gering wie möglich gehalten, während das Maß an Offenheit für zukünftige Entwicklung so groß wie möglich bliebe.

Mit anderen Worten: Wenn man davon ausgeht, dass architektonische Form auf einer Unterscheidung von zwei Seiten beruht, nämlich jener determinierten des Systems und jener indeterminierten des »unmarked space«, so ginge es bei Beschränkung darum, das System Architektur möglichst klein und den »unmarked space« möglichst groß zu halten.

Auf diese Weise könnte es gelingen, dem Paradox von nachhaltiger Entwicklung zu begegnen. Der Widerspruch wäre nur dann auszuhalten, wenn das zu Entwickelnde und das nicht zu Entwickelnde getrennt würden. Prozesse stünden für die Irreversibilität von Zeit, während Strukturen Zeit reversibel festhielten. Vielleicht wäre auf diesem Weg dem Dilemma zu entgehen, das Paul Valéry beschrieb: »Unsere kostbarsten Zustände sind instabil (was der Künstler damit beantwortet, dass er sie zu fixieren sucht, oder zumindest ihre Koordinaten).«[15]

Anmerkungen
1 Aristoteles, *Nikomachische Ethik*, I, I
2 Adolf Loos, ›Von einem armen reichen Manne‹, in: ders., *Sämtliche Schriften*, Wien und München 1962, S. 206
3 Adolf Loos, ›Die Interieurs in der Rotunde‹, in: ebenda, S. 42
4 Vgl. Platon, *Politeia*, 259 a
5 Vgl. Michel de Certeau, *L'invention du quotidien*, Paris 1990, S. 143
6 Vgl. Nikolaus Hirsch, ›Entgrenzungen‹, in: *Bauwelt*, Nr. 11, 89. Jg., 1998, S. 539ff.
7 Vgl. Vittorio Magnago Lampugnani, *Die Modernität des Dauerhaften*, Berlin 1995, S. 56
8 Michael Hays, ›Ideologische Glätte‹, in: *Arch+*, Nr. 128, 1995, S. 70ff.
9 Gilles Deleuze und Félix Guattari, *Tausend Plateaus*, Berlin 1997, S. 663f.
10 Rem Koolhaas, *S, M, L, XL*, Rotterdam 1995, S. 1225
11 Edward Tufte, *Visual Explanations, Images and Quantities, Evidence and Narrative*, Cheshire, Connecticut 1997, S. 21
12 Michael Hays (wie Anm. 8), S. 72
13 Vgl. Niklas Luhmann, *Soziale Systeme. Grundriß einer allgemeinen Theorie*, Frankfurt am Main 1984, S. 50
14 George Spencer-Brown, *Laws of Form*, New York 1979
15 Paul Valéry, *Cahiers/Hefte*, Frankfurt 1993, Bd. V, S. 133

Bauten
Buildings

Thomas Herzog,
Hanns Jörg Schrade
mit Roland Schneider

Expo-Dach, Hannover

Ingenieure   IEZ Natterer, Bertsche, kgs Kessel

1999–2000

The Expo Roof, Hanover

Munich-based architect
Thomas Herzog and his team
designed the Expo Roof for
the World Exposition 2000.
Made of wood from sustainable sources, it demonstrates
that this time-honoured material still harbours unimagined
and untried possibilities.
The result is a huge structure,
brightly jointed, with a distinctive rhythmic sweep at its
edges, borne by massive supports. Each support consists
of four seventeen-metre-high
tree trunks (forty all told) that
spread out toward the base
like Duc-d'Albas and have
been left untreated. Each of
the ten supports, including
four thick tree trunks rein-
forced by decoratively cut
wooden panels, carry the
roof. The roof itself consists
of ten separate areas, each
made up of four parts.
Rainwater collecting in the
hollows is channelled into
vertical pipes held in place by
steel ropes. Seen from a distance, the roof seems to wave
up and down slightly along
its otherwise perfectly
straight edge, in contrast to
the regularity and evenness
of the building.
The Expo Roof is the un-
mistakable landmark of the
World Exposition 2000 and
a remarkably accurate reflec-
tion of the exposition's theme
of "man, nature, technology."

Ein Haus zu bauen gehört zu den existentiellen Be-
dürfnissen des Menschen. Um wie viel elementarer ist
es, sich an seine Urform zu halten: an das Dach. Schon
unser Sprachgebrauch eröffnet seine Bedeutung. Man
errichtet es, um sich gegen die Unbilden der Witte-
rung zu schützen, um »ein Dach überm Kopf zu
haben«, damit der Mensch nicht obdachlos, sondern
behaust sei; mehr, damit er sich darunter nach
Kräften zu Hause fühle. So gehört es zu den alltäg-
lichsten Drohungen, jemandem aus Zorn »aufs Dach
zu steigen«, und zu den grausigsten, ihm »den roten
Hahn aufs Dach zu setzen«, ihm also »das Dach
überm Kopf anzuzünden«. Das Dach ist Schutz
schlechthin – daher auch unser Hang, ihm symboli-
sche Kraft beizumessen. Wundert es, dass Dächer besonderer Art infolgedessen nicht bloß als Bauwerke
gewürdigt, sondern als Versprechen empfunden werden, als Mythen?

So geschah es 1972 mit dem ›Münchner Dach‹, das
zum Kennzeichen des ganzen Olympiaparks geworden
ist und bis heute das gebaute Symbol für das ehrgeizige
Programm der damals ausdrücklich gewünschten ›hei-
teren Spiele‹ geblieben ist. Es wurde nicht allein für die
eleganten Schwünge bewundert, die es vollführt, für
seine Transparenz, sondern auch für seine atemrau-
bende Konstruktion, die für möglich zu halten selbst
die gewieftesten Köpfe eine Weile gebraucht hatten.

Nun also gibt es das Hannoversche, das Expo-Dach,
unübersehbar das Signet der Weltausstellung 2000
(und künftiger Messen an diesem Ort), verblüffend
identisch mit dem Programm, das sich in den drei
Worten ›Mensch – Natur – Technik‹ bekanntgibt und
Nachhaltigkeit predigt und Innovation. Das zweite
meint etwas neu Gedachtes, so noch niemals Dage-
wesenes; das erste wird im Wörterbuch mit »an-
haltend, dauernd, lange nachwirkend« erklärt. Nachhaltigkeit meint auch den Aufruf, der Welt nur so viel
zu entnehmen, wie sie neu zu bilden imstande ist,
oder auch: den Respekt des Menschen vor der Natur,
wenn er technisch mit ihr wetteifert. Deswegen hat
der Münchener Architekt Thomas Herzog sich in der-
gleichen Denkweise von jeher geübt und zusammen
mit seiner Mannschaft das Expo-Dach entworfen
sowie es aus dem reichlich immer neu wachsenden
Rohstoff Holz konstruiert und gebaut.

Und nun fliegen dem Bau wie von allein Superlative
zu, zum Beispiel der des größten und weitesten Holz-

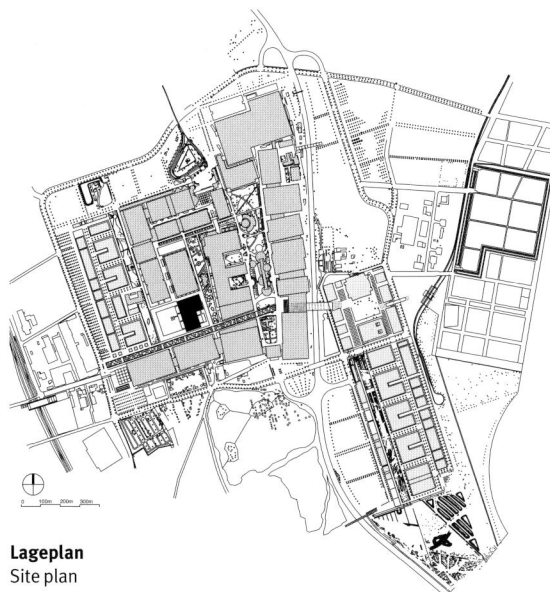

Lageplan
Site plan

daches der Welt. Zugleich demonstriert es die noch
kaum geahnten, geschweige denn ausgeschöpften
Chancen, die dem Baustoff Holz innewohnen, die ihm
aber vor allem zwischen Donau und Ostsee einfach
nicht geglaubt werden: dass Häuser aus Holz so stabil,
so haltbar, für vieles ebenso tauglich sind wie Gebäude aus Stein, Beton, Stahl. Dort hält man Häuser
aus Holz immer noch für minderwertig, kurzlebig,
provisorisch und mutet sie deshalb nur den vermeintlich flüchtigsten und ärmsten Mitmenschen zu, Asyl-
bewerbern.

Freilich ging es hier, auf dem Hannoverschen Messegelände im Süden der Stadt, am großen rechteckigen Wasserbecken mit dem Hermes-Turm, nicht
um das Holz allein und den unaufhörlichen Reichtum
seiner Existenz, sondern um die Herausforderung, die
alle Dach-, Turm- und Brückenbauer von jeher zu

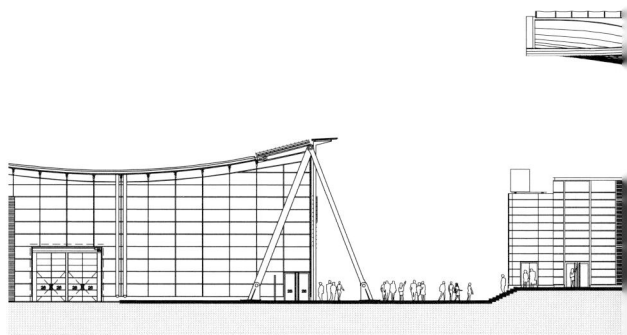

packen pflegt: immer höher und weiter, immer filigraner und eleganter, immer kühner, dabei mit so wenig materiellem Aufwand wie möglich zu bauen, allerdings mit immer schlaueren, listigeren, gewandteren, scharfsinnigeren Konstruktionen. Dieses intelligente Spiel mit dem Holz und die Lust, zu zeigen, dass es mehr kann, als in ihm steckt, indem man es immer raffinierter schneidet, biegt, verleimt, galt nun dem allereinfachsten Zweck, dem ein Bauwerk zu

genügen vermag: Menschen Schutz vor Regen, Hagel, Schnee zu bieten, und vor der grellen Sonne auch. Der Schatten, den das Dach wirft, ist dank dem Netzwerk der Gitterschalen und der transluzenten weißen Membrane, mit der sie bespannt sind, milde. Es ist, als riesele das Licht wie durch einen Filter sanft herab.
Ist Holz das eine Thema, ist Wasser ein anderes. Es wird in den Dachmulden aufgefangen und in Röhren geleitet, die in den gewaltigen vierbeinigen Stützen

Ansicht von Westen
View from west

Fotos / Photos:
Dieter Leistner

Ansicht von Westen
West elevation

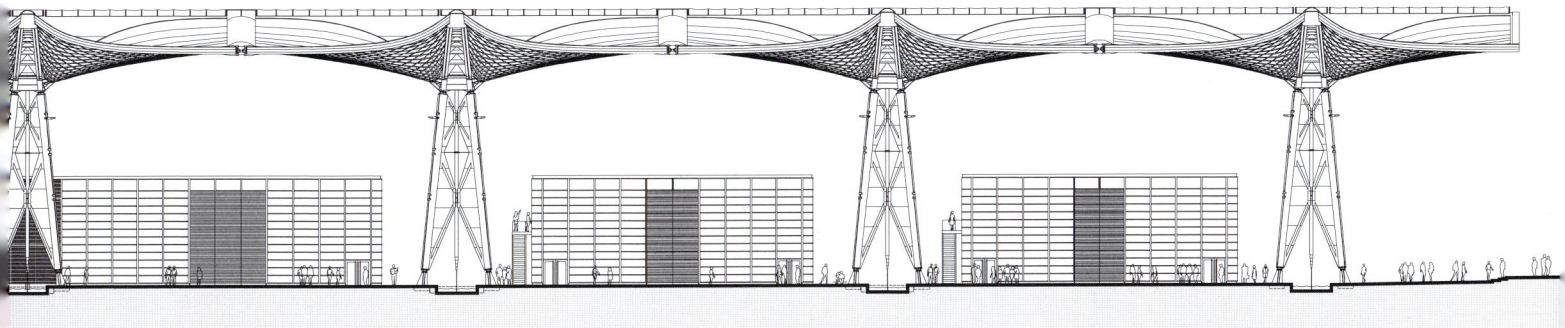

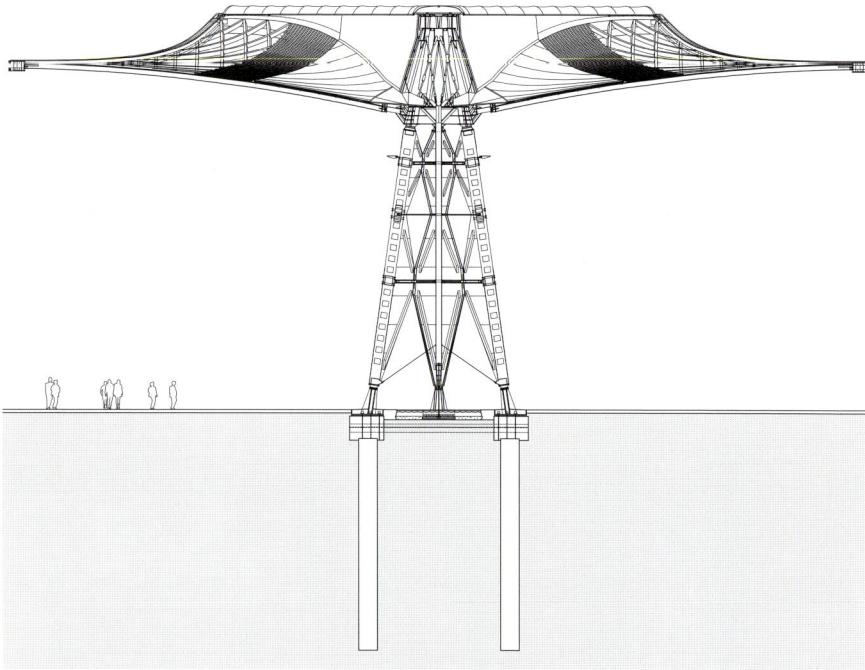

Diagonalschnitt durch einen Schirm
Diagonal section

des Daches senkrecht angebracht sind, etwa zwei-einhalb Meter über der Erde enden und das Wasser in die rechteckigen Wasserbahnen hinabtröpfeln oder – schießen lassen. Diese Bahnen gliedern den überdachten Platz in Grachten und in Inseln (oder in Pontons) und münden in das große Becken nebenan, das nach dem Aussichtsturm darin Hermes-See genannt ist.

Was sieht man zuerst, wenn man sich dem hölzernen Bauwerk nähert? Ein mächtiges, an den Rändern in eigenwilligem Rhythmus schwingendes, von lichthellen Fugen durchzogenes Dach, das von gewaltigen Stützen getragen wird. Sie bestehen aus je vier fast 20 Meter hohen, wie Duckdalben unten sich spreizenden dicken Baumstämmen: zusammen 40 etwa 200 Jahre alte Weißtannenstämme aus dem südlichen Schwarzwald. Sie sind, wie alles Holz hier, so gelassen worden, wie sie sind, unbehandelt – nur tiefrote Farbe schmückt und belebt Spalten und Kanten hier und da (die einzige Farbe auch, die man im Holz- und Metallbauwerk eines Konzertflügels findet).

Jeder der zehn Masten, darin die vier dicken Stämme untereinander mit dekorativ zugeschnittenen Holzplatten ausgesteift, tragen also das Dach. Das besteht aus zehn Einzeldächern, deren jedes wiederum aus vier Teilen zusammengefügt ist. Schon fangen Assoziationen an, sie metaphorisch begreiflich zu machen. Man denkt an aufgespannte quadratische Schirme, unter die der Sturm gefegt ist und sie umgeklappt hat, aber auch an großblättrige Blüten, die sich weit geöffnet haben.

Wie einfach, wie kompliziert! Allein der Blick von unten auf die zuerst schleierhafte, dann sich als erstaunlich pfiffig zeigende, symmetrisch geformte Blattstruktur dieser zweifach gekrümmten Gitterschalen lässt eine Unmenge elektronischer Rechenoperationen vermuten, mit denen jeder Knoten räum-

Ansicht von Osten
View from east

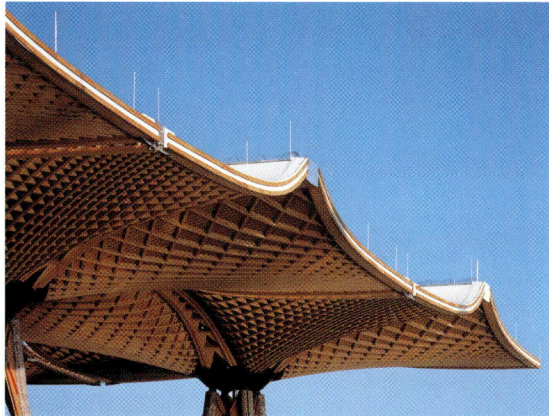

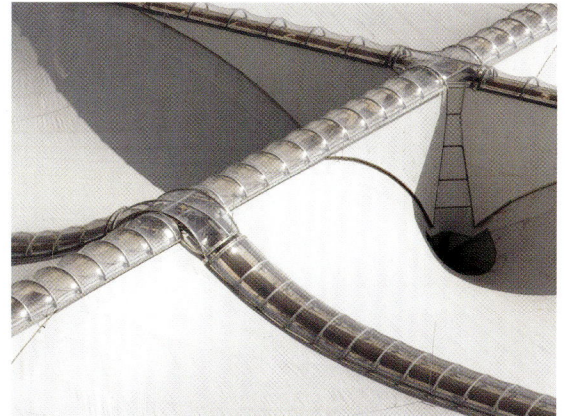

Detail
Detail

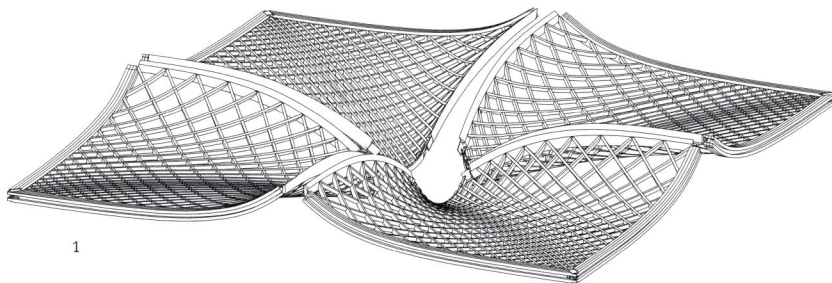

1

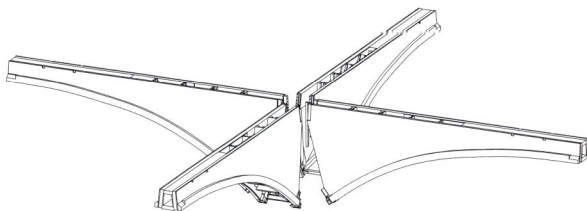

2

3

Explosions-Isometrie
1 **Gitterschalen**
2 **Kragträger**
3 **Stahlpyramide**
4 **Turm mit 4 Voll-
  holzstämmen**
5 **Stahlfüsse**

Exploded isometric
1 Latticed shells
2 Cantilevered trusses
3 Steel pyramid
4 Tower with four solid
  timber columns
5 Steel feet

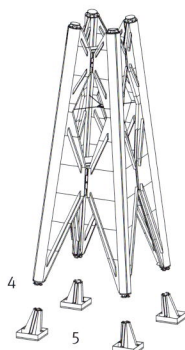

4

5

Dachaufsicht mit Regenwasserabfluss
Verbindung der Schirme
Übergang vom Mast zum Schirm
Roof view with drain
Connection of latticed shells
Transition from mast to shell

37

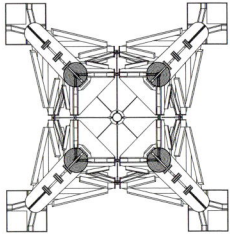

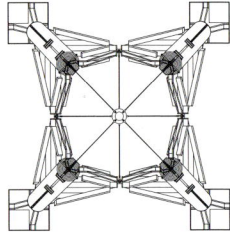

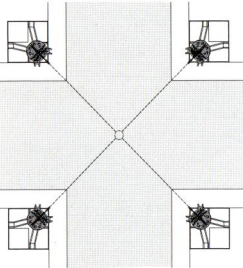

**Horizontalschnitte der
Turmkonstruktion in
verschiedenen Höhen**
Horizontal sections through
tower structure at various
heights

Pavillons unter den Schirmen
Pavilions under the shells

lich haargenau definiert und fixiert ist: um die in sich selbst stabilen Krümmungen als tragenden Effekt nutzen zu können.

Von weitem wirkt das Dach, als schwappe es an den schnurgeraden Rändern leicht auf und ab, etwas, das dem Bedürfnis nach Regelmäßigkeit und Ebenmaß zu widersprechen scheint. Es kommt nicht leichtfüßig daher, es scheint erst recht nicht zu schweben. Es gibt stattdessen offen zu erkennen, dass es ein stämmiges, sichtlich gewagtes, ein kraftstrotzendes Bauwerk mit wunderlichen filigranen Zügen ist. Tatsächlich erschließt sich seine Wohlgestalt erst auf den zweiten, dritten Blick, in Wirklichkeit erst über die Kenntnis von der Eigenart der Konstruktion. Sie soll, selbstverständlich, ein ästhetisches Wohlgefühl erregen, vor allem aber einen möglichst großen Platz überdachen und die Benutzer mit möglichst wenigen Stützen stören. Das war, wie man sieht, allein mit Holz und mit zimmermannstechnischem Raffinement nicht zu schaffen. Und so entdeckt man – vor allem oben an den Mastenköpfen – gewaltige Halterungen aus Stahl.

Es haben darunter erstaunlich viele Menschen Platz, wenn sie welchem Zauber auch immer in sei-

nem Schutze folgen, und vier containerartige Pavillons obendrein. Ach, denkt man zuerst, wie schade, dass sie hier stehen. Dabei sind sie wohlgefällig proportioniert, sind flexibel zu gebrauchen für viele und vieles. Merkwürdigerweise bringen sie Ruhe an den Ort. Das geschieht hauptsächlich durch das Maß und die elementare, ungemein klare Gliederung ihrer Fassaden aus Holz und Glas – durch das schöne Bild, das sie, beplankt mit waagerechten Brettern und mit Sperrholztafeln (in einem anderen Ton) und mit den deckenhohen Fensterwänden geben.

Davon, dass sich unter dem grandiosen Holzdach ein sorgfältig formulierter Platz befindet, war schon die Rede. Doch Plätze brauchen, um als Räume empfunden zu werden, eine Fassung, sei es durch Gebäude, die sie dicht und fest umgeben, sei es nur durch eine Freitreppe – so wie hier, wo das Terrain leicht abfällt und der Platz dort nun durch sieben, acht helle, mit dem dunklen Asphalt konstrastierenden Steinstufen wie auf ein Podest gehoben wirkt. Doch es erwartet einen dort ja auch etwas Nicht-Alltägliches.

Manfred Sack

Ansicht von Westen
View from west

Expo 2000, Hannover

Öko Pop versus Black Box

Expo 2000, Hanover

Expo 2000 in Hanover is Germany's first World Exposition. Involving more than 180 countries and many national and international organisations, it stands within a long tradition of major expositions and seeks to address an environmentally responsible future with its motto "Man, Nature, Technology." Accordingly, sustainability was a key consideration in designing the pavilions for the participating nations. All of the buildings had to be ecologically sound and suitable for recycling. As a result, many of them, including that of the German host, were created by private developers and used as forums of state representation only for the duration of the exposition. The responsibility for their use after the exposition lies with the project developers. For this reason, much of the architecture on the grounds is neutral and versatile.

Albert Speer & Partner drew up the blueprint for the grounds, extending them eastwards across the highway and providing a number of new footbridge links and public transport stops. Apart from the construction of new trade halls, notably Hall 26 by Thomas Herzog and Halls 8/9 by von Gerkan, Marg & Partner, with their distinctive wave-like roofs, development was focused mainly on the various national pavilions on the western grounds and on the new eastern area. Yet, many of these buildings are disappointing and unimaginative.

On the Expo Plaza at the centre of the eastern grounds, where the German pavilion and events arena are located, bland and faceless cubes predominate. Likewise, a number of other national pavilions are merely black boxes for multi-media presentation and are not visually impressive. The shift in emphasis from a showcase of objects to a media event seems to have

Panta rhei. Alles fließt in den ›Gärten im Wandel‹ des in Berlin arbeitenden algerischen Landschaftsarchitekten Kamel Louafi. Den Heraklit-Satz thematisierend bilden sie die grüne Achse des Expo-Geländes Ost, das für die Pavillons der teilnehmenden Staaten anlässlich der Weltausstellung östlich des bestehenden Messegeländes und von diesem durch den Messeschnellweg getrennt neu angelegt wurde. Als schmaler Grünfinger durchziehen die Gärten das in Nord-Süd-Richtung lang gezogene Gelände und öffnen es zur umgebenden Landschaft. Nahezu unmerklich geht die Anlage in den Expo-Park Süd über, der mit einer sanften Böschung zu den weiten Wiesen des Parc Agricole vermittelt. Exemplarisch greifen hier die Weltausstellung mit ihrem global ökologischen Anspruch und die durch den Menschen gestaltete und genutzte Natur ineinander. Tradierte gartenkünstlerische Elemente der Landschaftsinszenierung wie der als ›Aha‹ wirkende See im Südpark oder die optische Einbeziehung der landwirtschaftlich genutzten Flächen als Ornamental Farm werden paraphrasiert und in den Kontext eines nachhaltig nutzbaren Terrains verwoben. Metaphorisch das Heraklit-Diktum aufgreifend, zieht sich ein vielfältig inszenierter Wasserlauf durch die Gartengeschichte und durch die verbildlichten Georegionen. Ausgehend von einer als Wasserfall inszenierten Quelle ergießt er sich in eine sich beständig verändernde Landschaft. Der französischen Axialität mit ihren kubisch geschnittenen Lin-

den folgt eine zunehmend freiere Gestaltung mit Orangenbäumen und Zypressen, später lichte Birkenhaine und Bambusflächen. Sanddünen schließen den eigentlichen Gartenbereich nach Süden ab. Gleichzeitig öffnet sich der Blick über den – als Regenrückhaltebecken genutzten – See zur offenen Landschaft. So genannte zikkuratähnliche ›Himmelstürme‹ bieten sich als Belvederes zur Kontemplation der Welt-Bilder, aber auch zur Reflexion des Verschränkens von Artifiziellem und Natürlichem, von Bild und von ontologischem Sein an.

Nachhaltigkeit und Ausdruckskraft

Solcherart poetische Umsetzungen des zentralen Expo-Mottos ›Mensch – Natur – Technik. Eine neue Welt entsteht‹ findet sich – mit Ausnahmen – selten auf dem Weltausstellungsgelände. Merkwürdig stumm und weitgehend von emblematischem Gewicht oder verblüffendem Effekt unbelastet flankieren ein Großteil der nationalen Pavillons beziehungsweise der Bauten der teilnehmenden Organisationen die grüne Achse. Überhaupt scheint Architektur als Bedeutungsträger, als zum Staunen provozierende Sensation, als von allen alltäglichen Funktionsanforderungen befreite ›Folie‹ in Hannover nachgeordnet zu sein. Sustainability, die nachhaltige Nutzbarkeit war die geforderte Qualität an die Gebäude der 180 teilnehmenden Staa-

Blick über das Expo-Gelände
View of the Expo grounds

Plan des Expo-Geländes von Albert Speer
Plan of the Expo grounds by Albert Speer

ten sowie der zahlreichen nationalen und internationalen Organisationen. Die Legitimation der Mammutveranstaltung, der ersten in Deutschland durchgeführten Weltausstellung, wurde primär über die Nützlichkeit, ökologische Korrektheit, vor allem aber über die funktionsflexible und damit möglichst neutrale Qualität der Gebäude definiert. Als Bauherren wurden neben den einzelnen Staaten vorwiegend private Developer gesucht, deren Interesse an einer marktorientierten Verwertbarkeit der Objekte mit den Anforderungen der temporären Expo-Nutzung synchronisiert werden musste. Die auffallende Gesichtslosigkeit zahlreicher Architekturen korrespondiert dabei mit der dem planerischen Ansatz immanenten

Anspruch auf fortdauernde Wirtschaftlichkeit. Gerade hinsichtlich der deutschen Beiträge wird deutlich, dass der öffentliche Auftraggeber oder gar der Staat als Bauherr zurücktreten und sich auf die Realisierung von Teilen der notwendigen Infrastruktur beschränken. Eine ›Galerie des Machines‹, ein Eiffelturm, ein Palais Chaillot oder ein futuristischer Themenpavillon wie in Osaka 1970 – emblematische Architekturen der Weltausstellungsgeschichte – finden in diesem Zusammenhang schwer Platz. Tatsächlich waren die Vorbereitungen und die konkreten Projektplanungen der Expo über Jahre hinweg von einer frappierenden Bilderlosigkeit gekennzeichnet, keine architektonische Vision wurde in die Welt verschickt,

41

made imaginative architecture more or less redundant. Nevertheless, there are some exceptions, such as the innovatively constructed, cardboard, Japanese pavilion by Shigeru Ban. Other pavilions demonstrate a shift away from traditional functions in favour of autonomous and self-referential forms. These include György Vadász's biomorphic Hungarian pavilion, Peter Zumthor's mould-breaking wooden labyrinth for Switzerland and MVRDV's spectacular Dutch pavilion, with its vertical landscape pile and watercourse — already one of the most exciting symbols of Expo 2000.

Stadtbahn-Haltestelle Architekt: Bertram, Bünemann & Partner
Train station
Architect: Bertram, Bünemann & Partner

stattdessen dominierte eine regelrecht protestantische Bilderfeindlichkeit die ersten Ansätze der medialen Publicity für das Projekt. Da erschien es geradezu als ein Glücksfall, als mit dem spektakulär frechen holländischen Landschaftsstapel das erste prägnante Architekturobjekt präsentiert werden konnte, das prompt mangels Alternativen aufgrund seiner der tradierten Typologie der Ausstellungsarchitektur entsprechenden Staun-Potenz zum Symbol der Expo 2000 wurde.

Messeinfrastruktur

Den Ausgangspunkt der angestrebten nachhaltigen Geländeentwicklung bildete die Arrondierung und Optimierung des bestehenden Messeareals im Südosten der Stadt. Ein erster 1991 ausgelobter und 1992 durchgeführter städtebaulicher Wettbewerb endete mit der Prämierung des Vorschlags von Michele Arnaboldi und Raffaele Cavadini aus Locarno. Ihr Projekt zeichnete sich durch eine kompakte allseitige Erweiterung des Messegeländes aus, dessen unregelmäßig gewachsene Struktur durch eine Teilüberbrückung des östlich tangierenden Messeschnellwegs in eine dem Quadrat angenäherte Grundform überführt werden sollte. 1993 entwickelte das Büro Albert Speer & Partner den in der Folge weiter fortgeschriebenen Masterplan für das Expo-Areal, der in Abstimmung mit dem Geländeentwicklungsplan der Deutschen

Messe AG konzipiert wurde. Speer übernahm von Arnaboldi und Cavadini die grundsätzliche Idee der Geländearrondierung auf der Ostseite, verlagerte aber das Entwicklungsgebiet nach Süden. Als nördlicher Abschluss wurde die Expo-Plaza als das Zentrum des neuen Geländes angelegt. Eine breite Fußgängerbrücke verbindet die Plaza mit dem Kerngebiet der Messe, eine weitere Passage führt von der Ostseite der Plaza zum Eingang Ost mit der neuen Stadtbahn-Haltestelle. Grundsätzlich ergaben sich dadurch mit dem Messekerngebiet, der Erweiterung West, der Expo-Plaza und ihrer südlichen Verlängerung mit dem Parkgelände vier Teilbereiche des Ausstellungsareals. Während im alten Messegelände vorwiegend der Themenpark in den Hallen 4–9 sowie die Gruppenausstellungen der Teilnehmerstaaten ohne eigenen Pavillon untergebracht sind, konzentrieren sich die Pavillonneubauten auf das West- und das Ostgelände. Strenge Orthogonalität der Straßenführungen und der eingelagerten Freiräume und Grünanlagen ermöglichen eine klare Orientierung und lassen das Areal als grundsätzlich beliebig erweiterbar und verdichtbar erscheinen. Zusätzlich zur Station auf der Ostseite erschließt der neue Messebahnhof Laatzen über eine Fußgängerpassarelle das Areal von Westen. Ein Gestaltungsgremium, zusammengesetzt aus Ursula Wangler vom Büro für Gestaltung, Uta Boockhoff-Gries als Vertreterin der Stadt Hannover, Wilfried Dickhoff als Berater der Expo, Sepp Heckmann von der Deutschen Messe AG, dem Landschaftsarchitekten Dieter Kienast sowie Meinhard von Gerkan, Thomas Herzog und Albert Speer, definierte die Gestaltrichtlinien der Weltausstellung und entwickelte den für das Gesamterscheinungsbild mit den Freiräumen, der Verkehrsinfrastruktur und den landschaftlichen Anlagen so wesentlichen Kriterienkatalog. Klarheit, Reduktion des Ameublements, Linearität und Einfachheit der architektonischen Objekte unterstreichen den im Masterplan bereits vorgegebenen strengen und übersichtlichen Charakter der Außenanlagen. Vor dem Hintergrund der Arrondierung sowie der städtebaulichen und ästhetischen Aufwertung des Messegeländes kann der Kriteriendefinition des Gestaltungsgremiums nur beigepflichtet werden. Nicht zuletzt hinsichtlich der Heterogenität der Einzelbebauungen erzeugt die klare Rahmung ein überzeugendes Rückgrat.

Auch die neu für die Ausstellung realisierten Infrastrukturprojekte zeichnen sich generell durch klare Eleganz und ein hohes Maß an Detailqualitäten aus. Der ICE-Bahnhof Laatzen, entworfen von dem in Hamburg, Berlin und Schwerin arbeitenden Büro Gössler bildet mit seiner Bahnhofshalle einen brückenartig über die Gleistrassen gelegten Riegel,

**Brücke Expo Plaza
Architekt: von Gerkan,
Marg & Partner**
Expo Plaza bridge
Architect: von Gerkan,
Marg & Partner

Fotos/Photos:
Dieter Leistner

der mit einem leicht wellenartigen Dach als vorge-lagerter Torbau für den Westeingang zum Messe-gelände dient. Ein als Stadtloggia bezeichneter über-dachter Vorplatz vermittelt zu einem weiteren Brückenbau, der als Skywalk den Bahnhof direkt mit dem Messeeingang verbindet. Die weitgehende Ver-wendung von Stahl und Glas und die hieraus resul-tierende konstruktive Leichtigkeit sowie die lineare Logik der Struktur generieren ein stimmiges Beispiel zeitgenössischer Verkehrsbauten. In der Grundhal-tung vergleichbar, als architektonisches Erlebnis je-doch ungleich anregender, stellt sich die Endhaltestel-le der neuen Stadtbahnlinie dar, die das Ostgelände erschließt. Das Hannoveraner Büro Bertram, Büne-mann & Partner entwarf einen nach allen Seiten offe-nen Brückenbau als Erschließungs- und Verteilerele-ment, der von einem vielfach leicht aufschwingenden Dach mit einer feingliedrigen Stützenkonstruktion überlagert wird. Mit seiner assoziationsreichen Er-scheinung zwischen Skelett und Organik vermittelt die Station eine spielerische Bilderlust, die sich auffallend von der zweckgebundenen Nüchternheit zahlreicher weiterer Bauten abhebt. So weisen zwar einige der neu errichteten Messehallen, wie etwa die Halle 12 von Speer & Partner oder die Halle 13 von Ackermann & Partner, mit ihren kubischen Formen, den klaren Fassaden, ihren lediglich durch wenige Stützen ge-gliederten offenen und funktionsflexiblen Räumen adäquate und im Detail auch überzeugende Lösungen für die gestellte Bauaufgabe auf, einen optischen An-kerpunkt für die Durchquerung des Messegeländes entlang der ›Allee der vereinigten Bäume‹, eines der

von dem Büro Kienast, Vogt & Partner konzipierten Grünfinger des Areals, bieten sie jedoch kaum. Den notwendigen Kontrapunkt setzt, abgesehen von Tho-mas Herzogs spektakulärem Schirm-Dach, am östli-chen Ende der Allee die Halle 8/9 von Gerkan, Marg & Partner, die mit ihrem Wellendach das gestalterische Thema der bereits 1996 fertig gestellten Halle 26 von Thomas Herzog paraphrasiert und durch die Motiv-wiederholung dem Messegelände eine gewisse Signi-fikanz verleiht. Gleichzeitig bildet sie zusammen mit der ›Preussag-Brücke‹, dem zentralen Brückenkopf zwischen Kerngebiet und Ostgelände, ein Scharnier, das sich als einer der wenigen spannungsreichen ar-chitektonischen Räume auf dem Gelände präsentiert. Eine lang gezogene Treppenanlage führt zu einem weiten Platz, an den sich die flache und breite Brücke von Jörg Schlaich und Volkwin Marg anschließt. Die elegante Konstruktion aus einer Verbindung von rasterartig gesetzten Stahlstelen und horizontalen Stegelementen wurde bei den insgesamt vier Fußgän-gerbrücken angewendet; gleichzeitig wurde bei der zentralen Brücke durch die Verlängerung der Stelen ein regelmäßiger Mastenwald mit Leuchtzylindern kreiert und dadurch die eindrucksvolle Dramaturgie des Verbindungsweges zum Ostgelände gesteigert.

Plaza

Der durch die Brücke inszenierte Auftakt zum Neu-baugebiet setzt hohe Maßstäbe für die städtebauliche und architektonische Ausprägung der Expo-Plaza. Sie

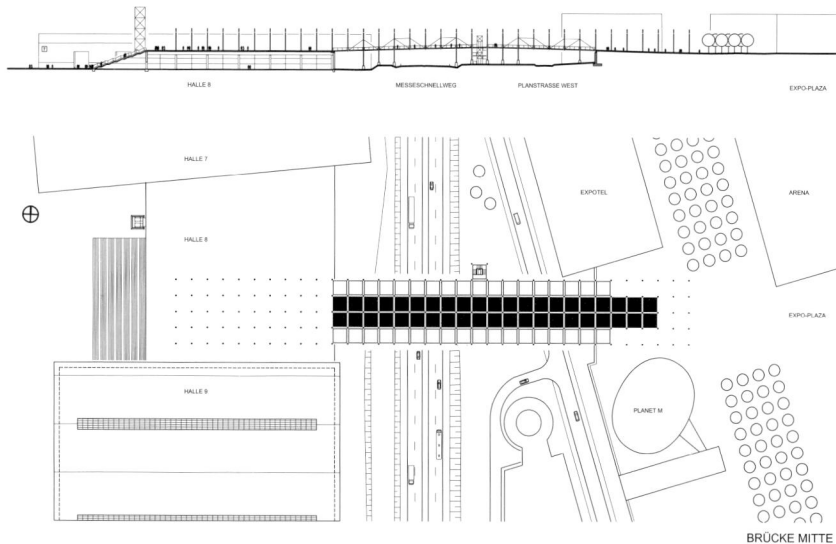

Brücke Expo Plaza. Grundriss, Schnitt
Expo Plaza bridge, floor plan, section

ist der Nukleus des Ostgeländes und sicherlich der unter dem größten Erwartungsdruck bearbeitete Ort der Weltausstellung. Nicht nur, dass hier ein zentraler Veranstaltungsplatz und Eingangsbereich zu dem Pavillongelände Ost angelegt wurde, hier konzentriert sich auch mit dem deutschen Pavillon, der Preussag Arena und dem während der Weltausstellung als Global House genutzten Präsentationsort der weltweiten Korrespondenzprojekte ein gestalterischer Anspruch der Selbstdarstellung, hier sollte sich alles zur offiziellen Visitenkarte formen. Einmal mehr ist es vor allem die landschaftsgärtnerische Gestaltung, die der Plaza letztlich einen grundsätzlich hohen städtebaulichen Gehalt zukommen lässt. Angelegt nach Plänen der Büros Wehberg, Eppinger, Schmidtke und Partner bestimmen den Platz seitlich verlaufende Alleen, vorgefundene Pappeln und Linden wurden in den Binnenraum integriert. Der daraus resultierende Wechsel von Ordnung und Zufälligkeit gibt dem Ort den Charakter eines gewachsenen Ensembles und korrigiert die Gleichförmigkeit der Rahmenarchitektur. Treppenanlagen im Südbereich führen zum deutschen Pavillon und bilden gleichzeitig Sitzflächen für den Veranstaltungsort. Eine asymmetrisch nach Südwesten verlagerte Bühne mit Zeltüberdachung unterstützt diese Funktion. Wieder ist es der Einsatz einfacher Gestaltungsmittel, die die Qualität der Straßen und Platzbereiche befördert und langfristig attraktiv macht. Doch gleichzeitig zeichnet sich die Plaza durch einen eigentümlich hybriden Gesamtcharakter aus. Der zentrale Repräsentationsort sollte auch ein Paradigma einer spezifischen Form der Nachhaltigkeit des

gesamten Expounternehmens darstellen, insofern die angeworbenen Developer nicht nur für den Bau, sondern auch für die Post-Expo-Nutzung der Objekte verantwortlich sind. Eine damit bedingte strukturelle Flexibilität sowie der Druck einer wirtschaftlichen Rentabilität der Investitionen konterkarieren tendenziell eine über zeitgenössische Gestaltungsstandards hinausgehende Ambition. Basierend auf Speers Masterplan entwickelten Gerkan, Marg & Partner eine äußerst strenge und einfache Konzeption der Platzbebauung. Das weite Rechteck wird überwiegend von breit gelagerten und flach abschließenden Blöcken mit einer maximalen Höhe von 21,5 Metern begrenzt. Bereits dadurch war dem Gesamtlayout eine Trockenheit vorgegeben, die durch die einzelnen Teilrealisierungen unter den skizzierten Entwicklungsvoraussetzungen lediglich schwer kompensiert werden konnte. Exemplarisch steht hierfür das Europa Center Hannover, das, entworfen von den Hannoveraner Architekten Determann + Martienssen und entwickelt von der Niedersächsischen Gesellschaft für Landesentwicklung und Wohnungsbau (NILEG), mit seiner flexiblen Binnenstruktur, seinem Materialmix aus Stahl-Glas-Zinkblech sowie seinen partiellen Dachbegrünungen zwar allen funktionellen, materialästhetischen und ökologischen Standards entspricht, gleichzeitig aber als architektonische Invention höchstens Standarderwartungen erfüllt. Hier reizt nichts, kein Formenspiel, keine Plastizität, keine konstruktive Raffinesse. Der Bau dient, ist seriös, macht nichts falsch, bietet einen funktionellen Rahmen für die spätere Nutzung als Hochschule für Theater und Musik – und bleibt vielleicht gerade deshalb stumm. Ähnlich verhält es sich mit dem Global House von Siat Bauplanung, das von der Timon Bauregie entwickelt worden war und nach der Veranstaltung der Fachhochschule für Design und Medien als neues Domizil dienen wird. Sicher entspricht die Anordnung der beiden Gebäuderiegel um ein zentrales Atrium einer funktionellen Logik und bietet sowohl für die Dauer der Expo als auch hinsichtlich der spezifischen Anforderungen der Nachnutzung mit ihrem kommunikativen und veranstaltungsbezogenen Bedarf adäquate Lösungen; eine hinsichtlich der Weltausstellung relevante Rhetorik lässt sich jedoch auch hier nicht ablesen. Auch die Preussag Arena schließlich, konzipiert von dem Hannoveraner Helmut Spengler, fügt sich in dieses Szenario ohne wesentliche Differenzen ein. Hier wurde ebenfalls ein mächtiger Kubus realisiert, der, anstatt die dynamische Rundung des Stadionovals nach außen gestalterisch zu inszenieren, sich ganz der städtebaulichen Vorgabe beugt, und durch die Anlagerung von Erschließungs- und Funktionsbereichen eine weitgehend neutrale Mega-Box ausbildet. Die

**Christlicher Pavillon,
Architekt: von Gerkan,
Marg & Partner**
Christian Pavilion
Architect: von Gerkan,
Marg & Partner

fensterartige Öffnung zur Plaza, die zumindest andeutungsweise den Kern von außen erahnbar machen soll, kann dabei die Spannungslosigkeit der Konzeption keineswegs kompensieren. Dass die architektonische Langeweile der Plaza nicht zwangsläufig aus den rigiden städtebaulichen Prämissen heraus erklärbar ist, zeigt der christliche Pavillon, der von Gerkan, Marg & Partner entworfen wurde. Der ökumenisch von der protestantischen und der katholischen Kirche Deutschlands gemeinsam konzipierte Bau gehört, trotz seiner modularen Einfachheit, zu den ansprechendsten Architekturen, die für die Expo errichtet wurden. Die zentrale planerische Vorgabe bestand darin, das Gebäude beziehungsweise wesentliche Teile davon nach der Ausstellung für den Wiederaufbau des ehemaligen Zisterzienserklosters Volkenroda in Thüringen der ökumenischen Jesusbruderschaft Gnadenthal weiter verwenden zu können. Ein Vorhaben, das gleichzeitig Expo-Projekt des Landes Thüringen ist. Gerkan, Marg & Partner setzten sich in dem 1997 eingeladenen Wettbewerb gegen die Entwürfe von Kleine-Ripken-Teicher, der Planungsgruppe Stieldorf, Peter Kulka und 3L-Plan durch. Ihr Konzept löst die Geschlossenheit des rechteckigen Grundstücks auf

Feierraum
Celebration hall

Christlicher Pavillon, Stützenkolonnade
Christian Pavilion, colonnade

und ponderiert stattdessen drei autonome Baukörper auf dem Terrain aus. Ein mächtiger Kubus, auf das rechte Feld verlagert, nimmt den Feierraum der Anlage auf. Ein kleinerer Block dient als Veranstaltungsraum, an ihn lagert sich als drittes Element ein Campanile an, der zusammen mit dem Feierraum, die Höhendominanten des Ensembles markiert. Ein als Kreuzgang bezeichneter Rahmen mit eingelagerten ›Räumen der Stille‹ schließt das Gelände nach außen ab, eine Stützenkolonnade vermittelt zur Plaza. Ein Rastermodul von 3,6 Metern wurde als Grundelement gewählt, aus dem sich die Maße und die Strukturierung der einzelnen Bauteile ergeben. Im Bereich des Kreuzgangs werden die Felder durch Doppelverglasungen gefüllt, die wiederum durch unterschiedliche Materialanfüllungen wie Holz, Metall, Textil et cetera einerseits eine vielfältige Beleuchtungsszenerie erlauben und andererseits einen assoziativen Bezug zu den zentralen Mottobegriffen der Expo herstellen. Der Feierraum erhebt sich auf einer Fläche von 21 mal 21 Metern und wird von neun 18 Meter hohen kreuzförmigen Stahlstützen getragen. Ihre Verbindung zu

den Oberlichtern garantiert die intendierte kontemplative Lichtregie, die durch die Seitenwandabschlüsse durch transluzente Alabasterplatten noch gesteigert wird. Vorgesehen ist, bei der Translokation die Einzelelemente des Kreuzgangs für den Wiederaufbau des Langhauses in Volkenroda zu verwenden, der Veranstaltungsraum kann als Gemeindezentrum weiter genutzt werden. Mit einer so flexiblen Grundstruktur gelang es den Architekten, sowohl für die Dauer der Expo adäquat feierliche Räume zu konzipieren wie auch plausible Module für die Nachnutzung zu entwickeln. Den denkbar größten Gegensatz zu dieser ebenso kontemplativen wie strukturell einfachen Anlage bietet in direkter Nachbarschaft die grelle Event-Architektur des Bertelsmann-Pavillons ›Planet m‹. Direkt am Eingangsbereich zur Plaza gelegen setzt sich der Präsentationsort des Medien-Produkt-Partners der Expo als einziger Bau am Platz von städtebaulichen Vorgaben ab, entsagt dem Kubus, übersteigt mit seinen 26 Metern die hier vorgesehene Maximalhöhe und übernimmt, als Ausnahmeerscheinung vom Gestaltungsrat genehmigt, die Funktion des

Eyecatchers, der das nötige Quantum Spektakel in die ansonsten weitgehend zurückhaltende Rahmenarchitektur einbringt. Entworfen von der Triad Projektgesellschaft in Kooperation mit Becker, Gewers, Kühn & Kühn soll der Bau auch nach der Veranstaltung von Bertelsmann an der Plaza bespielt werden. Zwei Körper, ein dreistöckiger holzverkleideter Riegelbau für Ausstellungen und Veranstaltungsräume sowie eine aufgeständerte transparente Blase für die multimediale Selbstdarstellung des Unternehmens, korrespondieren als Form- und Materialgegensätze und bemühen die Science Fiction als Ausdrucksträger des beanspruchten Avantgardismus. Das ist Pop und das ist Event. Insofern findet sich hier ein wohltuender und der Tradition der architektonischen Spektakel auf Weltausstellungen nahekommender Akzent. Aber ist das wirklich spannend, innovativ, mit einer Semantik zu arbeiten, die auch die Deutsche Bahn AG für ihr Zukunftsprogramm adaptiert und die anlässlich der metabolistischen Szenarien auf der Expo 1970 in Osaka schon anachronistisch wirkte?

Und dann der deutsche Pavillon. Mit seinen Ausmaßen von 130 × 90 Metern an Größe und platzdominierender Geste nicht zu übertreffen, frappiert er mit einer gestalterischen Belanglosigkeit, die umso deutlicher wird, je mehr der Bau durch vordergründige Effekte wie nach innen gewölbter, sich bis auf Rahmensysteme selbsttragender Glasfassade und leicht geschweiften hölzernen Dachsegmenten seine Einfallslosigkeit und seinen im Grunde völlig neutralen Charakter zu übertönen sucht. Dabei ist die Erscheinung des Pavillons eine plausible Konsequenz aus dem Planungsprozedere, mehr aber noch aus dem bereits im Vorfeld der konkreten Bauplanung abgeklärten Verzicht auf eine tradierte nationale Selbstdarstellung durch Architektur. Der Staat als Bauherr tritt an der Expo-Plaza nicht auf, die Wirtschaftlichkeit des Unternehmens wird an den Investor rückverlagert. Wen sollte man für die Gesichtslosigkeit des nur temporär als deutschen Repräsentationsort genutzten Pavillons kritisieren? Den entwerfenden Architekten und gleichzeitigen Developer Josef Wund, der hier mit den Maximen der Nachnutzungsflexibilität konfrontiert war und beabsichtigt, das Gebäude nach der Expo als Wissenschaftspark zu vermarkten? Den Staat in Form der Expo-Gesellschaft beziehungsweise der Deutschen-Pavillon-Gesellschaft, die sich ganz im Sinne der Nachhaltigkeit von einer lediglich temporär genutzten Spektakel-Architektur zu distanzieren suchten? Die grundsätzlich der Weltausstellung innewohnende Chance, das Ephemere mit dem Zukunftsweisenden und dem Emblematischen zu verbinden, wurde bewusst vergeben, der Rahmen für die nationale Selbstdarstellung gemietet. Bereits im Auslo-

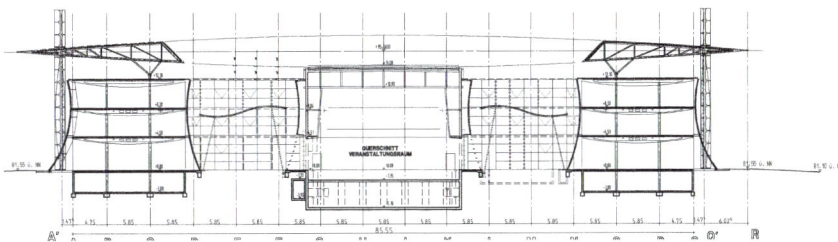

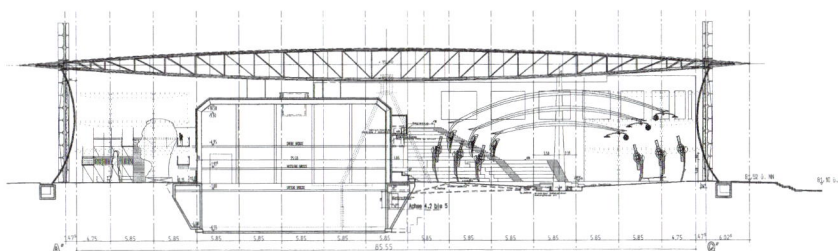

Querschnitt
Cross section

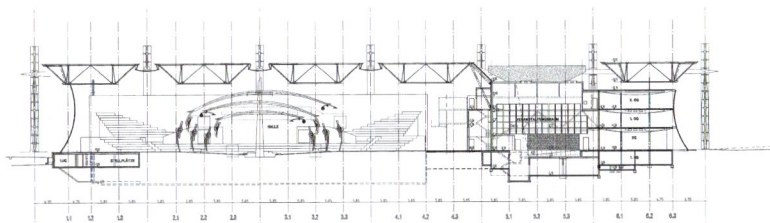

Längsschnitt
Longitudinal section

Pavillon Deutschland, Architekt: Architekturbüro Wund
German Pavilion, Architect: Architekturbüro Wund

Pavillon Deutschland. Fassadendetail
German Pavilion, detail of facade

Schritt. Ebenso konsequent folgte darauf die Übernahme der planerischen Leitung durch den Investor. Ohne das Déjà Vu überzustrapazieren, kann die Parallele zum Planungskonflikt für die Expo 1992 in Sevilla und die Ausführung ohne Beteiligung der prämierten Wettbewerbsbeiträge kaum übersehen werden. Der ambitionierte Entwurf wird sekundär.

Nationale Pavillons

Nationale Pavillons bildeten spätestens seit der Jahrhundertwende die Essenz der Faszination von Weltausstellungen. In Zusammenhang mit der zunehmend anachronistisch werdenden Primärfunktion der Expo als Forum des globalen Informations- und Technologietransfers rückte die Identität stiftende und konkurrierende nationale Selbstdarstellung in den Vordergrund der Veranstaltungen. Der durch den Kristallpalast von 1851 definierte Prototyp des die Welt aufnehmenden Ein-Gebäudes wurde zunehmend durch das themenspezifische Pavillonsystem und die nationale Differenzierung ersetzt. Mit der Jahrhundertwende-Ausstellung in Paris rückte die ›Rue des Nations‹ an der Seine mit ihrer Aufreihung der einzelnen Staatengebäude in das Zentrum des Weltausstellungsgeländes und markierte damit nachdrücklich den Paradigmenwechsel. Die Gestaltung dieser nationalen Pavillons wurde zur architekturikonografischen Disziplin, galt es doch, die Bauten als diplomatischen Ausweis und als Dokument der kulturellen Selbstverortung auszuprägen. Neben den spektakulären Hallenkonstruktionen der ersten Phase der Weltausstellungsgeschichte traten nun die gebauten Identitätskonstruktionen mit ihrer Suche nach Tradition oder Modernität, Bezug oder Abgrenzung in das Zentrum des Interesses.

Nicht zuletzt der ephemere Charakter dieser Bauten beförderte die Bereitschaft, das Unkonventionelle und Experimentelle in das Repertoire der Ausdrucksformen mit einzukalkulieren. Die Show-Architektur unterstützte die Bereitschaft zur Erprobung des Neuen. Gerade die Reihe der deutschen Weltausstellungspavillons zeigt für ihre Zeit so wegweisende Bauten wie den Barcelona-Pavillon von Ludwig Mies van der Rohe 1929, Egon Eiermanns und Sep Rufs Pavillon-Kette in Brüssel 1958, Frei Ottos und Rolf Gutbrods Montrealer Zelt von 1967 oder das Stockhausen-Auditorium in Osaka 1970. Die durch die Geschichte vorgegebenen Maßstäbe werden auch in Hannover durch die grundsätzlich anachronistische Tradierung des staatlichen Segregationsprinzips und der damit verbundenen Bauaufforderung an die Teilnehmerstaaten angelegt.

bungstext des europaweit ausgeschriebenen Wettbewerbs von 1997 wurde auf den großartigen Maßstab deutscher Expo-Pavillons zugunsten der Forderung nach Flexibilität und nach einem adäquaten Rahmen für die avisierte Multimedia-Show verzichtet. Florian Naglers siegreiches Konzept eines strukturalistischen Stelenwalds mit flexibel einzusetzenden Nutzungsfunktionen suchte noch die Gratwanderung zwischen der geforderten Neutralität und einer prägnanten Gestalt. Doch bereits seine durch mehrfach veränderte Ausstellungskonzeptionen bedingten Projektüberarbeitungen führten zu einem zunehmenden Verlust an formaler Schärfe, seine Kooperationsaufkündigung vom August 1998 war im Grunde ein konsequenter

Expo-Gelände Ost mit den Länderpavillons. Leitplan von Albert Speer
Eastern Expo grounds with national pavilions, site plan by Albert Speer

Box und Pop

In Hannover jedoch bleiben zahlreiche der Länderpavillons weitgehend neutral, architektonisch aussagelos. Undifferenzierte Blockstrukturen und eine Verlagerung des gestalterischen Ehrgeizes auf mehr oder weniger aussagekräftige multimediale Präsentationen im Binnenbereich zeichnen etliche der Gebäude aus. Gerade der Blick auf Teilnehmerländer mit einer großen Tradition der Ausstellungsarchitektur wie Großbritannien und Frankreich verdeutlicht die allgemeine Krise. Beide realisierten Bauten, die auf eine Nachnutzung auf dem Gelände ausgerichtet sind, wobei für den französischen Pavillon bereits zu Planungsbeginn die Bauherrenschaft und spätere Übernahme durch den Sportartikelfachmarkt Décathlon feststand. Und beide Beiträge enttäuschen. Zwar versucht der britische Pavillon, entworfen und realisiert

Pavillon Bhutan, Architekt: Peter Schmid
Bhutan Pavilion, Architect: Peter Schmid

von dem Investor Goldbeck Bau, mit seiner filigranen Aluminium-Glas-Fassade gewisse gestalterische Minimalstandards zu erfüllen; letztlich erweist sich der zweigeschossige Kubus jedoch dezidiert als Black Box, die während der Expo einen optimalen Rahmen für die von dem Londoner Büro GP:ICM entwickelte interne Ausstellungsarchitekur bildet und hinsichtlich der Nachnutzung möglichst neutral bleibt. Frankreich wiederum mietet sich während der Weltausstellung in dem von Décathlon errichteten Sportgeschäft ein. Auch hier findet sich eine mit minimalem architektonischen Anspruch konzipierte Kiste, die auf einem Konzept der Pariser Architektin Françoise-Hélène Jourda basiert. Baumartige, unterschiedlich geneigte Holzstützen tragen die Deckenkonstruktion des weitgehend transparenten Baus und sollen zusammen mit den auf die Glasfassaden gedruckten Laubmotiven den Eindruck eines Waldes vermitteln. Die Wahrnehmung der Trennung von architektonischer Hülle und durchlässigem Freiraum sollte tendenziell aufgehoben werden. In Folge von Etatkürzungen wurde jedoch die ursprünglich vorgesehene transluzente Decke geschlossen und dadurch der Effekt der Freirauminszenierung vergeben. Jourda hat sich mittlerweile von der gebauten Fassung des Pavillons distanziert, Frankreich präsentiert sich nun mit einer gerade durch den Fragmentcharakter umso deprimierenderen Hülle.

Gegenüber diesen neutralen Nicht-Architekturen fallen einige der Pavillons kleinerer asiatischer Staa-

ten eher positiv ins Gewicht. Seien es die Vereinigten Arabischen Emirate oder Jemen mit ihren Paraphrasen landestypischer Baukunst, seien es Nepal oder Bhutan mit ihrer die traditionellen handwerklichen Qualitäten zur Schau stellenden Verarbeitung regionaler Tempeltypologien – all diesen Objekten ist eine sinnliche Qualität eigen, die ansonsten auf dem Gelände eher selten auszumachen ist. Der Reiz des Fremden, Außereuropäischen wurde bereits bei den Ausstellungen des 19. Jahrhunderts, beispielsweise bei den Pariser Ausstellungen als wesentlicher, mitunter chauvinistisch begründeter Attraktivitätsfaktor erkannt. Teilweise dienten die aus europäischer Perspektive ›exotisch‹ wirkenden Architekturen der Präsentation der Kolonialmächte, andererseits vermittelten diese Bauten einen spannungsvollen Gegensatz zu den spektakulären Hallenkonstruktionen und dienten der Darstellung zivilisatorischer Überlegenheit der europäischen und nordamerikanischen Großmächte. In Hannover indes stellen diese handwerklich errichteten und formal einprägsamen Pavillons trotz allem kunstgewerblichen und kitschverdächtigen Charakters die ermüdende Selbstdarstellung der großen Aussteller und die Redundanz der Kisten und der Multi-Media-Shows bloß.

Überhaupt scheint die Expo von kleinen Staaten und engagierten Organisationen ernster genommen zu werden als von den traditionellen Ausstellungsländern. Einige osteuropäische Staaten wie Tschechien mit seinem außerordentlich plastisch wirkenden Holzbau von D.U.M. architekti oder Litauen mit seinem leuchtend gelben futuristischen Ausstellungsobjekt von den Architekten Bucas, Buciene, Kuginys und Ozarinskas aus Vilnius, aber auch die religiösen Organisationen sowie Umweltverbände und umweltbezogene Unternehmen bilden in Hannover die Ausnahmen vom Mainstream. Einen besonders prominenten Standort besetzt der ›Pavillon der Hoffnung‹, der von den Hannoveraner Architekten Buchalla & Partner für den CVJM errichtet wurde. Angesiedelt am südlichen Rand des Ostgeländes ragt der den Körper eines Wals paraphrasierende Bau mit seiner Schwanzflosse teilweise in den angrenzenden See des Südparks hinein und bildet damit einen prägnanten Geländeabschluss, der, ungeachtet seiner zwischen Kitsch und Öko-Emblematik changierenden Erscheinung, dem Gelände einen weiteren städtebaulichen Schwerpunkt verschafft. Auch auf dem Pavillongelände West finden sich mit den Bauten des Expo-Partners Duales System Deutschland AG und der Zeri (Zero Emissions Research Initiative) Foundation bemerkenswerte Baukonzepte. Während die gefäßartige Cycle Bowl des Dualen Systems von dem Stuttgarter Atelier Uwe Brückner mit ihrer Stahl-Glas-Konstruktion nicht nur

Pavillon der Hoffnung, Architekt: Buchalla & Partner
Pavilion of Hope, Architect: Buchalla & Partner

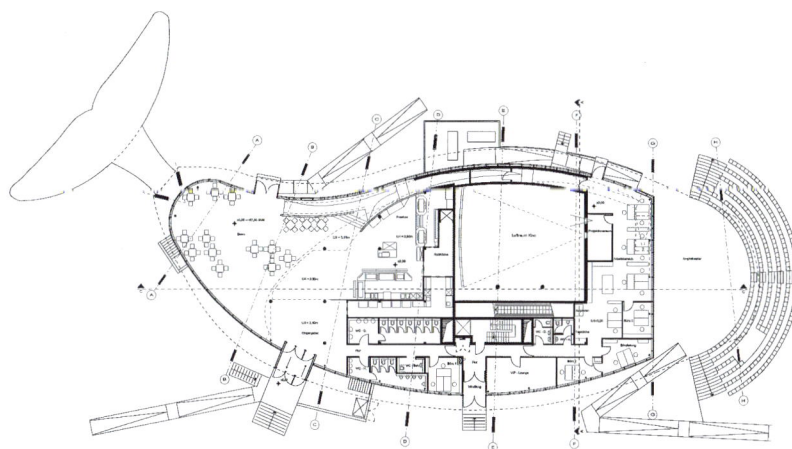

Grundriss Ebene 0
Level 0 floor plan

Innenansicht
Interior

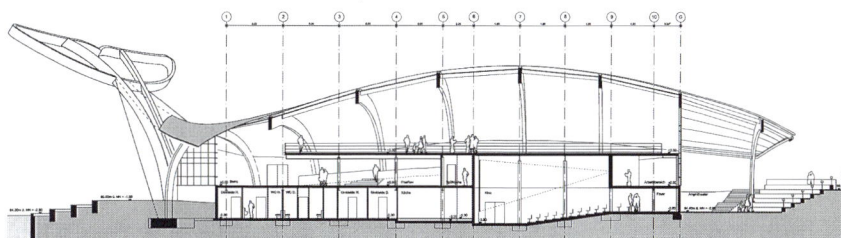

Längsschnitt
Longitudinal section

durch ihre außergewöhnliche Form sondern auch durch die begehbare Darstellung des Themas Kreislaufwirtschaft frappiert, konzentriert sich die Zeri-Foundation mit ihrem bereits 1999 für den Emissionskongress in Kolumbien von Simón Veléz errichteten schirmartige Fächer ganz auf die Präsentation von Bambus als nachwachsendem und damit ökologisch korrektem Baumaterial.

Auch die Pavillons von Portugal und Finnland verweisen einmal mehr auf die große Architekturtradition dieser Länder. Alvaro Siza Vieiras Bau überzeugt mit seiner Komposition aus verschiedenen aneinander gelagerten kubischen Formen hinsichtlich der Massenverteilung, der reizvollen Kontrapunktik von Flächen und Öffnungen sowie durch die Gegensätzlichkeit der verwendeten Materialien Kork, Naturstein und der Keramikplatten. Hier wird nicht nur über den Verweis auf die Korkverarbeitung ein Bezug zum Land hergestellt, sondern auch eine ambitionierte Architektur als Ausweis Portugals vorgestellt. Auch Finnland setzt qualitätvolles Bauen als Medium der Selbstdarstellung ein und führt damit seine bereits 1933 durch Alvar Aalto begründete exquisite Tradition der Ausstellungsarchitektur fort. Der Pavillon der Gruppe SARC setzt sich aus zwei holzverkleideten parallelen Riegeln zusammen, die einen kleinen Birkenwald rahmen und untereinander durch Brücken verbunden sind. Schräg gesetzte Glasfassaden schließen den Binnenraum nach außen ab. Der Gegensatz von Natur und Architektur, die Korrespondenz der beiden Holzkörper sowie die Materialwirkung zeigen einmal mehr die Souveränität finnischer Baukunst. Dennoch erinnert der Pavillon zu sehr an den anlässlich der Expo 1992 von Arkkitehtuuritoimisto 92 oy vorgeprägten Prototyp, um als Invention völlig zu überzeugen. Bereits damals wurde der kompositorische Bezug zweier Körper sowie das Thema Binnenstraße realisiert; sowohl der Materialgegensatz als auch die Volumenspannung überzeugten in Sevilla jedoch mehr.

Die bereits im Vorfeld der Expo medial verbreiteten architektonischen Höhepunkte wurden jedoch zweifelsohne durch die Beiträge Japans, Ungarns, der Schweiz und der Niederlande gebildet. Shigeru Bans zusammen mit Frei Otto für Japan entwickelter Pavillon ist zwar keine, wie ursprünglich geplant, reine Pappkonstruktion – aus Gründen der statischen Sicherheit wurden die Papprröhren mit einer Holzgitterstruktur verbunden –, doch fasziniert der 72 × 35 Meter große Pavillonschlauch mit seiner wellenartigen Form sowohl aufgrund seiner eigentümlichen Raumwirkung als auch als konstruktives Experiment mit teilweise völlig außergewöhnlichen Baustoffen. Die Montage des Gitterwerks erfolgte auf einer ebenen Plattform, von der aus die Struktur über Aluminium-

stützen bis zur gewünschten Schalenform hochgespindelt wurde. Eine wasserabweisende Membran aus Papier und Kunststoffschichten schließt das Gebäude ab. Aufgrund von Bauverzögerungen wurde ein ursprünglich geplantes Peristyl aus Pappkolonnaden aus der Konzeption gestrichen; die spannungsvolle Gegensatzinszenierung von klassizistisch anmutender Rahmung und organischer Binnenform entfiel und erklärt den in der Außenwahrnehmung merkwürdig fragmentarischen Charakter. Doch trotz dieser Einschränkungen entstand mit seinem fließenden Charakter, der grafischen Wirkung der Gitterstruktur und der ungewöhnlichen Materialität einer der eindrucksvollsten Innenräume der Expo. Ungarn wiederum präsentiert einen Pavillon, dessen Reiz vor allem durch die Poesie der autonomen Form und die hervorragende Demonstration der Holzverarbeitung bestimmt wird. Die expressive Komposition von György Vadász setzt sich aus zwei aufeinander bezogenen, mit Lärchenholz beplankten Baukörpern zusammen, deren Form eine Assoziationsbreite zwischen sich öffnendem Blütenkelch und Schiffsrumpf, zwischen Öffnung und Bergung zulässt. Holzfliesen weisen den Durchgang durch den nach außen offenen Binnenraum, der die eigentliche Ausstellung integriert. Mittels Klappläden öffnen sich verschiedene Fenster zu Exponatinszenierungen, die wiederum durch multimediale Präsentationen abgerundet werden. Dominierend bleibt jedoch der architektonische Raum als das primäre Medium der nationalen Selbstdarstellung. Damit knüpft Ungarn an die bereits in Sevilla manifestierte hervorragende jüngere Linie seiner Expo-Bauten an. Hatte 1992 Imre Makovecz mit seinem Motive der Sakralarchitektur paraphrasierenden Holzpavillon eine originale Variante des postmodernen Regionalismus entworfen, so führt Vadász' Bau diese neue ungarische Tradition der Holzarchitektur fort, betont aber weitaus mehr den biomorphen Expressionismus der architektonischen Figuration und entfernt sich damit von jeglicher Folklore. Auch die Schweiz präsentiert mit dem Entwurf von Peter Zumthor eine ganz auf die Materialwirkung abzielende Konzeption. Zumthor verzichtet auf einen konventionellen Pavillontypus und bietet stattdessen ein Labyrinth aus Lärchen- und Föhrenholzstapeln an. Lediglich durch Spannseile zusammengehalten, demonstriert die Konstruktion nicht nur die ökologische korrekte Behandlung des grundsätzlich weiter verarbeitbaren Baumaterials, sondern hebt geradezu plakativ den ephemeren Charakter der Inszenierung hervor. Mit Wegpassagen zwischen engen Gängen und sich weitenden Plätzen bietet sich ein faszinierendes Raumsystem, das sowohl einen spielerischen Charakter aufweist als auch vielfältige Schweiz-Metaphern

Innenansicht, Interior

Pavillon Zeri (Zero Emissions Research Initiative), Architekt: Simón Vélez
Zeri Pavilion (Zero Emissions Research Initiative), Architect: Simón Vélez

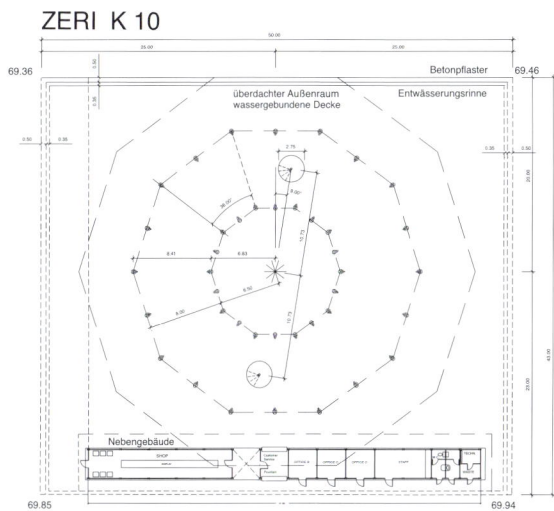

ZERI K 10

Anordnung der Stützen
Alignment of piers

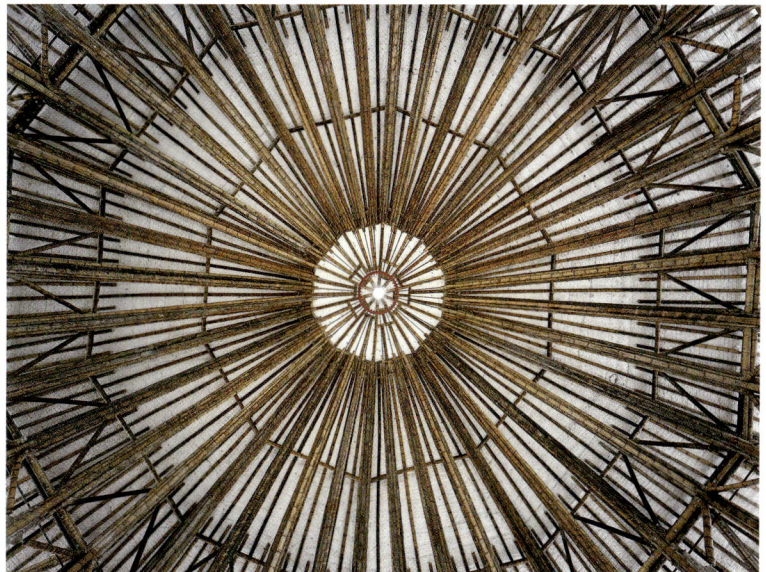

Dachuntersicht, Roof viewed from below

Außenansicht
Exterior

Pavillon Finnland
Architekt: Sarlotta Narjus, Antti-Matti Siikala; SARC Architects
Finnish Pavilion
Architect: Sarlotta Narjus, Antti-Matti Siikala; SARC Architects

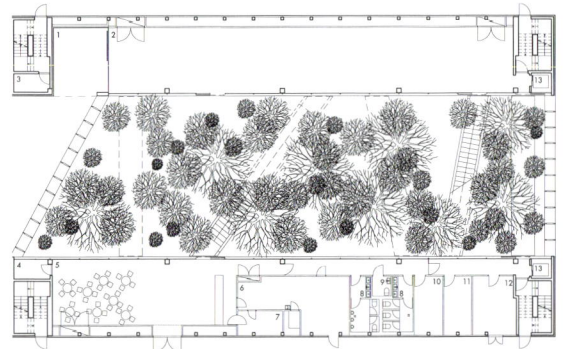

Grundriss Erdgeschoss
Ground-floor plan

Innenansicht
Interior

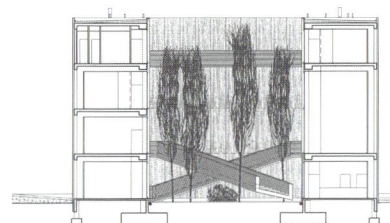

Schnitt, Section

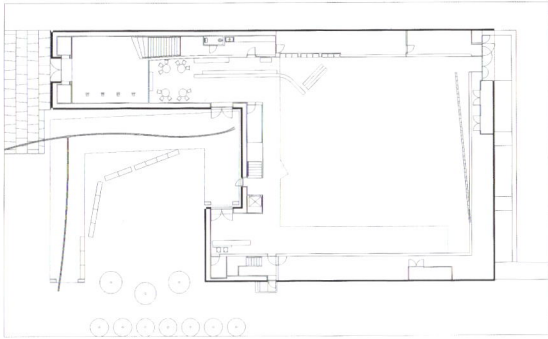

Grundriss
Floor plan

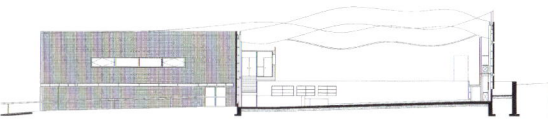

Schnitt
Section

Außenansicht
Exterior

Pavillon Portugal
Architekt:
Alvaro Siza & Eduardo Souto de Moura
Portuguese Pavilion
Architect:
Alvaro Siza & Eduardo Souto de Moura

Innenansicht
Interior

Pavillon Japan
Architekt: Shigeru Ban
Architects
Japanese Pavilion
Architect: Shigeru Ban Architects

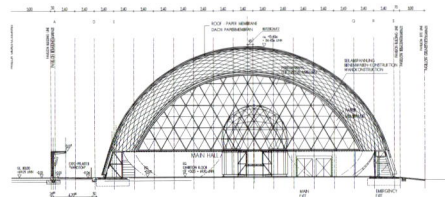

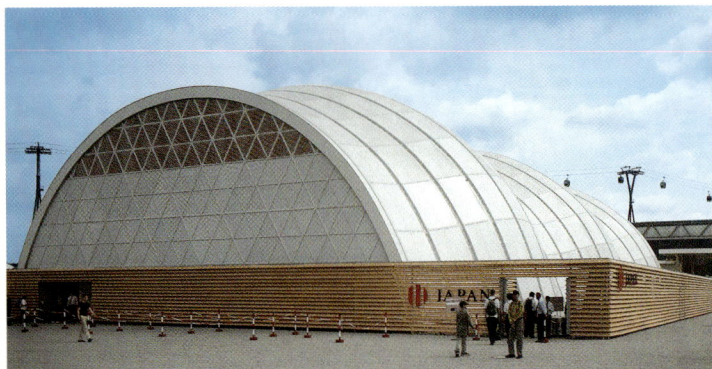

Außenansicht
Exterior

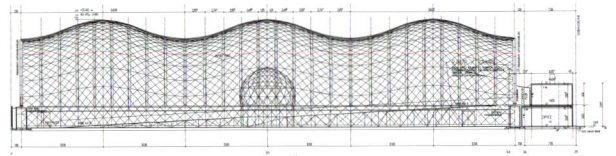

Schnitte
Sections

Innenansicht
Interior

Pavillon Ungarn
Architekt: György Vadász
Hungarian Pavilion
Architect: György Vadász

Außenansicht
Exterior

Schnitt
Section

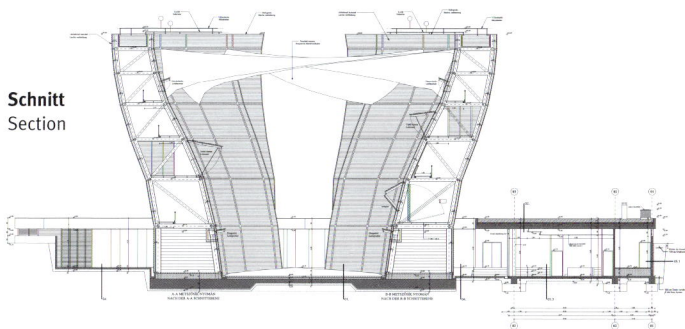

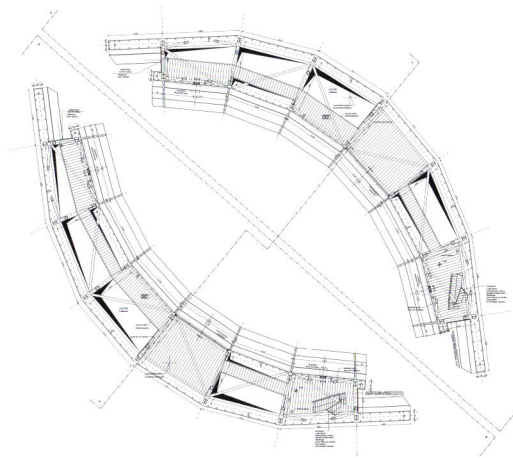

Grundriss
2. Obergeschoss
Second-floor plan

Detail
Detail

Pavillon Schweiz, Architekt: Peter Zumthor
Swiss Pavilion, Architect: Peter Zumthor

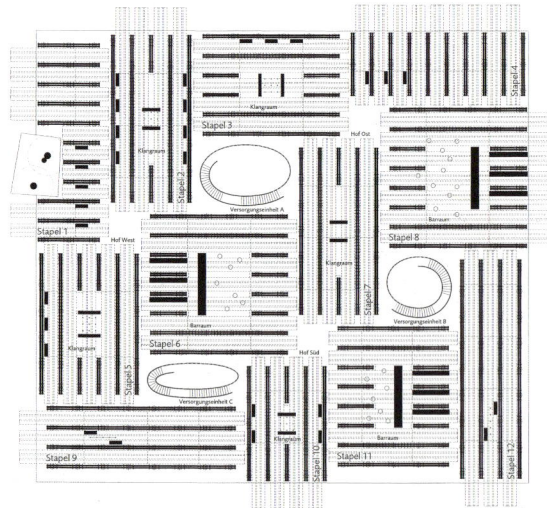

Grundriss
Floor plan

produziert. Damit präsentieren die Eidgenossen ein weiteres Mal ihre außergewöhnlichen Qualitäten als Expo-Teilnehmer. Bereits 1970 frappierte die Schweiz in Osaka mit einem völligen Verzicht auf Pavillonarchitektur zugunsten eines strahlenden Lichtbaumes von Willi Walter, in Sevilla wiederum zeigte sich das Land mit der abgründig-skurrilen Inszenierung nach einem Entwurf von Vincent Mangeat. Konsequent wurde mit diesen Prototypen die Tradition der konventionellen Ausstellungsarchitektur und der informationsbezogenen Produkt- und Medieninszenierung zugunsten der Konstruktion von komplexen, mitunter selbstironischen Images verlassen, eine Linie, die Zumthors ›Klangkörper Schweiz‹ bruchlos fortsetzt. Die Niederlande schließlich schickten mit MVRDV die Shooting Stars ihrer jungen architektonischen Kreativszene ins Rennen. Unter dem Motto ›Holland schafft Raum‹ wurden mit Wassertank, Waldregion, Blumenfeldern und Sanddünen verschiedene Landschaftstypen übereinander gesetzt und durch ein anschauliches Wasserkreislaufsystem untereinander verbunden, Windräder als Energiequelle markieren weithin den spektakulären, nach allen Seiten offenen Bau. Mit dem Topos des Shism, der Stapelung heterogener Einheiten innerhalb einer architektonischen Gesamtstruktur, paraphrasieren die Architekten Thesen von Rem Koolhaas zur Phänomenologie des New Yorker Wolkenkratzersystems; darüber hinaus werden hier auf gleichwohl intelligente, amüsante wie auch anschauliche Art und Weise die Themen zivilisatorische Dichte, ökologische Systematik, geografische Topografie und Offenheit verarbeitet und als Öko-Pop-Allegorie präsentiert.

Doch all diesen Projekten ist eine Nonchalance, mitunter eine ironische Note immanent; so herausragend sie im Kontext der belanglosen Formen erscheinen, so deutlich verweisen sie auch auf den Anachronismus der nach Ländern getrennten Inszenierung. Damit ist allerdings ein fundamentaler Punkt der Weltausstellungskritik berührt. Das Fehlen einer eigenständigen Selbstdarstellung der USA kann als deutliches Krisenphänomen gewertet werden, das die Frage nach dem wirtschaftlichen, politischen und kulturellen Sinn der Veranstaltung provoziert. Dass diese Frage bereits

Innenansicht
Interior

anlässlich der Pariser Ausstellung von 1900 kritisch angemerkt wurde, zeigt die historische Tiefendimension der Problematik. Gleichwohl konnte sich das Medium Weltausstellung durch zahlreiche Wandlungen der Selbstdefinition von der global-enzyklopädischen Leistungsschau, über die komplexen Themeninszenierungen bis hin zum architektonischen Konfliktort der ideologischen Antagonisten des 20. Jahrhunderts immer wieder regenerieren und neue Faszinationskraft entwickeln. Doch spätestens mit der Expo 1970 in Osaka trat ein neues grundsätzliches Problempotential zu Tage, das nachhaltige Konsequenzen für die Typologie der Weltausstellungsarchitektur mit

sich brachte. Der Wandel der Inszenierungsstrategien weg von der objektgebundenen Präsentation hin zu multimedialen Shows in neutral bespielbaren Räumen lässt ambitionierte Architektur tendenziell redundant erscheinen, die große bauliche Geste wird – wenn sie überhaupt noch unternommen wird – zum funktionsentleerten oder aber zum selbstreferentiellen Zeichen. Vor diesem Hintergrund lassen sich die beiden in Hannover zu konstatierenden architektonischen Pole der Black Box einerseits und der autonomen Bauplastik andererseits als symptomatische Erscheinung der Krise lesen. Zu dieser Grundsatzproblematik tritt in Hannover die ökonomisch und

Pavillon Spanien, Architekt: Cruz Y Ortis, Außenansicht
Spanish Pavilion, exterior, Architect: Cruz Y Ortis

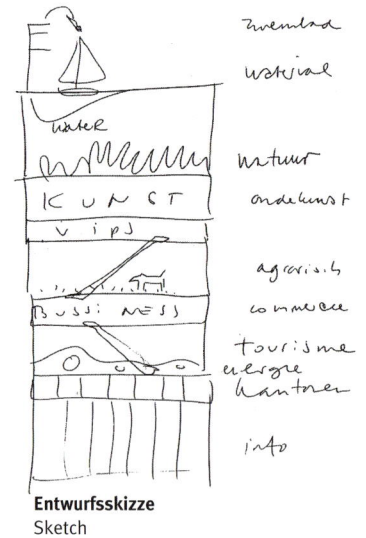

Entwurfsskizze
Sketch

Pavillon Niederlande
Architekt: MVRDV, Winy Maas, Jacob van Rijs, Nathalie de Vries
Dutch Pavilion
Architect: MVRDV, Winy Maas, Jacob van Rijs, Nathalie de Vries

ökologisch begründete Prämisse der Nachnutzbarkeit, die gerade im Fall der deutschen Bauten die Verlagerung der Bauherrenschaft vom Staat zum privaten Investor nach sich zog. Langfristige wirtschaftliche Verwertbarkeit sowie die funktionelle Definition des Pavillons als Gehäuse für eine temporäre Medienshow lassen der architektonischen ›Folie‹ und dem Versuch eines wegweisenden Bauexperiments indes wenig Chancen. Die Expo als Exponat bleibt weitgehend wissentlich ohne architektonische Vision.

Paul Sigel

Außenansicht
Exterior

Außenansicht
Exterior

Frank-Ulrich Dollmann **Bürogebäude, Fellbach**

Mitarbeit **Arno Freudenberger, Stefan Rappold**

1998

Office Building, Fellbach

The Imt-Nagler building in Fellbach is an example of the structural physiognomy of the New Economy that is already emerging. The building was deliberately constructed on a simple and inexpensive scale. Thus, its aura comes not from imposing dimensions, overweening formalism or expensive materials but simply from a unique handling of space that lends the workplace a distinctive atmosphere that allows staff to concentrate on their work. The entire building is composed of a single room into which containers, where noisier work can be undertaken, have been inserted. The building's individual floors are contained in a modular system in which one quarter of the area of each floor is air space. Each storey is shifted by a quarter-turn in relation to the storey above or below. The interaction of air spaces provides natural ventilation, integrates the individual parts of the building and gives users a perspectival view through the space from the ground level to the top floor.

Glaubt man den Schlagzeilen der Zeitungen, ist die New Economy gleichsam über Nacht über uns gekommen. Nun ist die neue Ökonomie nicht so neu, wie das Attribut verspricht. Auch wenn etwa die Konsequenzen der neu auf den Markt gekommenen Telekommunikationstechnologien auf Städtebau, Wohn- und Büroformen bislang wenig diskutiert wurden, eine bauliche Physiognomie der New Economy ist zumindest in Ansätzen erkennbar. Unternehmen, bei denen das Internet einen wesentlichen Teil ihrer Wertschöpfungskette bildet, produzieren in der Regel in Gebäuden, die bislang der Verwaltung sowie der Dienstleistung vorbehalten waren. Ihre flache Hierarchie, ihre ebenso hoch qualifizierten, mobilen und motivierten Mitarbeiter verlangen eine offene und kommunikative Atmosphäre. Interessant ist ferner, dass in Verwaltungsgebäuden aus Holz, hierzulande bisher die Ausnahme, neben Unternehmen aus der Holzbranche vor allem Firmen der neuen Ökonomie residieren. Das Nicht-Repräsentative, das diesen eher preiswerten Bauten in Deutschland vorauseilt, wird im Sinne dieser Firmen, so sie es sich leisten können, selber zu bauen, repräsentativ. Zumal sie, deren Produktion nicht auf dem Verbrauch von Ressourcen basiert, in Gebäuden arbeiten, deren wesentlicher, vielfach sichtbarer Teil aus einem nachwachsenden Rohstoff besteht.

Das Bürogebäude der Firma imt-Nagler im schwäbischen Fellbach, die sich mit EDV-gestützten Automatisierungen beschäftigt, ist nicht aus Holz. Dennoch besitzt es eine Reihe von Eigenschaften der thesenartig formulierten Physiognomie. Die Errichtung des Gebäudes war mit 480 Mark pro Kubikmeter Rauminhalt äußerst preiswert, wobei der Bauherr die – nach herkömmlicher Beurteilung – wenig repräsentative Erscheinung bewusst in Kauf genommen hat: Die Form, ein strenger Kubus mit zwei Glas- und zwei nackten, auch noch graugestrichenen Betonfassaden, wirkt kaum imposant, prächtige oder gar kostbare Materialien fehlen völlig, es mangelt an einem stattlichen Entree, und das Chefbüro steckt in einem mit billigem Seekiefernholz ausgeschlagenen Container. Darüber hinaus sind alle Materialien – Holz, Furnier, verzinkter Stahl, Bims- und Ortbeton – unbehandelt, fast alle – in der Regel vorgefertigten und autarken – Bauelemente unverkleidet. Dass das Gebäude zum größten Teil montiert und nicht gemauert wurde, unterstreicht eine sich über die ganze Eingangsseite erstreckende Schwelle, die sich eine Handbreit vom Boden abhebt.

Der mangelnden Repräsentativität ist eine innere Transparenz über vier Geschosse entgegengesetzt, wie sie ähnlich kaum zu finden ist. Beeindruckende glasüberdeckte Hallen kennt man seit John Portmans Hyatt-Hotels sowie Helmut Jahns State-of-Illinois-Center aus den späten siebziger Jahren. Inzwischen führt jede Versicherungs- und Bankfiliale ihre Kunden in einen im Vergleich zu Portmans Plazas ein wenig geschrumpften Cours d'honneur. Die Halle im imt-Gebäude spielt zwar ebenfalls eine zentrale Rolle, ist jedoch völlig anders organisiert. Denn das ganze Gebäude ist letztlich ein einziger Raum, in dem geräuschvolle Tätigkeiten in gesonderten Bereichen untergebracht werden: Container, die, pro Etage einer, in ein Stahlgerüst eingeschoben wurden. Die Geschosse hat der Architekt in vier rechteckige Felder von 5 × 20 Meter geteilt: Eines besetzt der Container, der auch Besprechungs- und Sozialraum, Chefbüro sowie Teeküche und Toiletten aufnimmt, das zweite ist Luftraum, das dritte und vierte Büroebene. Die systemgleich organisierten Etagen schließlich wurden jeweils um 90 Grad gedreht. Die so entstandene Verschränkung des Luftraums integriert jeden Gebäudewinkel und bietet den Nutzern einen perspektivischen Blick vom Erd- bis in das oberste Geschoss. Überdies wird der Luftraum unter Ausnutzung des Kamineffekts und des Temperaturunterschieds von Tag und Nacht zur natürlichen Belüftung und Kühlung eingesetzt.

Mit einem einzigartigen Raumgefühl, mit Sichtbeziehungen und Durchblicken über Geschosse hinweg, mit einer Großzügigkeit, die nicht mit teuren Materialien erkauft ist, wird ein Zusammenhang hergestellt, der die Mitarbeiter auf ihr Unternehmen konzentriert. Dennoch garantiert eine jeweils andere Stellung zur Glasfassade und eine dadurch bedingte

Lageplan
Site plan

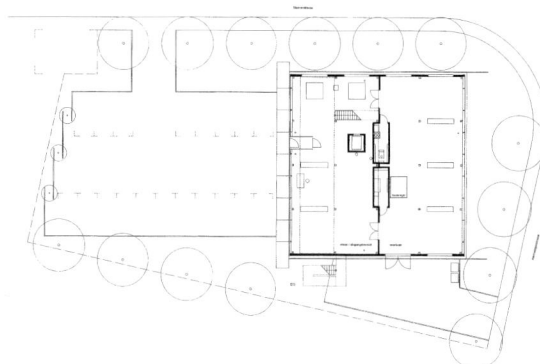

Glasfassade
Glazed facade

Fotos/Photos:
Dietmar Strauß

andere Belichtung sowie verschiedene Raumhöhen jedem Arbeitsplatz eine individuelle Atmosphäre. Dass diese von den Mitarbeitern auch angenommen wird, beweisen fehlende Blumentöpfe und ähnliche Maßnahmen, mit denen Bürozellen allenthalben personalisiert werden. Tischplatten verbinden mehrere Arbeitsplätze. Große Schränke, in denen gewöhnlich Büromaterial gelagert wird, ersetzt ein sich über die vier Etagen erstreckender Turm mit individueller Zugangsberechtigung. Den Gedanken der Individualisierung der Arbeitsplätze verknüpfte der Architekt mit Josef Franks Forderung nach dem »Haus als Weg und Platz«: Vom Betreten der Schwelle über den eingestellten Eingangsblock und die Treppen bis ins oberste Geschoss erfährt der Besucher ständig wechselnde Raumsituationen. Die Treppe, eine filigrane Stahlkonstruktion, die ebenfalls pro Stockwerk um einen Viertelkreis gedreht wurde, weitet sich zum Platz, verengt sich zur Überwindung der Vertikalen, öffnet sich wieder und führt über einen schlanken Steg zu einem der Container.

Noch während der Planung standen lediglich Etat, Nutzfläche und Einzugstermin fest, nicht aber Ort und Baugrundstück. Selbst ein konkretes Raumprogramm fehlte. Das architektonische Konzept, das mit einer Studie der Arbeitsabläufe begann, und sein Ergebnis überzeugen. Die Spannung zwischen Offenheit und Konzentration, zwischen Flexibilität und Identität stiftendem Gehäuse, zwischen individuellen Arbeitsplätzen und Firmenkollektiv, findet eine architektonische Übersetzung in Kontrasten: Reduktion und Vielfalt in der äußeren und inneren Erscheinung, Transparenz und Geschlossenheit der Fassaden, schließlich den Einraum und die darin enthaltenen Container.

»Ein mehr als nur wohltuender Akzent für jedes Gewerbegebiet.« Mit diesen Worten schloss eine vom Baden-Württembergischen Landesverband des BDA eingesetzte Jury ihr Urteil, mit dem sie die ›Auszeichnung guter Bauten‹ für das imt-Gebäude begründete. Wenn die künftigen New-Economy-Firmen sich einer solchen Architektur bedienen, die sich angesichts steigenden Kostendruckes und veränderter Arbeitsformen nicht entmutigen lässt und nicht mit schiefen Gesten oder nostalgischer Sehnsucht nach längst verlorener Handwerklichkeit antwortet, sondern im Zuge einer vorurteilslosen Rückbesinnung auf die klassische Moderne neue – in diesem Fall höchst gelungene – Lösungen sucht, könnte man sich dem Wunsch des Preisgerichts anschließen. Und nicht nur im Gewerbegebiet.

Enrico Santifaller

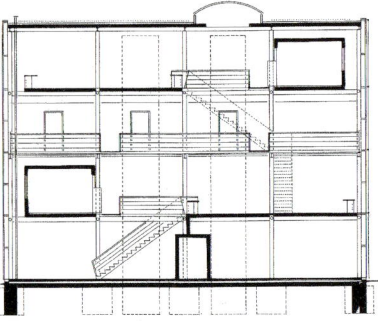

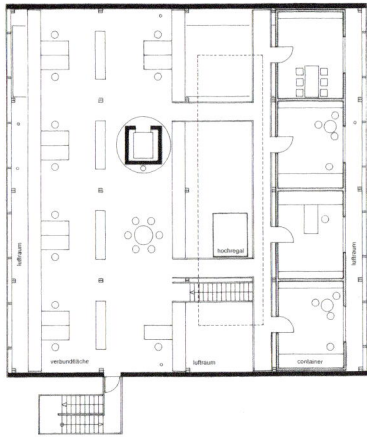

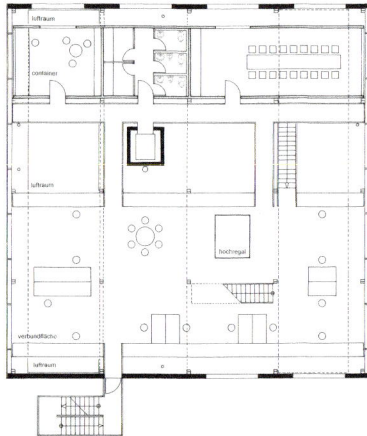

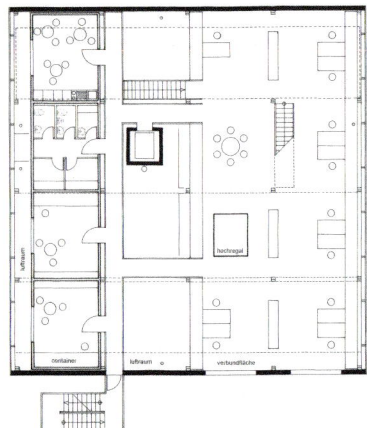

Fassade mit halb geöffnetem Sonnenschutz
Facade with half-open sunshades

Schnitt
Section

Grundrisse
1.–3. Obergeschoss
Section of first-, second-,
and third-floor plans

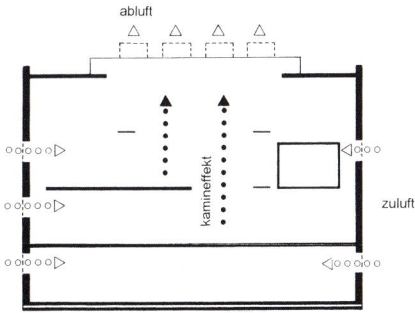

Büro
Office

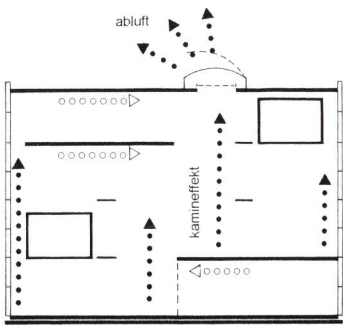

**Lüftungskonzept Querlüftung,
Nachtabkühlung**
Ventilation concept,
through ventilation, night-time cooling

Montagebereich
Assembly room

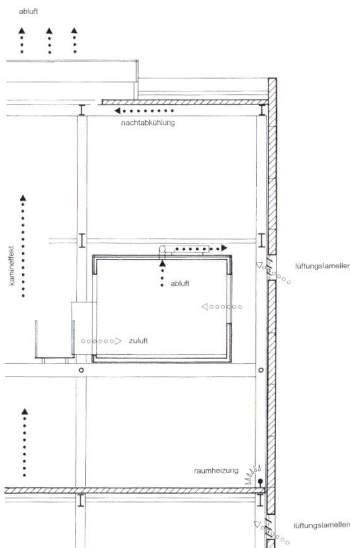

Lüftungskonzept Detailplanung
Ventilation concept details

Zentraler Bereich mit Schrank-Turm
Central area with storage tower

Innenansicht mit eingestellten Containern
Interior with fitted containers

Jo. Franzke   **Wohn- und Bürohaus,
Frankfurt am Main**

Mitarbeit   Heiko Messerschmidt

1997–2000

**Hunzinger House,
Frankfurt**

Jo. Franzke's office and
apartment building in the
Holzhausen district of
Frankfurt is a sophisticated
instance of the principle
of reduction. Its interior is
dedicated to variation in the
form of subtle difference.
Viewed from the front, this
six-storey, sand-coloured
structure, built for Hunzinger
Informations AG, looks like
a perfect cube. Seen from
the side, however, its split
levels, sloping down to a garden, are revealed. There are
four storeys above ground,
a basement level with archive
space and technical services
and a rooftop level set back
from the facade on all sides.
The smooth and immaculate
facade has hairline joints and
flush windows that run from
floor to ceiling on each storey.
Lights fitted into the reveals
transform the building
at night into an example of
minimalist beauty and
"pure" architecture.

Fotos/Photos:
Jean-Luc Valentin

Jo. Franzke hat ein Wohn- und Bürohaus im Frankfurter Viertel Holzhausen entworfen, einen sand-
farbenen Kubus in einer baumbestandenen Straße. Er
stellt einen Fremdkörper für den flüchtigen Beo-
bachter dar, in dieser Lage, die ein reiches Pflaster ist.
Ein bereits abgelebtes Gründerzeit-Bewusstsein, stilistisch längst unsicher, siedelte sich hier an, breit
machte sich ein wilhelminischer Historismus. Nun,
noch rechtzeitig zum Ende unseres Fin de Siècle, kam
es dazu, dass sich ein sezessionistisches Element
etablierte.

Die Fassade drängt den Gedanken an Maßverhält-
nisse auf. Die Kunst des Architekten überzieht die
glatte Haut mit Reminiszenzen an Renaissance-Theo-
retiker, die der Baukunst ein strenges Ordnungssys-
tem einschrieben. Mit ihm wurde auch aus diesem Gebäude ein gebautes Traktat. Linker Hand nimmt das
sich derart darstellende Objekt in Höhe, Breite und
Tiefe die Maße des Nachbarhauses auf. Eine Einfrie-
dung mit Mauersockel und Zaun markiert die Grund-
stücksgrenze, graue Pflastersteine, vor dem Gebäude
verlegt, halten optisch die Verbindung zum öffentlichen Raum. Das Vordach, das den Eingang überspannt, ist ein Licht spendendes Glasdach, ist ein
Tettuccio, ist ein symmetrischer Baldachin. Was der
Benutzer des Trottoirs sieht, ist ein Blickfang.

Eingestellt in das strenge Behältnis wurde hinter der
anthrazitfarbenen Freitreppe ein verglaster Wind-
fang. Das Foyer, hier bereits scharf ausgezirkelt die
Kunst der Quadrate, wird dreiseitig durch Büros
gerahmt. Nach einem festen Plan aufgepflanzt sind
schmale, schlanke Leuchtkörper, die Oswald Mathias
Ungers ebenso erdacht hat wie die Sessel, so spröde
wie, oh Wunder, bequem. Weitere Lichtquellen sind
dezent eingelassen in die Decke, die Art der Inte-
gration folgt dem Programm raffinierter Reduktion.
Dieses Prinzip führt hier kein Regiment, sondern erscheint wie selbstverständlich. Das Programm, diese
Kunst wird fortgesetzt an diesem sinnfälligen Ort.
Denn Franzkes Stärke ist die Signifikanz. Und sein
Credo die Variation durch die verhalten eingesetzte
Verschiedenheit. Das gilt für die Kamine im Haus, die
fein ausgewählten Materialien. Jo. Franzke, der von
1981 bis 1985 das Frankfurter Büro von Ungers leite-
te, ist bestimmt ein kompromissloser Vertreter des
Stilwillens. Zum Fetisch des Purismus oder eines öden
Pathos wurde sein Objekt nicht.

Franzkes sandfarbenes Wohn- und Bürohaus, mit
seinen insgesamt sechs Geschossen, wird frontal, aus
der Zentralperspektive, wie ein vollkommener Kubus
wahrgenommen. Von der Seite dagegen sieht man,
wie der Baukörper sich zum Garten hin abtreppt,
herab bis zur Ebene 2, hinter deren getönten Fensterscheiben ein Konferenztisch auszumachen ist: sehr
lang – und sehr symbolträchtig. Vier oberirdische
Geschosse über einem Tiefgeschoss mit Archiv- und
Technikräumen hat das Gebäude, dazu ein allseitig
zurückgesetztes Dachgeschoss. Möglich wird an diesem privilegierten Ort der tiefe Blick in den Kamin
oder ein schweifender über die Dächer der Stadt, gerahmt von alten Bäumen.

Bemerkenswert auch dies: Mancher Raum, nicht
nur das Treppenhaus, wirkt kleinteilig. Das Bauwerk
erscheint immer wieder wie ein etwas enger Behälter,

Ansicht von der Straße
View from the street

obwohl er doch Basislager für die grenzüberschreiten-
den Strategien der Hunzinger Informations AG ist, für
einen Spezialisten auf dem Gebiet der Public Relations,
der Politikkommunikation, der Meinungs-, Markt- und
Sozialforschung, nicht zuletzt der gepanzerten Autos.
Diese strenge Niederlassung für exklusive Informationen und spezielle Fahrzeuge ist ein scharf umrissener
Behälter des Neoliberalismus, in dem ein exquisiter
Geschmack kondensiert wird, der eine edle Diskre-
tion ebenso ausstrahlt wie ein auffälliges Understate-
ment. Mit dem Gang durchs Haus, zwischen weiß ver-
putzten Wänden zunächst und schließlich zwischen
Nussbaum- und Kirschbaum-Einbauten, begeben sich
Besucher oder Benutzer auf eine Promenade der fein
vorgenommenen Hierarchie.

Hauptfassade bei Nacht
Main facade at night

Jeder Raum wurde mit einem geschosshohen Fenster versehen, und wo diese sich auf der Ebene 2, rückwärtig, gar als Türen benutzen lassen, irritieren sie den Benutzer. Zur Terrasse hin, in den schmalen Garten (Konzept: Bernhard Korte) hinein, haben die Türen keine Griffe. Glatte Flächen, auch hier. Die ganze Fassade besticht durch ihre plane Makellosigkeit, mit bündigen Fenstern, mit ihren fadendünnen Fugen. Im knapp bemessenen Garten wurde ein schmales Wasserbassin eingelassen, um für das (aus dieser Perspektive) getreppte Haus einen Spiegel abzugeben. Man kann darin einen Kommentar sehen – und ein Kompliment, das sich die Architektur selbst macht (denn soviel Selbst-

bewusstsein muss sein). So erzählt dieses Bassin, dieses Reflexionsinstrument, manches von den ambitionierten Prinzipien eines Architekten, der sich gern zurückbesinnt auf Reduktion und Stringenz.

So ist die Lage auf diesem teuren Pflaster: Ein strenger Kubus in einem wahrlich korpulenten Ornamentstadtteil. Vor allem nachts, wenn die Beleuchtung in den Fensterlaibungen das Gebäude als logisches Gehäuse inszeniert, wirkt es minimalistisch schön. Was bleibt, wenn die Dunkelheit den gelben Sandstein endgültig verschluckt hat, ist pure Geometrie. Gestattet ist dann der Gedanke an reine Architektur.

Christian Thomas

Jo. Franzke
**Wohn- und Bürohaus,
Frankfurt am Main**

Empfang
Reception area

Flur mit angrenzenden Büroräumen
Office corridor

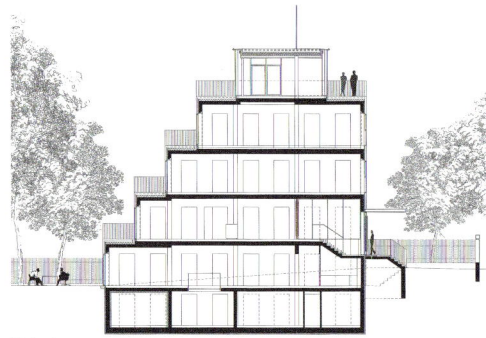

Schnitt
Section

Grundriss Ebene 2
Second-floor plan

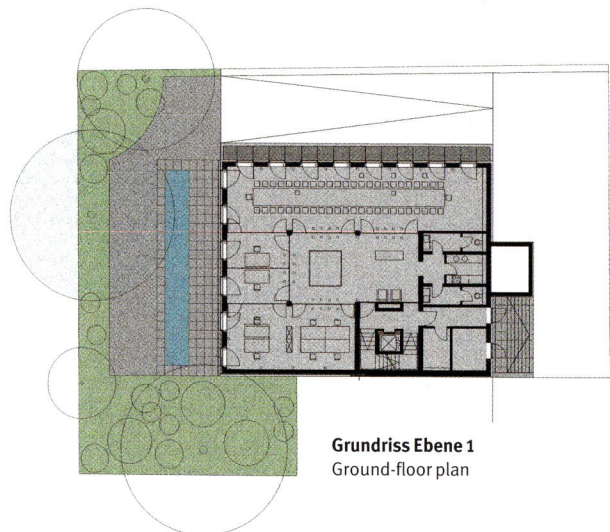

Grundriss Ebene 1
Ground-floor plan

Gartenansicht
View from the garden

Jo. Franzke
Wohn- und Bürohaus,
Frankfurt am Main

Konferenzraum
Conference room

Treppenaufgang in der Wohnung
Apartment stairway

Wohnzimmer
Living room

Wohnzimmer
Living room

Treppe
Stairway

Frank O. Gehry

Deutsche Genossenschafts Bank, Berlin-Mitte

Architekten	**Frank O. Gehry, R. Jefferson, C. Webb, M. Salette, T. Takemori**
Realisierung und Ausführungsplanung	**Planungs AG Neufert Mittmann Graf Partner M. Heggemann, M. Afchar, A. Hauser, U. Schultheiss, A. Schnabel**
	Wettbewerb: 1995 Realisierung: 1998–2000

DG Bank, Berlin

By situating its facade on Pariser Platz, Frank O. Gehry not only gives the DG Bank a material link to the Brandenburg Gate but also creates a permeability—even during the day—that is new to Berlin's traditional, street-block architecture. On close inspection, the sandstone facade reveals a clear distinction between horizontal and vertical tectonic elements. The vertical components look like sturdy, wide pillars, while the horizontal components have the air of fragile beams. In this specific urban situation, light ensures that the inner courtyard is always brighter than the north-facing facade on Pariser Platz. The French window bays on the alternately recessed and protruding south facade may be regarded as counterpoints to the deep window reveals on the north facade. Both facades aim at rendering the interior space legible. For example, the concave alignment of window panes on the north side points to the polygonal, glass curves of the inner courtyard. Also, the rhythmic structure of the south side contrasts with the water-sprayed recess that runs the height of the building. These are subtle indicators that gradually introduce visitors and users to the impressively curved forms of the interior. The DG Bank's wings and glossy slope echo and respond to other unusual build-

Im Kontext der Architekturdiskussion Berlins wird oft in dreierlei Hinsicht oberflächlich mit der tatsächlichen Wirkung von Bauten umgegangen. Zunächst sind die architektonischen Gestaltungssatzungen bezüglich Materialwahl sowie Anteil und Proportionen der Fenster eigentlich freier als allgemein angenommen. Zweitens werden die gebauten Ergebnisse oft mit einer Ungenauigkeit beurteilt, die über die gestalterischen Grundzüge sowie deren Raffinessen hinweg schaut. Und drittens fehlt es den meisten Kommentatoren an Vorstellungskraft, um sowohl die Beweggründe als auch die Auswirkungen der Gestaltung im Kontext der zukünftig abgeschlossenen städtebaulichen Struktur richtig einzuschätzen.

Die bisherige Rezeption des Neubaus der DG Bank am Pariser Platz ist ein eindrücklicher Beleg für diese oberflächliche Diskussion. Würde man die Namen der Gestalter nicht kennen, so würde man sich anderen Fragen zu den scheinbar differenzierten Entwurfsansätzen zwischen rigoros orthogonalem Rahmenwerk des umlaufenden Bürobaus und dem im Innern beherbergten gewölbten Stahl- und Glasformen stellen. Oberflächlich diskutierend würde man von der Gegenüberstellung, ja vom Widerspruch, gar von der Auflehnung eines Expressionismus gegen einen Rationalismus sprechen. Diesem Diskussionsduktus folgend, suchen die Architekten angeblich die ›innere‹ Emigration gegen die vermeintlich autoritäre Gestaltungssatzung, die besonders am Pariser Platz so erheblich schärfer formuliert sein soll als an anderen Orten der ehemaligen Mitte Berlins.

Auch in diesem oberflächlichen Sinn würde man die beiden Fassaden zum Pariser Platz und zur Behrensstraße als biederen oder schwachen Abklatsch von früheren Bauten Frank O. Gehrys in Prag oder Düsseldorf ansehen wollen. Die Außenform gibt für die vielen überreizten professionellen Betrachter der Architektur scheinbar nichts Außergewöhnliches mehr her. Ein rechter Winkel ist eben als gleichwertig einzuschätzen wie jeder andere rechte Winkel, eine Auffassung, die jedenfalls von diesen Betrachtern ver-

treten wird. Die DG Bank, obwohl sie Teil einer schon feststehenden Gesamtgestaltung ist, wird meist nur beiläufig in ihrem zukünftigen Kontext gelesen. Sieht man das populistische Hotel Adlon und das ›kritisch rekonstruierte‹ Haus Sommer den südlichen Pariser Platz flankieren, stellt man sich den in vieler Hinsicht sich anachronistisch gebärdenden und in jeder Hinsicht (ob mit oder ohne zusätzlichen Sicherheitsvorkehrungen) misslungenen Entwurf zur Botschaft der Vereinigten Staaten vor und gesellt dazu den mehrschichtigen Bau der Akademie der Künste, so ist die Fassade der DG Bank zum Platz eine souveräne wie subtile Handhabung nicht nur der vermeintlich gestrengen Gestaltungssatzung des Orts, sondern auch ein Beweis für fundamentale Architekturkenntnis. Wie Rafael Moneo für das Rathaus im spanischen Murcia (1989–99) ebenso genial wie ästhetisch reizvoll demontierte, ist eine eigenständige Synthese auch innerhalb eines extrem heterogenen Umfelds möglich.

Frank O. Gehry nimmt mit der Fassade der DG Bank nicht nur materiell Bezug auf das Brandenburger Tor, sondern formuliert den Anspruch nach Durchlässigkeit (auch tagsüber) für die Architektur des Berliner Blockrandbaus neu. Aus der besonderen städtebaulichen Lage wird durch die Beleuchtung der Innenhof immer heller sein als die nach Norden ausgerichtete Platzfassade. Auch nachts ist die Lichtdramaturgie des Innenhofs auf den vom Platz kommenden Blick ausgerichtet.

Betrachtet man die Sandsteinfassade etwas genauer, so wird die offensichtliche Unterscheidung von horizontalen und vertikalen tektonischen Elementen deutlich. Wie standhaft breite Pfeiler erscheinen die Vertikalen, wie fragile Balkonbohlen wirken die Horizontalen. Die quadratischen Schiebefenster, deren massive Rahmen hinter den Steinlisenen fast gänzlich verborgen bleiben, sind tief hinter die eigentliche Fassade versetzt, sodass Balkone mit Brüstungen aus dicken Glasscheiben gebildet werden. Diese Laibungen scheinen der Fassade insgesamt eine Schwere zu verleihen, die von keinem Nachbargebäude aufgrund der üblichen vollen Ausschöpfung der Nutzfläche bis zum Grundstücksrand erreicht wird. Hier deutet sich schon ein den repräsentativen Ansprüchen des Bankwesens nicht unbekannter »conspicuous consumption« (verschwenderischer Verbrauch, nach Thorstein Veblen) an. Die Steinfassade ist in drei Hauptschichten gegliedert; die erste, die eine Art Sockel darstellt; die zweite, die sich an die vorgegebene Traufhöhe hält, und die dritte, die nicht nur aus der Staffelgeschossregelung, sondern auch aus der inneren Logik der Laibungstiefen der unteren Stockwerke entspringt.

Ansicht vom Pariser Platz
View from Pariser Platz

Fotos/Photos:
Waltraud Krase

Darüber hinaus enden die scheinbaren Pfeiler der zweiten Schicht ganz oben in offenen, zinnenartigen Brüstungselementen, die der Steinfassade eine sowohl von minimalistischen wie konservativen Architekturfreunden ersehnte Archaik vermitteln. Dieser offene Abschluss der eigentlichen traufhöhenbedingten Platzfassade steht aber im scheinbaren Widerspruch zum bündigen Dachabschluss. Das damit so dominant erscheinende Staffelgeschoss gibt sich als der ehrlichere Abschluss des Gebäudes als jene der umliegenden Bauten. Insgesamt stellt sich ein höchst differenziert changierender Charakter zwischen archaischer Stabilität und in die Leere strotzender Kraft ein: Die Pfeiler scheinen ein Hochhaus tragen zu können.

Die vorstehenden französischen Fensterkästen auf der ein- und ausbuchtenden Südfassade können in gewisser Weise als Gegenstück zu den tiefen Fensterlaibungen auf der Nordseite angesehen werden; im größeren Umfeld betrachtet sind die blockartigen Kästen in ihrer dreidimensionalen Ausformung eine komplementäre Erweiterung des zukünftig gegenüberliegenden Mahnmals. Also auch hier eine Bezugnahme auf das Umfeld. In der Tradition des Berliner Wohnungsbaus ist Gehrys Fassadengestaltung für die Behrenstraße durchaus verständlich; beiläufig be-

trachtet meint man, sich in einer typisch kontinentaleuropäischen Innenstadt zu befinden.

In beiden Fassaden klingen schon die Innenräume an: die konkav angeordneten Fensterscheiben auf der Nordseite weisen auf die im Innenhof auftretenden Wölbungen aus polygonalem Glas hin, die Aus- und Einbuchtungen auf der Südseite geben ebenfalls einen Wink auf den sich über alle Geschosse erstreckenden, wasserbeträufelten Quasi-Hohlspiegel. Es sind subtile Andeutungen, die den Besucher oder selbst die Nutzer allmählich auf die eindrucksvollen gewölbten Formen im Innenraum vorbereiten.

Auch der Beitrag der DG-Bank zur Stadtsilhouette erscheint, von den Dächern der umliegenden Bauten betrachtet (Reichstag mit Lord Fosters ›Tea Cosy‹, Hugh Stubbins ›Schwangere Auster‹ oder Axel Schultes und Charlotte Franks Bundeskanzleramt), als ein Echo der Dachlandschaft anderer außergewöhnlicher Bauten. Die Flügel und der gläserne Hügel nehmen mit den vorhandenen markanten Formen Kontakt auf, ohne dabei mit einer Eigenständigkeit zu kokettieren.

Am eindrucksvollsten jedoch ist der Tagungssaal im Zentrum der hofähnlichen Anlage. Von diesem stilisierten Pferdekopf entspringen kristalline Schwingungen in allen Richtungen. Hier liegt das Zentrum der

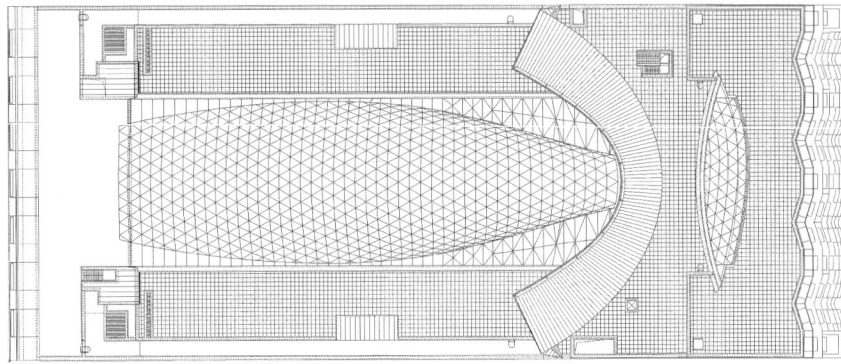

Dachaufsicht
Roof

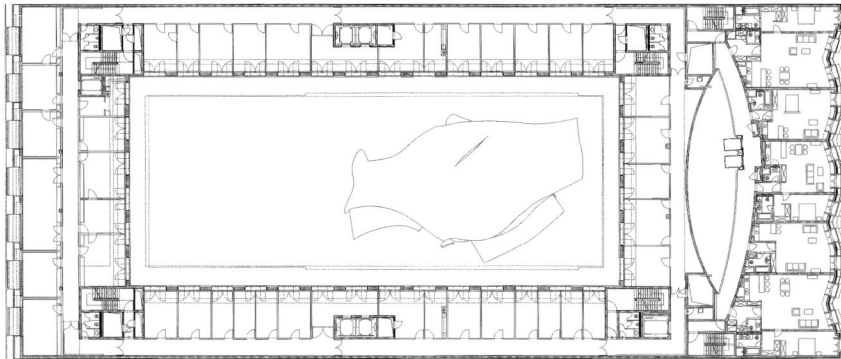

Grundriss 4. Obergeschoss
Fourth-floor plan

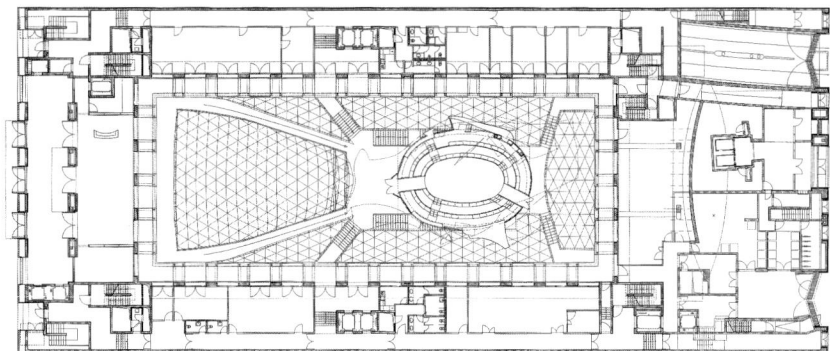

Grundriss Erdgeschoss
Ground-floor plan

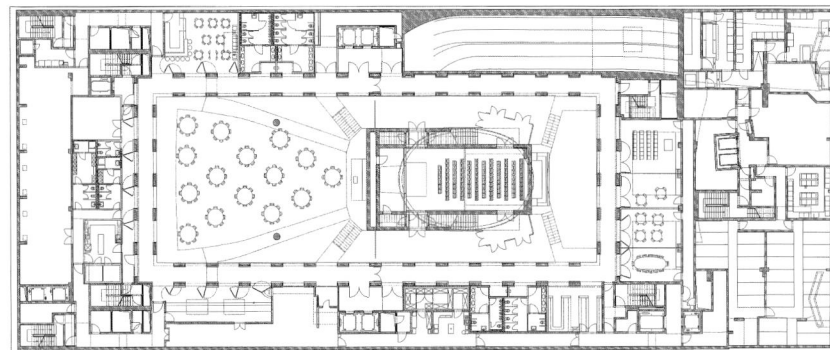

Grundriss 1. Untergeschoss
Basement-floor plan

ings in the urban skyline. Yet, the building retains its distinctiveness through an impressive conference room in the centre of its courtyard ensemble. Crystalline waves break out in all directions from this stylised horsehead: here is the centre of power. With subtlety, and with the self-discipline imposed by having to accommodate certain preconditions, Frank O. Gehry and his colleagues have succeeded in creating a building that is full of exciting tension both inside and out.

Kraft. Der Raum, der für Diskurse gedacht ist, mit quasi-englisch parlamentarischer Bestuhlung – an Kapellen erinnernd – mit der Pro und Contra, These und Antithese ihren Ursprung haben können, ist als Keimzelle für eine intellektuelle Befruchtung der Nutzer, der Stadtbewohner, ja der Stadt als gebautes Ereignis anzusehen. Von hier aus gehen noch einmal

Ansicht von der Behrensstraße
View from Behrensstrasse

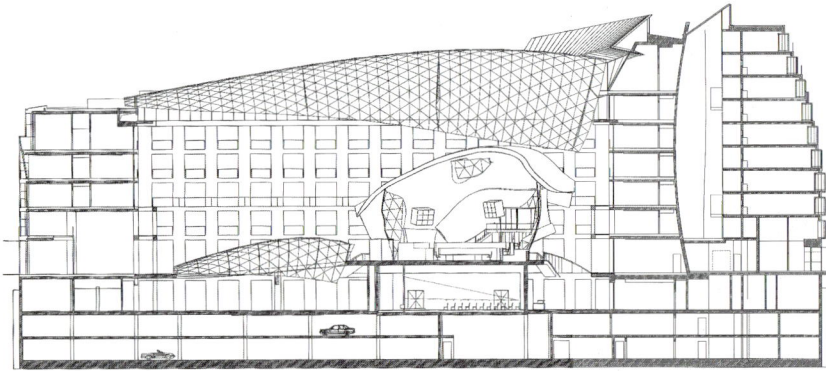

Längsschnitt
Section

Skylinelobby
Skyline lobby

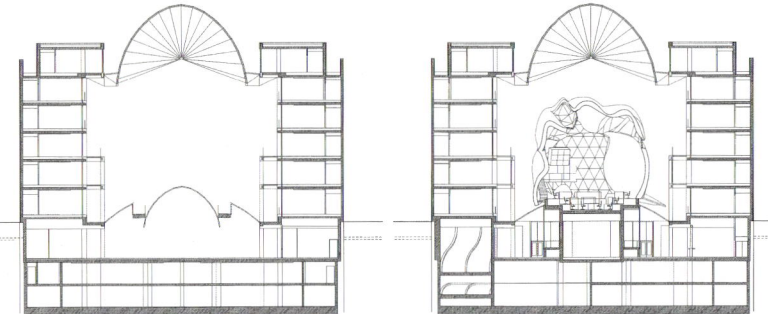

Querschnitte
Sections

Südansicht, Nordansicht
South elevation, north elevation

die Wellen des Berliner Architekturstreits aus. Die Laminate der Konstruktion, mühsam der Fertigstellung entgegensehend – Beton, Stahl, Holzfurnier, Glas und Edelstahl – lassen analog die Schichten erkennen, die auch in der holzvertäfelten Halle bis zur steinverkleideten oder putzbeschichteten Nord- und Südfassade als Bekleidungsprinzip angewandt wurden.

Mit Subtilität einerseits, mit Selbstdisziplin und von außen aufgelegten Bedingungen andererseits haben Frank O. Gehry und seine Kollegen ein Bauwerk von höchster innerer und nach außen wirkender Spannung erzeugt.

Als Henry Moore spät in seinem Leben von den im British Museum ausgestellten Skulpturen vom Ost- und Westgiebel des Parthenon in Athen schwärmte, wurde auch dem unbedarftesten Betrachter die geringe formale Entwicklung vom 5. Jahrhundert v. Chr. in das 20. Jahrhundert bewusst. Gleichzeitig aber brachte Moores Werk das Verständnis des abendländischen Kunst- und Formwillens maßgeblich voran. Zahlreiche dieser von den griechischen Fragmenten abstrahierten Plastiken Moores bereichern heute die Freiräume Nordeuropas. Der schnaufende Pferdekopf im Ostgiebel des Parthenon blickte ursprünglich in den Norden. Für manch einen Betrachter mag er nun seinerseits ein abstrahiertes, erfahrbares Pendant in Berlin gefunden haben.

Wilfried Wang

Auditorium
Auditorium

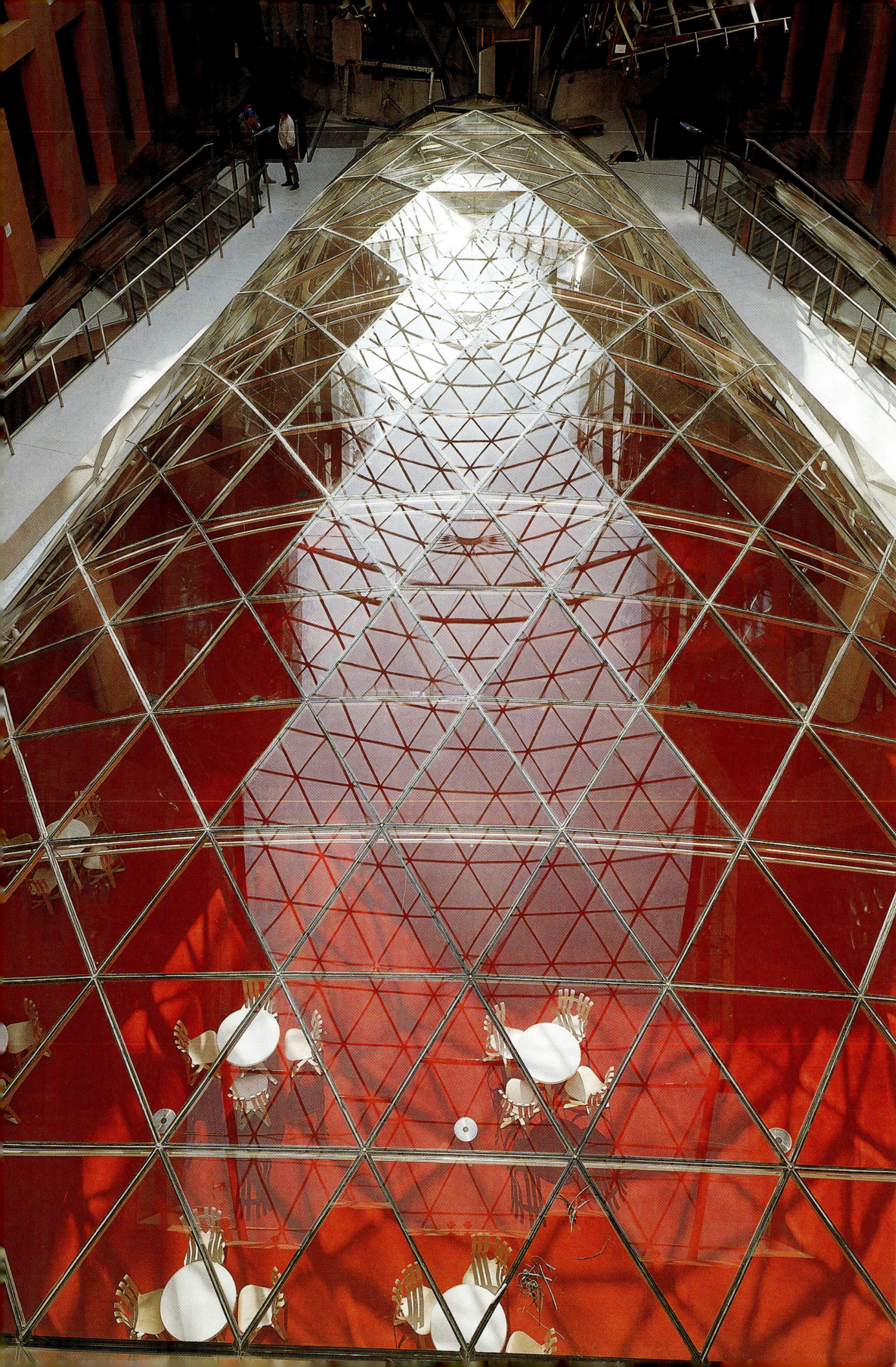

Glasdach
Glazed roof

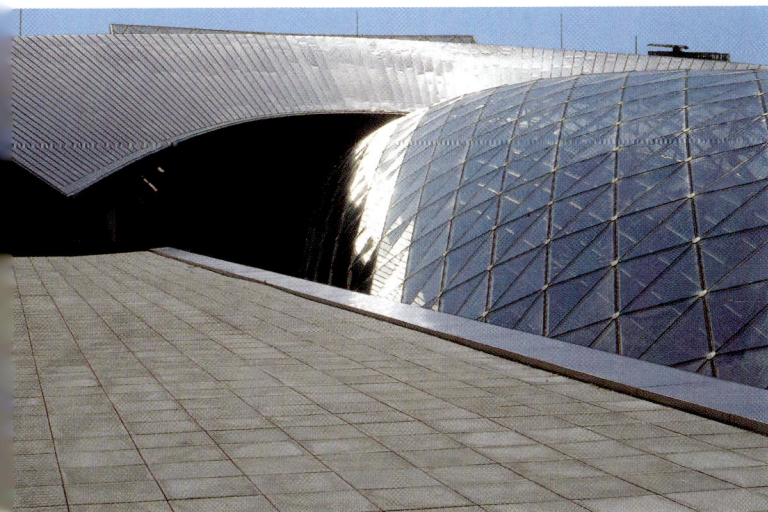

Dachlandschaft
Rooftop views

Françoise-Hélène Jourda, Gilles Perraudin

Akademie Mont-Cenis, Herne-Sodingen

Architekten | Architektengemeinschaft Jourda & Perraudin Architectes, Jourda Architectes, HHS Planer + Architekten BDA

Projektleitung | Gavin Arnold, Tilman Latz, Lauren Levallois

Wettbewerb: 1992
Bauzeit: 1996–1999

Akademie Mont-Cenis, Herne-Sodingen

One of the major projects at the Emscher Park IBA is the Mont-Cenis Academy in Herne-Sodingen, which has been the new focus of the district since the autumn of 1999. The Academy, named after a nineteenth-century railway tunnel in France, houses the central training and continuing education facility for employees of the state of North Rhine Westphalia, local authority offices and a municipal utilities advice centre. Built on a plateau over a defunct coal mine, it is an imposing structure whose sober exterior is highly functional. The load-bearing structure of the hall contains photo-voltaic cells that create a subtle play between light and shadow on the interior structures, which are constructed of white-varnished wood and aligned like cottages on either side of the street in this typical mining village.
The village is located in a reforested woodland where all things have their place. On one side is the government training and education facility, complete with canteen and auditorium, and on the other side is the local community centre providing all manner of services. The street itself is a ribbon of concrete with wooden deck pavements and a brook lined with plants. Fancoise Hélène Jourda, from Lyons, added a Mediterranean touch that prevails all year round in the large glass shell. Within a few years, the vegetation outside and inside will embrace the Academy as though it had always been that way.

Fotos/Photos:
Paul Raftery

Manchmal werden Träume wahr. Vor über zehn Jahren entwickelten sich die Projekte der Internationalen Bauausstellung Emscher Park aus der Idee, im Ruhrgebiet brachliegende Areale der früheren Schwerindustrie und ihrer Kohlegruben mit zukunftsfähigen Nutzungen zu besetzen und dabei ökologische Aspekte einzubinden. In jener Zeit suchte der Innenminister von Nordrhein-Westfalen einen Standort für die zentrale Fortbildungseinrichtung der Bediensteten seines Landes. Die Stadtväter von Herne – einer rund 170 000 Einwohner zählenden Großstadt im mittleren Ruhrgebiet – wollten ein Stadtteilzentrum mit Bücherei, Bürgersaal, kommunalen Verwaltungsstellen, die Stadtwerke wiederum ein Beratungsbüro im Ortsteil Sodingen errichten. Nicht nur diese Bauherren und die benötigten Funktionen, sondern gleichermaßen politischer Wille, städtebauliche Visionen, gestalterische Ideale, bautechnische Herausforderungen, kombiniert mit einem ungewöhnlichen Energie- und Klimakonzept kamen schließlich in der Akademie Mont-Cenis auf dem ehemaligen Zechengelände gleichen Namens zusammen, im übrigen pünktlich zum großen Finale der IBA im Herbst 1999, das ebendort gefeiert wurde.

Unkonventionelle Lösungen für durchaus geläufige Bauaufgaben gehören zu den Merkmalen des Architekturbüros Jourda & Perraudin, und das Ergebnis auf Mont-Cenis, das Jourda Architectes mit dem Büro Hegger Hegger Schleiff erarbeitete, entzieht sich insbesondere einer gängigen Einordnung. Die Antwort ist vieldeutig. Ein Unikat ist entstanden als neuer Identifikationspunkt in der alten Ortsmitte Sodingens. Diese Akademie trägt jenen Funken Hoffnung in sich, der in der Architektur unserer Zeit selten zum Zünden gebracht wird. Weniger Haus im herkömmlichen Sinn als mit einer Klimahülle überdachte Landschaft mit einem Dorf. Wo außen ist, ist zugleich auch innen. Was künstlich ist, wirkt natürlich.

Akademie galt ursprünglich etwas Besonderem und war der Name eines vor Athen gelegenen Tempelbezirks.[1] Mit der Akademie Mont-Cenis – benannt nach einem Eisenbahntunnel aus dem 19. Jahrhundert in Frankreich – wird die neue Mitte in Herne-Sodingen auf dem Plateau der 1978 stillgelegten und 1980 abgebrochenen Zechenanlagen markiert. Die Gestaltung der Freiflächen nobilitiert das Gelände und stellt den zentralen Bau weithin sichtbar frei. Pappeln mit Lichtstelen bilden ein großes Oval, Schotter- und Kiesfelder zeichnen geometrische Figuren in den Boden, eine Steinhalde mit Relikten (Stützenfüße aus Eisen, Fundamentbrocken aus Beton) erinnert an die Zeche und bildet den Point de Vue am Ende der Achse. Bäume, Gräser und Steine umtanzen die von außen nüchtern wirkende Halle – im Innern aber löst sich die Inszenierung auf. Keine technisch wirkenden Baumaterialien mit perfektem Erscheinungsbild dominieren, kein Edelstahl blendet, keine farbige Lackierung sticht hervor. Hohe Stützen, wie gewachsen, oben ein dichtes Astwerk aus Fachwerkträgern und unterspannten Balken – alles aus Holz mit einem schütteren, filigranen Laubwerk aus frei verteilten Fotovoltaik-Zellen, werfen ein differenziertes Licht- und Schattenspiel auf das ›Straßendorf‹ darunter: zwei Reihen ein wenig provisorisch wirkender Bauten, volumenbetonte, stereometrische Körper mit Fassaden, die alle in lichtweiß lasiertem Holz gehalten sind. Eine Dorfgemeinschaft im wieder aufgeforsteten Wald: Hier erfüllt ein jeder seine Aufgabe. Auf der einen Seite der Straße der Staat mit seiner Fortbildungseinrichtung nebst Kasino und Veranstaltungssaal, auf der anderen die Kommune mit bürgernahen Angeboten für den Stadtteil, die Straße selbst ein Betonband mit Holzdecks als Gehsteigen und einem Bachlauf, umrahmt von Pflanzen. Ein gebautes Stimmungsbild in mediterran angehauchtem Klima, das Françoise-Hélène Jourda aus ihrer Heimat Lyon mitgebracht hat, empfängt ganzjährig in der großen gläsernen Klimahülle. Und in ein paar Jahren wird die Vegetation außen und innen wie selbstverständlich die Akademie umarmen.

Walter Schoeller

Anmerkung
1 Friedrich Kluge, *Etymologisches Wörterbuch der deutschen Sprache*, 23. erweiterte Ausgabe, Berlin und New York 1999

Hauptfassade bei Nacht
Main facade by night

Schnitt
Section

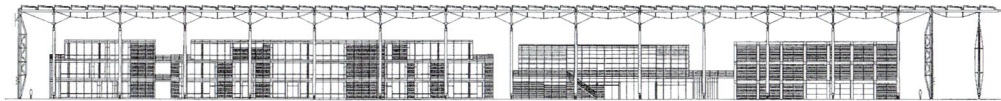

Ansicht
Elevation

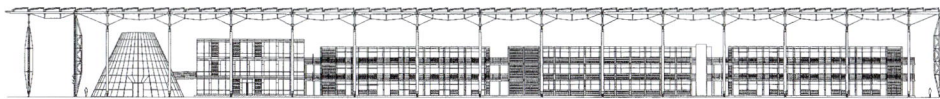

Grundriss
Floor plan

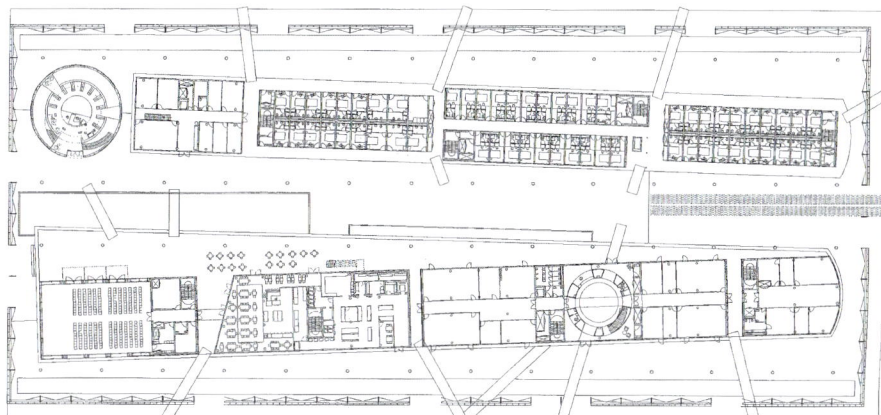

Françoise-Hélène Jourda,
Gilles Perraudin
**Akademie Mont-Cenis,
Herne-Sodingen**

Eingestellter Kegel
Installed cone

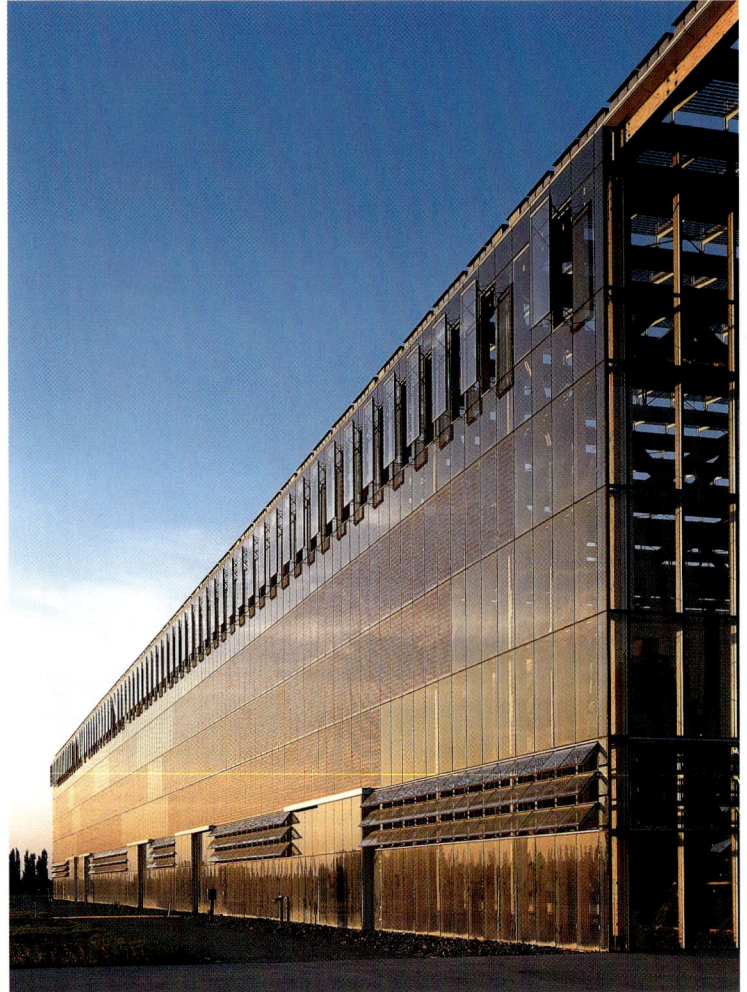

Seitenfassade
Side facade

Holzkonstruktion der Klimahülle
Wooden structure in climate shell

Bachlauf mit Gehsteigen
Stream with walkways

Dach- und Fassadendetail
Roof and facade detail

Gebäude in der Klimahülle
Building in climate shell

Wege in der Klimahülle
Walkways in climate shell

Jochem Jourdan,
Bernhard Müller

Schloss Horst, Gelsenkirchen
Umbau und Erweiterung

Projektleitung   Karl Hostalka

Mitarbeit   Christine Hölzel, Frank Holzapfel, Felix Jourdan,
Dirk Maier, Michael Merrill, Claudia Vogt

Wettbewerb: 1992
Bauzeit: 1994–1999

Horst Castle, Gelsenkirchen

Horst Castle is one of the most important Mannerist buildings north of the Alps. In spite of its remaining wealth of stone sculptural decor, when reconstruction began, very little was left of the original fabric of the four-tower complex. The reconstruction involved converting the castle into a public cultural centre, preserving as much as possible of the original, historic sculptures and ornaments, and putting all other artefacts on public display in a museum inside the complex.
The architects complemented the building with green hedges cut into cubes that reiterate three, no longer extant towers and make the historic original legible once more.
In addition, the former inner courtyard was transformed into a lucid hall of glass with a graceful dome. New stairwells and lifts access the upper levels and the skylit spaces of the new museum. Inside the covered, inner courtyard, parts of the former, original facade have been set up in front of the new walls—foils to the modern additions.
All in all, this reconstruction has resulted in a complex that offers a structural and perceptual framework for modern, architectural components within an existing, historical fabric. Once again, this Frankfurt-based firm has done justice to its reputation as a leader of sensitive, yet distinctive, conversions of historic buildings.

Die Wiederherstellung historischer Substanz hat sich nicht nur nach dem Umfang der noch vorhandenen Bauteile, Raumabfolgen und Bauschmuckdetails zu richten, sondern unterliegt auch den historisch wechselnden Diskursen über die Angemessenheit des Rekonstruierens, die sowohl ein Reflex sich wandelnder Auffassungen in der Denkmalpflege wie der zeitgenössischen Baukunst darstellen. Hans Döllgasts nüchtern-ästhetischer Wiederaufbau der Alten Pinakothek in München (1946–57) und Egon Eiermanns ergänzende Wiederherstellung der Kaiser-Wilhelm-Gedächtniskirche in Berlin (1956–62), die den kriegszerstörten Turmstumpf belässt und ihn mit einfachen, stereometrischen Baukörpern eines neuen Gotteshauses umstellt, sind zwei emblematische Beispiele von unterschiedlichen Auffassungen gegenüber dem Historisch-Überkommenen in der noch jungen Bundesrepublik; Carlo Scarpas etwa gleichzeitige kreative Restaurierung des Museo Correr in Venedig (1953–60) oder des Museo Castelvecchio in Verona (1964) zeigen

Lageplan (Foto/Photo: Roland Grimm)
Site plan

dagegen einen Dialog zwischen Alt und Neu, der detailverliebt seine geistige Verbundenheit zu Frank Lloyd Wright, dem geometrischen Jugendstil eines Charles Rennie Mackintosh oder Joseph Maria Olbrich in kühnen Gegenüberstellungen von Motiven und kontrastreichen Materialzusammensetzungen zelebriert.

Wer das Werk des Frankfurter Architekturbüros Jourdan & Müller · PAS verfolgt hat und etwa ihre viergeschossige Landeszentralbank in Frankfurt am Main kennt, die in ihrem Charakter und im Aufbau ihres räumlichen Gefüges an Passagen des 19. Jahrhunderts erinnert, aber auch mit abstrahierten Jugendstilmotiven und solchen des De Stijl und des russischen Konstruktivismus spielt, wird unschwer auch beim Betrachten ihres Erweiterungsumbaus des Gelsenkirchener Schlosses Horst eine größere Nähe zu Wright und Scarpa als zu Döllgast und Eiermann feststellen. Das Schloss Horst ist einer der bedeutendsten manieristischen Bauten nördlich der Alpen. Trotz nach wie vor reichhaltig vorhandenem bauplastischem Schmuck aus Stein war die Substanz der originalen Vierturmanlage nur noch rudimentär erhalten. Die Baumaßnahmen verfolgten das Ziel, das Schloss zu einem kulturellen öffentlichen Begegnungszentrum auszubauen und die historische Bauskulptur und -ornamentik aus der Zeit zwischen 1556 und 1573, den sogenannten Steinernen Schatz, so weit wie möglich im Original zu erhalten und sie ansonsten in einem Museum innerhalb der Anlage der Öffentlichkeit zugänglich zu machen. Hinzukommen sollten Möglichkeiten für Filmvorführungen und Konzerte, Symposien, Vorträge, Besprechungen und weitere Mehrfachnutzungen. Ein Teil der Räume wird heute vom Standesamt Gelsenkirchen genutzt, und in den Kellerräumen mit den Originalgewölben wurde ein Restaurant als Bürgertreff eingerichtet.

So weit, so gut – und so üblich: Wo heute in unserer Bürgerdemokratie wären Mehrfachnutzungen, wie sie dieses Briefing umschreibt, zur Legitimation einer solchen Bauaufgabe und den damit verbundenen Kosten noch zu vermeiden? Wenn schon Umbau und Erweiterung, so das ja durchaus nachvollziehbare Kalkül der kommunalen und staatlichen Auftraggeber, dann für möglichst viele und differente Neunutzungen.

Jourdan und Müller haben selbstverständlich die Nutzungswünsche der nordrhein-westfälischen Bauherren erfüllt, aber – und dies macht die Qualität ihrer rekonstruierenden Eingriffe und Erweiterungen deutlich – auf eine oft eher unerwartete Weise.

Schon der Lageplan und die Grundrisse des Umbaus zeigen, dass das Frankfurter Büro erneut seinem Ruf gerecht geworden ist, eine der profiliertesten deutschen Architekturgemeinschaften für einen histo-

Ansicht von Westen
View from west

risch sensiblen, gleichwohl selbstständig anpassen-
den Umbau historischer Substanz zu sein. Da von den
ursprünglichen vier Türmen nur einer restauriert
werden konnte, haben Jourdan und Müller das Ensemble mit Mitteln der Landschafts- und Gartenarchi-
tektur insofern komplettiert, als sie die übrigen Türme
als grüne Hecken-Kubaturen rekonstruierten und
damit den historischen Originalentwurf wieder lesbar
machten – sicherlich ein auf den ersten Blick fast
surrealer Verfremdungsgestus, der wohl nur mit elo-
quenter architekturtheoretischer Überzeugungsarbeit
durchzusetzen war. Manche der architektonischen
Fragmente sind durch eine ›kritische Rekonstruktion‹
ergänzt worden, aber durch ihren fragmentarischen
Charakter als Ursprung betont geblieben: auch dies
eine Haltung, die, an Carlo Scarpas Vorbilder erinnernd, hierzulande in einen gegenwärtigen denk-
malpflegerischen Diskurs, der mehr die Komplettie-
rung als den Kontrast goutiert, einer stringenten Be-
gründung bedarf.

Der frühere Innenhof wurde als eine luzide gläserne
Halle ausgebildet und mit einer grazilen Netzkuppel

versehen. Neue Treppenhäuser und Aufzüge erschlie-
ßen nun die oberen Geschosse und die Oberlichtsäle
des neuen Museums. Da bei dem erhaltenen nord-
östlichen Eckturm die Form der Bedachung nicht
sicher überliefert war, ist diese als abstrahiertes Vo-
lumen in Form eines Turmhelmes ausgebildet. Innerhalb des nun überdachten früheren Innenhofs wurden im Sinne einer Spolienarchitektur Teile der früheren Originalfassade vor die neuen Wände gesetzt und
bilden zu den modernen Fassadenteilen einen spannungsreichen Kontrast, der zusätzlich durch eine
neue Farbgebung in pompejanischem Rot und lichtem
Grau die Adaption der Historie in ein zeitgenössisches
Vokabular betont.

Ursprünglich war diese dem niederländischen
Manierismus zugehörige Anlage ein Wasserschloss.
Da diese Charakteristik nicht wieder herzustellen
war, bepflanzten die Architekten die umgebenden Ra-
senflächen mit hellblauen Veronica-Pflanzen, welche
die Wasserflächen als visuelles Simulacrum sym-
bolisieren. In einer optischen Analogie bleibt so zumindest das Prinzip eines Wasserschlosses gewahrt.

Jochem Jourdan,
Bernhard Müller
**Schloss Horst, Gelsenkirchen
Umbau und Erweiterung**

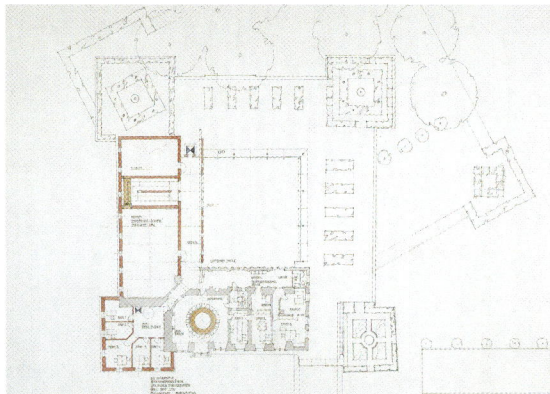

Grundriss 2. Obergeschoss (Foto/Photo: Roland Grimm)
Second-floor plan

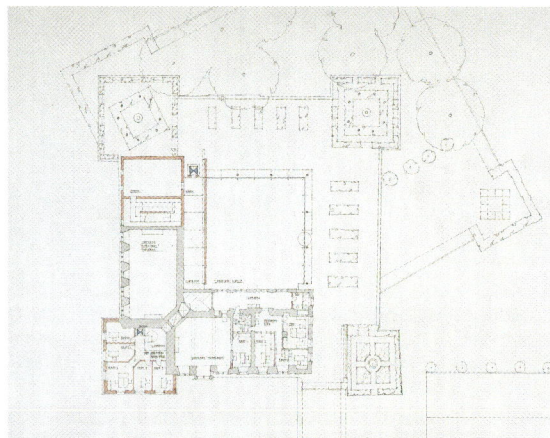

Grundriss 1. Obergeschoss (Foto/Photo: Roland Grimm)
First-floor plan

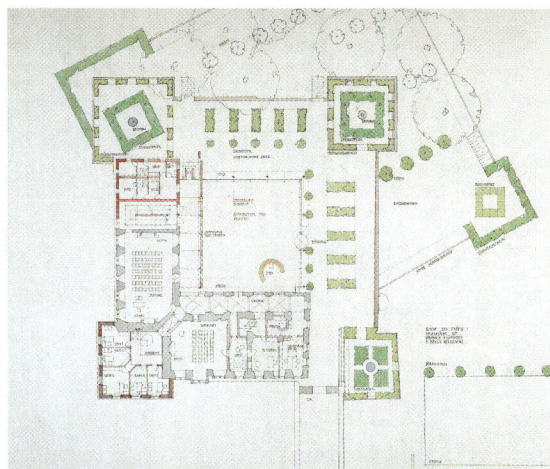

Grundriss Erdgeschoss (Foto/Photo: Roland Grimm)
Ground-floor plan

Neben einem Heckengarten, der diese Anlage vervollständigt, sind höher wachsende Pflanzen wie Oleander oder Palmen in Kübeln angeordnet, die auf die Verbindung dieses niederländischen Manierismus deutscher Prägung zur italienischen Renaissance verweisen.

Insgesamt ist mit dieser Rekonstruktion eine Anlage entstanden, die mit sensibel eingesetzten Mitteln sowohl der Moderne als auch der vorhandenen historischen Substanz nicht nur ein statisches, sondern auch ein wahrnehmungspsychologisches Gerüst anbietet. Bürgerlich demokratisiert präsentiert sich das Schlossensemble mit einem zwar relativierten, aber doch spürbaren Flair einer höfischen Repräsentationsanlage. Ebenso erzeugen die aus Spolien gebildeten ›Innenfassaden‹ aus ursprünglichen Außenteilen – schon dies als architektonische Inversion ein typisch manieristisches Detail – wie auch die Natur in Kultur transzendierende Kubaturergänzung durch gepflanzte ›natürliche‹ Bauteile, die ihrerseits an vergleichbare manieristische Architekturstrategien erinnern, eine fremde Vertrautheit, die den Abstand zur Historie konturiert, ihn aber kommensurabel hält. Damit ist dieses Projekt ein gelungenes Beispiel einer kritischen, gleichwohl respektvollen Denkmalpflege, die nostalgische Anbiederungen vermeidet und die antiquarische Verpflichtung eher im Sinne Friedrich Nietzsches als doppelbödige Dialektik begreift. Geschichtliche Sensibilität entsteht immer aus der Herstellung von Vergegenwärtigung oder, wie Walter Benjamin dies ausgedrückt hätte, aus dem Herstellen einer »Jetztzeit«, also dem Überbrücken eines historischen Abstandes mit Mitteln, die den Abstand zwar aufrecht erhalten, ihn aber mit Elementen der Gegenwart im Erfahrungshaushalt des Zeitgenössischen kontextualisiert.

Die Reichhaltigkeit der (architektur-)geschichtlichen Bezüge herauszuarbeiten, zu konturieren, sie aber auch mit Zeitgenössischem zu kontrastieren, zu kommentieren oder auch moderat zu verfremden, ergibt jene Dignität rekonstruktiver Authentizität, die auf den ersten Blick eine Contradictio in Adjecto ist: Denn Collage, Fragment und Verfremdung sind Mittel, den falschen Schein einer vorgeblich kontinuierlichen und ungebrochenen (Form-)Geschichte zu verdeutlichen. Nur so können wohl aristokratische und bürgerliche Pathosformeln heute noch Bestand haben. Dies verdeutlicht zu haben, nicht mit didaktischer Aggressivität, sondern souveräner Verbindlichkeit, macht die besondere Qualität dieses Umbau- und Erweiterungsprojekts aus.

Anna Meseure

Ansicht von Süden, Schnitt (Foto/Photo: Roland Grimm)
View from south, section

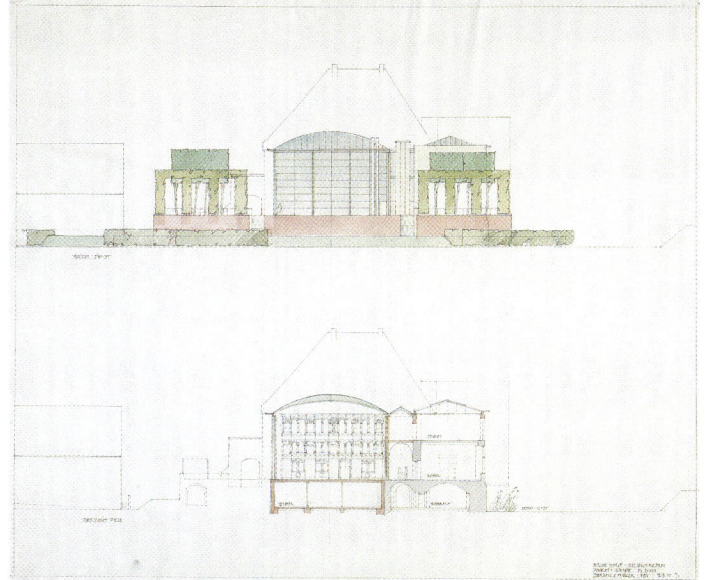

Ansicht von Osten, Schnitt (Foto/Photo: Roland Grimm)
View from east, section

Ansicht von Süden bei Nacht (Foto/Photo: Zooey Braun)
View from south at night

Jochem Jourdan,
Bernhard Müller
Schloss Horst, Gelsenkirchen
Umbau und Erweiterung

Fotos/Photos:
Jochen Helle
(wenn nicht anders
angegeben)
(unless otherwise
specified)

Ansicht von Süden
View from south

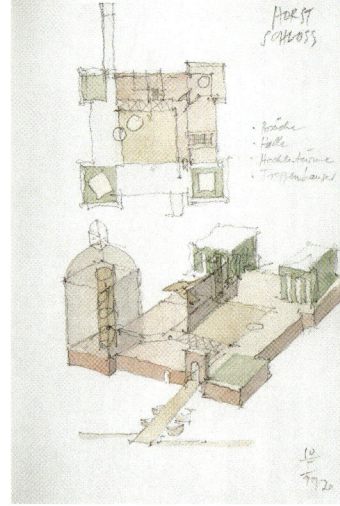

Entwurfsskizze
Preliminary sketch

Ansicht von Osten
View from east

Glasüberdachter Innenhof mit Architekturspolien
Glass-roofed interior courtyard with remains of original architecture

Studie zur Farbgestaltung
Colour study

Vortragssaal
Auditorium

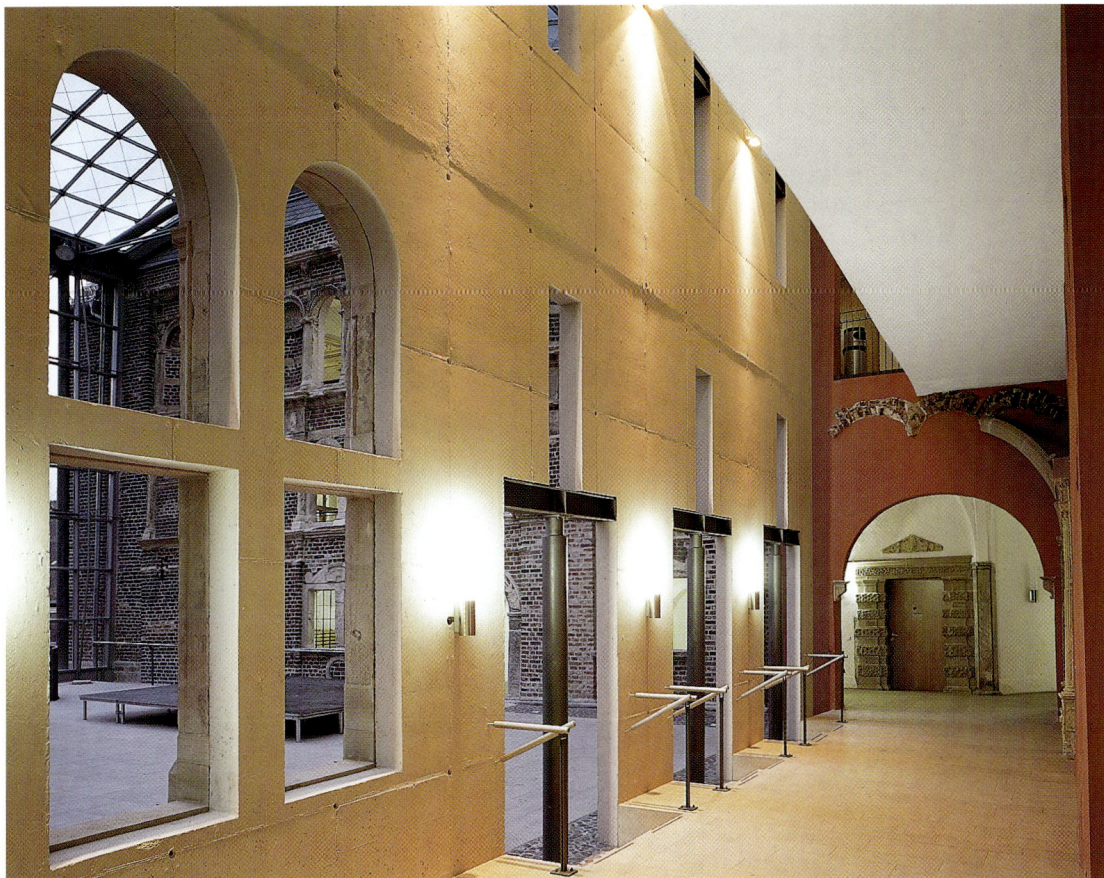

Erschließungsgang hinter dem Innenhof
Corridor beyond inner courtyard

Treppenaufgang
Stairway

Hans Kollhoff

Thomas Müller,
Ivan Reimann

Auswärtiges Amt, Berlin

	Um- und Ausbau Altbau
Architekt	**Hans Kollhoff**
Künstler	**Gerhard Merz**
Projektleitung	**Tobias Amme, Gereon Legge, Christoph Tyrra**
	Erweiterungsbau
Architekten	**Thomas Müller, Ivan Reimann**
Gartenplanung	**Kienast, Vogt & Partner**
Projektleitung	**André Santer, Regula Scheibler**
Mitarbeit	**Michael Aschenbrenner, Thomas Bendel,**
	René Betschart, Thomas Beyer,
	Manuel Candio, Katrin Cramer, Christiana da Silva,
	Hans Frey, Torsten Glasenapp,
	Oliver Hebeisen, Joachim Kleine Allekotte,
	Gerrit Vetter, Nicolas Winklmair

Fertigstellung: 1999

Foreign Office, Berlin

The Foreign Office is housed in two separate buildings—the main bulk of its offices are located in the former Reichshauptbank which was built in 1934–39—and has seen a distinctly chequered history. In the GDR era it was used by the Central Committee of the East German Communist Party, the SED, and it was here that the treaty of German unification was signed. Architecturally, its history is no less ambivalent. This was one of the first state buildings to be erected after Hitler came to power; at the same time, it has a number of modern touches that clearly distinguish it from later Nazi buildings. The idea behind Kollhoff's refurbishment is based on the so-called three-layer concept, which involves revealing the original 1930s structure, retaining some of the later GDR additions and adding various, new contemporary elements. The most striking of these contributions are mono-chromatic walls and ceilings in various rooms and corridors by artist Gerhard Merz, who was consulted by Kollhoff from the beginning. The

Das ehemalige Gebäude des Auswärtigen Amtes in Berlin war ein bescheidener Bau. Es war ein klassizistisches Adelspalais und ein Kleinod der Berliner Architektur um 1800. Seit 1819 residierte darin das preußische Außenministerium. Im Zuge der Reichsgründung wurde aus der preußischen Behörde das Auswärtige Amt des Deutschen Reiches. Die Zeiten, in denen das Amt unmittelbar dem Kanzler unterstand und durch Otto von Bismarck auch in Personalunion geführt wurde, sind lange vorüber. Mittlerweile ist es zum größten Bundesministerium avanciert. Den Amtsnamen hat es im Gegensatz zu allen anderen Ministerien beibehalten. Die diplomatische Zurückhaltung, die dem zugrunde liegt, vermag dennoch kaum darüber hinweg zu täuschen, dass aus der engen Behörde ein Global Player mit nahezu 12 000 Mitarbeitern geworden ist.

Mit der polternden Selbstgefälligkeit eines Großkonzerns trat das Auswärtige Amt zunächst in Berlin auf, als es darum ging, einen passenden Standort in der neuen Hauptstadt zu finden. Einen Altbau zu beziehen lehnte man kategorisch ab. Stattdessen forderte man weitreichende Abrisse im Zentrum Berlins, da man nicht bereit war, sich mit den baulichen Zeugnissen des NS-Regimes bzw. denen der DDR auseinander zu setzen. Nicht zuletzt der Vermittlung des damaligen Ministers Klaus Töpfer ist es zu verdanken, dass am Ende eine Lösung gefunden wurde, mit der alle Beteiligten zufrieden sein können. Ein Großteil des Ministeriums wurde in dem Gebäude der ehemaligen Reichsbank am Werderschen Markt untergebracht, das 1934–39 erbaut worden ist. Zusätzlich wurde ein moderner Kopfbau errichtet, der als öffentliches Foyer dient. Auf diese Weise hat man sich zu einem unbequemen, aber geschichtsträchtigen Baudenkmal

bekannt und zugleich ein zeitgemäßes Zeichen setzen können. Die Instandsetzung und Herrichtung des Altbaus lag in den Händen von Hans Kollhoff; die Planung des Neubaus wurde Thomas Müller und Ivan Reimann anvertraut.

Das ehemalige Reichsbankgebäude hat in den sechzig Jahren seines Bestehens eine überaus wechselvolle Geschichte erfahren. Bei Kriegsbeginn gerade erst fertig gestellt, wurde es bald darauf schon wieder beschädigt. Nach dem Krieg war in ihm das Finanzministerium der DDR untergebracht, und ab 1958 nahm das Zentralkomitee der SED für drei Jahrzehnte von dem Gebäude Besitz. Zu Wendezeiten fungierte es als ›Haus der Parlamentarier‹. Nach der Schließung des Palastes der Republik tagte darin auch die frei gewählte Volkskammer der DDR – und stimmte dort dem Einigungsvertrag zu. Allein wegen dieser Ereignisgeschichte besitzt das Haus eine herausragende Bedeutung. Architekturgeschichtlich ist der Bau nicht minder spannend. Er war einer der ersten Staatsbauten, die nach der Machtergreifung Hitlers errichtet worden sind. Gleichwohl verfügt das Gebäude über eine Reihe moderner Anklänge, durch die es sich von den späteren NS-Bauten unterscheidet.

Der Leitgedanke von Kollhoffs Instandsetzung basiert auf einem so genannten Drei-Schichten-Konzept. Die ursprüngliche Fassung aus den dreißiger Jahren sollte so weit wie möglich wieder freigelegt werden. Der Außenbau blieb deshalb von Veränderungen unberührt. Im Innern hingegen wurden einige Überformungen aus DDR-Zeiten belassen. Als zeitgenössischer Beitrag wurde an diversen Stellen Neues hinzugefügt. Die auffälligsten Neuerungen stellen die monochromen Wand- bzw. Deckenflächen in den Sälen und Fluren dar. Sie gehen auf den Künstler Gerhard Merz zurück, der von Kollhoff von Anfang an in die Planung einbezogen worden ist. Am stärksten entfalten konnte sich das Duo Kollhoff-Merz in der ehemaligen Kassenhalle, die nun den großen Konferenzsaal aufnimmt. Mit Ausnahme der Raumstruktur und der Lichtführung ist nahezu alles neu. Lampen, Täfelung und Parkett sind von Kollhoff entworfen. Die dreiteiligen Wandfelder auf der Empore (Spiegel-, Weiß- und Schwarzglas) sowie die pointilistische und mobile Trennwand gehen auf Merz zurück.

Während Merz in den meisten Fällen auf Kontraste setzt, durch die sich seine ›monochromen Gemälde‹ von der Architektur abheben, hat Kollhoff sich ungleich stärker bemüht, sich in die vorhandene Struktur einzupassen und in deren Geiste weiter zu bauen. Da ihm das bei diesem Gebäude der konservativen Moderne so gut wie keinem anderen gelingt, ist das Konzept der drei Schichten allerdings kaum noch als solches wahrzunehmen. Es beruht denn auch

Erweiterungsbau. Ansicht von Osten
The new building, view from east

Kollhoff-Merz colla-
boration is most evident in
the former banking hall,
which now houses the main
conference room.
Planning the new building
meant taking into account
new functions and new terms
of reference. A prestigious,
representative, and yet in-
viting reception area had to
be created by contemporary
means. Thus, three outer
courtyards draw the urban
environment into the building. Narrow roofbeams
resting on slender supports
prevent the fragmentation of
the building into individual
components. The result is a
series of spaces that catch the
spectator's attention, even
from a distance. On the north
side is the large, glazed
courtyard that is accessible to
all visitors. The second courtyard, located on the south
side, opens up towards the
old building, its row of filigree
pillars forming a counterpoint
to the older, stringent
colonnade on the opposite
side. Here is the official point
of arrival for guests of state.
The third courtyard is a
garden atrium designed by
Kienast, Vogt & Partner and
is situated above the main
library reading room.

Fotos/Photos:
Ivan Nemec
(wenn nicht anders angegeben)
(unless otherwise specified)

weniger auf einem additiven Prinzip, als das es ursprünglich wohl gedacht war. Kollhoffs Vorgehensweise läuft vielmehr auf ein subtiles Verschleifen der verschiedenen Ebenen hinaus. Dadurch fällt es mitunter auch dem Kenner schwer, Altes und Neues zu unterscheiden. Was als Schichtenfolge angelegt war, verformt sich im Laufe der tektonischen Prozesse zu einem monolithischen Ganzen.

Bei der Planung des Neubaus waren andere Aufgaben und Koordinaten relevant. Es galt, mit zeitgenössisch-modernen Mitteln ein ebenso repräsentatives wie ansprechendes Empfangsgebäude zu schaffen. Aus dem Architekturwettbewerb von 1996 war ursprünglich Max Dudler als Träger des ersten Preises hervorgegangen. Er beabsichtigte, auf dem Areal zwei frei stehende Solitäre zu errichten, deren Architektur in engem Bezug zur Schinkelschen Bauakademie stand, die vis-à-vis wiedererstehen soll. Der Bauherr gab jedoch dem zweitplazierten Entwurf von Müller/Reimann den Vorzug. Letztlich muss man dem Bauherrn zu seiner Wahl gratulieren, denn der realisierte Bau passt sich nicht nur ebenso gut in die Stadt ein, er korrespondiert auch ungleich besser mit dem Altbau, als dessen Ergänzung er ja gedacht ist.

Das Gebäude spielt mit dem Thema Öffnung und Wand. Es bildet gewissermaßen einen offenen Block. Mittels seiner drei außen liegenden Höfe gelingt es, den Stadtraum in das Gebäude einzubeziehen. Die schmalen und auf schlanken Stützen ruhenden Dachbalken verhindern indessen, dass das Gebäude in einzelne Volumina zerfällt. Es entstehen dadurch mehrere Stadttore, die schon von weitem die Aufmerksamkeit des Betrachters auf sich ziehen. An der Nordseite befindet sich der große und glasummantelte Hof, der allen Besuchern zur Verfügung steht. Eine leise plätschernde Kaskade und der Duft der Mimosen- und Zitronenbäume schaffen eine Atmosphäre, die den Behördengang zu einem ungewohnten Erlebnis werden lassen. Der zweite, auf der Südseite gelegene Hof öffnet sich zur ehemaligen Reichsbank. Seine filigrane Stützenreihe bildet das unbeschwerte Gegenstück zur strengen Pfeilerkolonnade des Altbaus. Hier, in dem Straßenraum zwischen Alt- und Neubau, liegt die offizielle Vorfahrt für Staatsgäste. Der dritte Hof ist von Kienast, Vogt & Partner als Gartenhof gestaltet worden. Der große Bibliothekssaal darunter wird über mehrere Oberlichtkuppeln mit Tageslicht versorgt. Da der Hof sich nach Osten öffnet, bietet er ein weites Stadtpanorama mit Blick auf das benachbarte Staatsratsgebäude, den Palast der Republik und das Rote Rathaus.

Der Neubau des Auswärtigen Amtes ist monumental und einladend zugleich geworden. Er strahlt eine erhabene Größe und Offenheit aus, ohne jedoch dominant zu sein. Wie nur wenige andere Bauten in der Stadt verkörpert er, was Neue Berliner Architektur sein kann und sein sollte: nämlich sich nicht in spröder Selbstgefälligkeit zu üben, sondern durch eloquente Weltgewandtheit zu überzeugen. Angemessener könnte das Auswärtige Amt kaum untergebracht sein.

Markus Jager

Um- und Ausbau
Hans Kollhoff

Lounge
Lounge

Grundriss 4. Obergeschoss (Normalgeschoss)
Fourth-floor plan (standard)

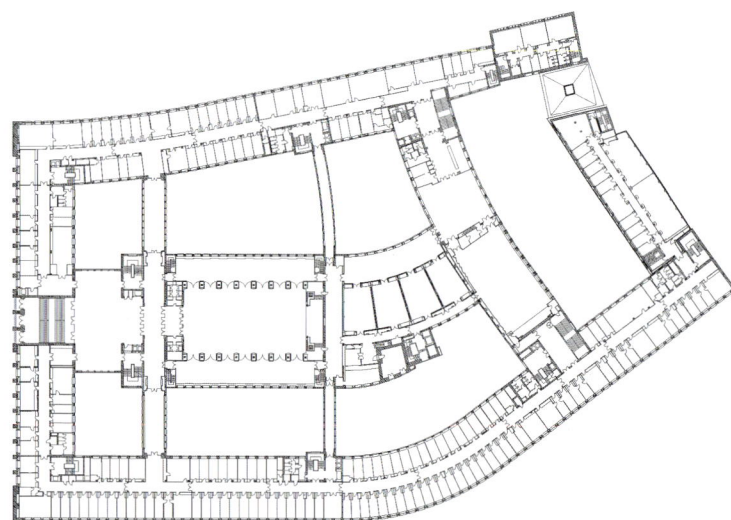

Sitzungssaal
Conference room

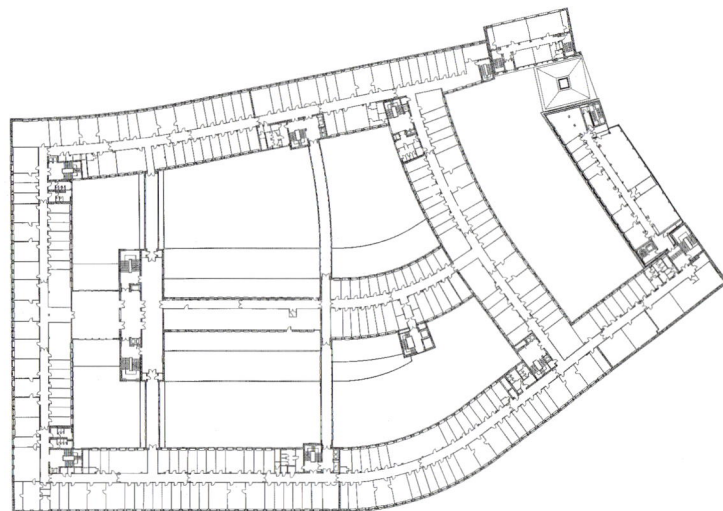

Grundriss 1. Obergeschoss (Hauptgeschoss)
First-floor plan (main floor)

Eingangshalle, 1999
Foyer, 1999

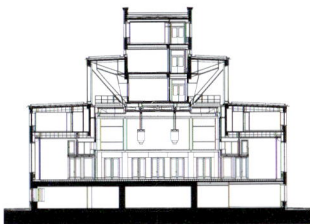

Querschnitt durch den Weltsaal
Cross section of main conference hall

Eingangshalle, Zustand 1940.
Reichshauptbank Berlin, Ehrenhalle
Foyer as it was in 1940
when it was the hall of honour
of the Reichshauptbank
(Quelle/Source: Kroos & Marx)

Eingangshalle, Zustand 1995.
ZK der SED bzw. Haus der Parlamentarier
Foyer as it was in 1995.
"Haus der Parlamentarier"
(The central committee of the SED)
(Foto/Photo: Christian Bade)

Konferenzsaal 1 (Weltsaal), 1999
Main conference hall in 1999

Konferenzsaal 1 (Weltsaal), Zustand 1940. Reichshauptbank Berlin, Kassenhalle 1
Main conference hall as it was in 1940 when it was the banking hall of the Reichshauptbank
(Quelle/Source: Kroos & Marx)

Konferenzsaal 1 (Weltsaal), Zustand 1995. Ehemaliger Kongresssaal der SED
Main conference hall as it was in 1995; formerly the SED congress hall
(Foto/Photo: Christian Bade)

Erweiterungsbau

Thomas Müller,
Ivan Reimann

Ansicht Werderschen Markt
View from Werderschen Markt

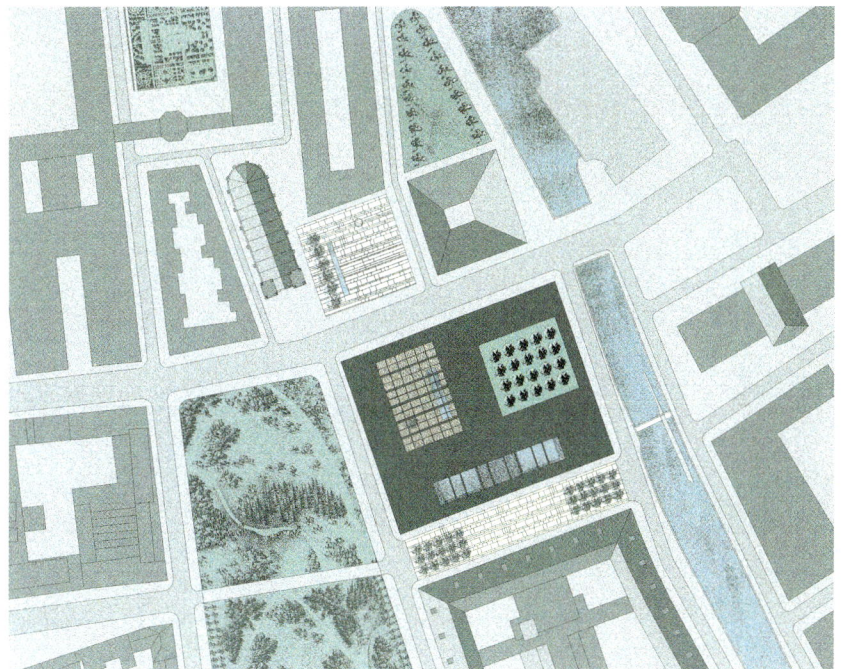

Lageplan
Site plan

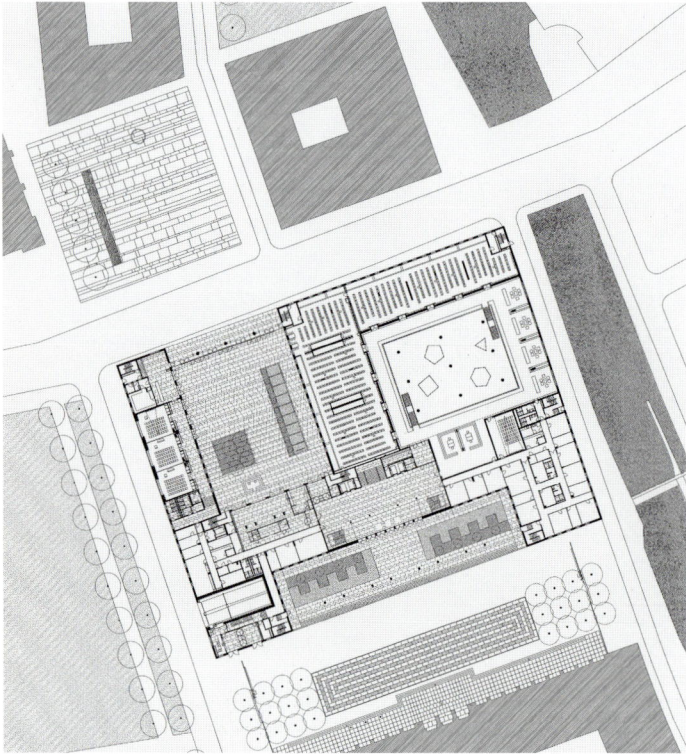

Grundriss Erdgeschoss
Ground-floor plan

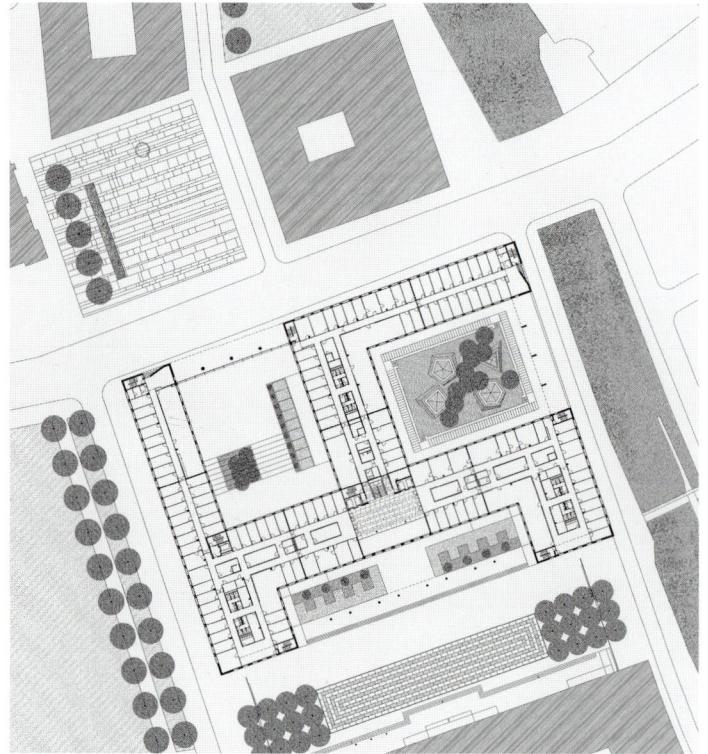

Grundriss Regelgeschoss
Standard floor plan

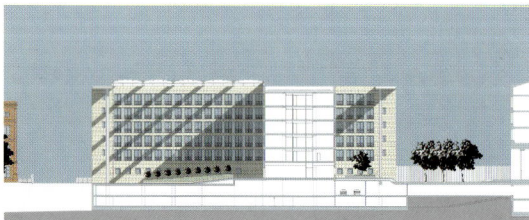

Querschnitt
Cross section

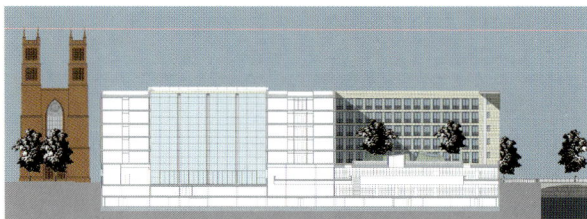

Längsschnitt
Longitudinal section

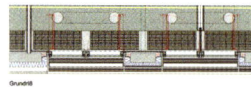

Bandfassade als Lochfassade
Punctuated facade

Glasfassade des Lichthofs
Glazed facade of atrium

Empfangshof
Reception courtyard

Lichthof
Atrium

Lesesaal der Bibliothek
Reading-room of the library

Enric Miralles,
Benedetta Tagliabue

Musikschule, Hamburg

Projektteam (Wettbewerb)	**Elena Rocchi, Karl Unglaub**
Mitarbeit	**Carlos Alberto Ruiz, Fabian Asunción, Sven Gosmann, Lukas Hainz**
Projektteam (Realisierung)	**Nuno Jacinto, Torsten Skoetz, Karl Unglaub**
Mitarbeit	**Anke Birr, Fernanda Brancatelli, Wendy Fok, Emmanuel Frances, Loic Gestin, Mirja Hamann, Tue Kappel, Sabine Panis, Oliver Schmidt, Silke Techen, Vicki Thake**

Wettbewerb: 1998 (1. Preis)
Fertigstellung: 2000

Music School, Hamburg

In January of 1998, Barcelona architect Enric Miralles and his partner Bendetta Tagliabue won the competition for a state youth conservatory, the Staatliche Jugendmusikschule, in Hamburg. In keeping with their method of "architectural archaeology," the pair scrutinised the site, searched for traces and created a highly distinctive place. The park-like character of the site determined their design. Its mature trees and adjacent language school provided visual links.
Strolling along its perimeter, the visitor is constantly rewarded with new views of this multi-faceted building, with its facade of plaster, klinker brick, metal and glass. Within the impressive entrance hall, the architects' underlying idea is immediately clear: rhizomatous supports, a polygonal floor plan and crevice-like tapering link inside with outside. Here, too, there are many different colours and materials and a sweeping ramp and stairs. Everything seems to s(w)ing. In the classrooms, which differ widely from one another, windows with colored frames jut out from the facade and neon tubing scatters at angles across the

Hamburg, man weiß es, gibt sich gern hanseatisch-kühl. Vornehme Zurückhaltung ist an der Alster angesagt; Aufgeregtes, gar Schrilles kann sich nur selten etablieren. Dies gilt auch für die Architektur. Schlichte, meist kubische, am besten backsteinerne Bauten bestimmen die Architekturproduktion im Stadtstaat. Nur die allerorten anzutreffenden himmelwärts strebenden Flugdächer signalisieren die auch hier vorhandene Sehnsucht nach Leichtigkeit. Expressives Bauen hingegen führt seit Fritz Högers Chilehaus ein Schattendasein. Aber jetzt: ein Paukenschlag. Ausgerechnet im vornehmen Stadtteil Rotherbaum, in Sichtweite der gleichnamigen exklusiven Tennisanlage und des HSV, ist Ungewöhnliches entstanden. Kein hamburgkompatibler britischer Technizismus wie bei Norman Fosters Multimedia Center um die Ecke, keine eidgenössisch-strengen Kuben wie bei der benachbarten Wohnbebauung vom Berner Atelier 5, sondern Katalanisch-Unbeschwertes findet sich am Mittelweg 42.

Im Januar 1998 gewann Enric Miralles aus Barcelona, am 3. Juli 2000 nach kurzer schwerer Krankheit viel zu früh verstorben, gemeinsam mit seiner Lebens- und Arbeitspartnerin Benedetta Tagliabue (EMBT) den ersten Preis im ›Begrenzt offenen Realisierungswettbewerb mit vorgeschaltetem EWR-offenen Bewerbungsverfahren für die Staatliche Jugendmusikschule, Hamburg‹. Diese Schule, eine Einrichtung zur Förderung des musikalischen Nachwuchses der Hansestadt, war bislang äußerst unbefriedigend, beengt und verstreut untergebracht war. Die Jury, allen voran der damalige Hamburger Oberbaudirektor Egbert Kossak, präferierte Miralles' Formenvielfalt und verwies die deutlich ruhigeren Entwürfe der ortsansässigen Büros Krebber + Niemann sowie Carsten Roth auf den zweiten und dritten Platz. Ein Sieg des Dekonstruktivismus! Nun, zweieinhalb Jahre und

etliche Schwierigkeiten später, ist das Ergebnis, das mit dem prämierten Wettbewerbsentwurf nur noch wenig gemeinsam hat, zu begutachten; eine großzügige Spende von »Otto – find' ich gut!« machte die Eröffnung am 15. Juni 2000 möglich.

Enric Miralles und seine Mitarbeiter begaben sich, getreu ihrer Arbeitsmethode der »architektonischen Archäologie«, auch am Rothenbaum auf Spurensuche und schufen einen unverwechselbaren Ort. Wie schon bei der für die Olympiade 1992 in Barcelona entstandenen Bogenschützenanlage oder dem Friedhof in Igualada ist dabei aus dem viel zitierten Genius Loci Gebautes entstanden, das so – jedenfalls in der Lesart der Katalanen – nur an dem jeweiligen Standort denkbar ist. Von Anfang an widerstanden haben die Architekten der Versuchung, das viel beackerte Themenfeld ›Architektur ist gefrorene Musik‹ allzu stark zu strapazieren. Es gibt zwar eine frühe Skizze des 1955 geborenen Miralles, die den Baukörper als Konzertflügel interpretiert, auch die Fassade wurde assoziativ aus einer Klaviatur entwickelt, aber das ist es – zum Glück – auch schon. Natürlich spielten, wie bei den meisten anderen Projekten von EMBT, Bewegung und Rhythmus eine wichtige Rolle im Entwurf, dies aber nicht in einem allzu direkten Bezug zum musikalischen Inhalt des neuen Hauses. (Die Hamburger Lokalpresse sprach dennoch von einem »Bau wie Musik«.)

Entwurfsbestimmend waren vielmehr der parkähnliche Charakter des Standorts, die alten Bäume, die unmittelbar benachbarte Fremdsprachenschule, die Blickbeziehungen. Für ihren Wettbewerbsbeitrag notierten die Architekten: »In der gegebenen Situation bilden die existierenden Bäume einen Ort. Es gibt ein Gleichgewicht, das durch gegenseitigen Respekt von Gebäuden und Landschaft und durch die niedrige Dichte entsteht. Das neue Gebäude ist ohne die umgebenden Gebäude unvollständig, es wird durch eine Serie von Wegen unter den Bäumen erschlossen.« Diese wunderschönen Bäume waren es denn auch, die den bewegten Grundriss der Jugendmusikschule bestimmten; die nicht nur formal aufwendigen Pylone vor und in der Eingangshalle lassen sich denn auch durchaus als stählerne Verwandte lesen.

Spaziert man am Grundstück, dem ehemaligen Schulhof der Fremdsprachenschule, entlang, ergeben sich immer wieder neue (Durch-) Blicke auf das vielgestaltige Haus, dessen Fassaden (wie viele sind es eigentlich?) in Putz, Klinker, Metall und Glas ausgeführt sind. Dass dies alles zu einem, noch dazu gar nicht so großen Gebäude gehört, überrascht ob der überbordenden Formen- und Materialvielfalt: Zweierlei farbiger Putz trifft auf Klinker, der in ungewohntem Verband vermauert ist (den Baubehörden musste erst nachgewiesen werden, dass so etwas hält); Sichtbeton

Ansicht von Westen
View looking west

und Stahl fassen den Eingang; vertikale Streifen in gelb, orange und zwei Blautönen verteilen sich unregelmäßig auf der Fassade und verweisen auf den Klaviatur-Gedanken; Zinkblech verbindet Außenwand und Dach. Dach? Landschaft! Das famose Gebirge wogt auf und ab, türmt sich himmelhoch, stürzt jäh – und straft das Hamburger Wetter Lügen: seems it never rains in southern catalonia ...

»Die vorhandenen Bauteile der Fremdsprachenschule und die wertvollen Bäume werden zusammen mit dem neuen Gebäude zu einem Ensemble entwickelt, in dem Gebäude und Bäume als Objekte untrennbar aufeinander bezogen sind. Der Gang durch das Gebäude ist auch immer einer unter den Bäumen«, urteilte die Wettbewerbsjury. Betritt der Besucher heute die beeindruckende Eingangshalle der Musikschule, wird Miralles' Entwurfsgedanke transparent: Die vielfach verzweigten Stützen, der polygonale Grundriss, die schluchtartige Verjüngung verschränken Innen und Außen; die ›innere Fassade‹ der Halle verstärkt das Klaviatur-Motiv. Auch hier viele verschiedene Farben und Materialien, eine gewundene Rampe, Treppen. Alles s(ch)wingt. Selbst der Bodenbelag wechselt mehrfach – und bemüht musikalische Kronzeugen von Johann Sebastian Bach über Charlie Parker bis zu den Spice Girls. In den

(natürlich völlig unterschiedlich geschnittenen) Unterrichtsräumen gibt es aus der Fassade gedrehte Fenster mit farbigen Rahmen, die Leuchtstoffröhren an der Decke spielen Mikado, die Decke des Auditoriums fährt Achterbahn ...

Es ist fast zu viel des Guten. Nach all dem tut es wohl, auf die dem kleinen Konzertsaal vorgelagerte, fast japanisch anmutende Terrasse mit ihren zur Introvertiertheit verführenden Mauern zu treten, im Gedenken an Enric Miralles, der nicht mehr nach Hamburg kommen konnte, innezuhalten und sich ein kleines Sommerkonzert vorzustellen: nur nichts Hektisches jetzt, Brahms vielleicht oder Philip Glass ...

Christof Bodenbach

ceilings. Combined with the auditorium's roller coaster ceiling, it is almost too much. It comes as a relief to step out of the small auditorium onto a patio with an almost Japanese-like atmosphere of introversion and to imagine a summer concert here in Hamburg-Rothenbaum. Nothing hectic—some Brahms, perhaps, or Phillip Glass.

Fotos/Photos:
Markus Kröger,
Markus Dorfmüller

HAMBURG

Strukturskizze
Structural sketch

Enric Miralles,
Benedetta Tagliabue
Musikschule, Hamburg

Fassadendetail
Facade detail

Detail der Ostfassade
Detail of east facade

Grundriss 2. Obergeschoss, Ansicht von Westen
Second-floor plan, west elevation

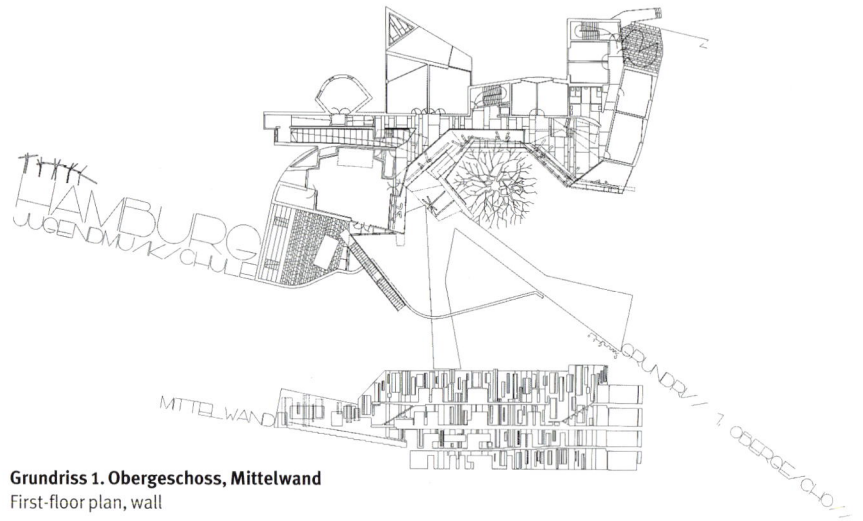

Grundriss 1. Obergeschoss, Mittelwand
First-floor plan, wall

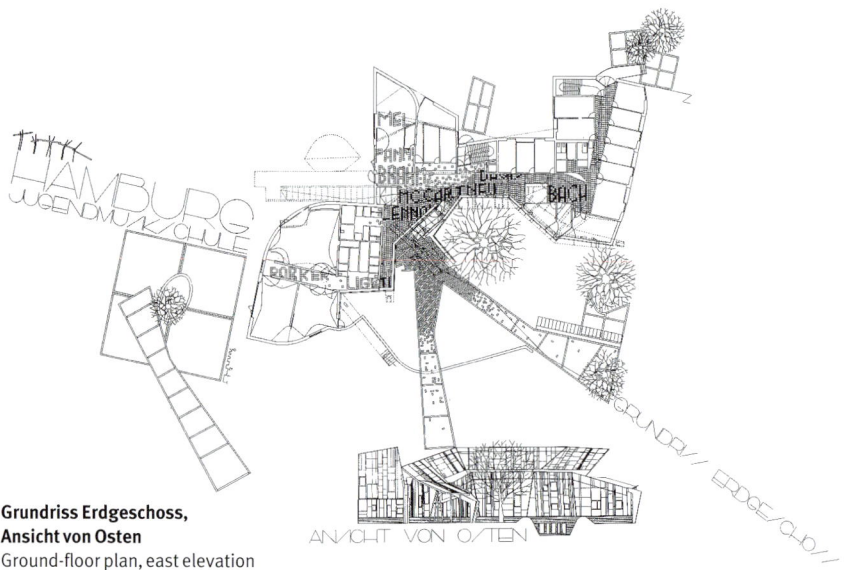

**Grundriss Erdgeschoss,
Ansicht von Osten**
Ground-floor plan, east elevation

Ansicht von Süden
View from south

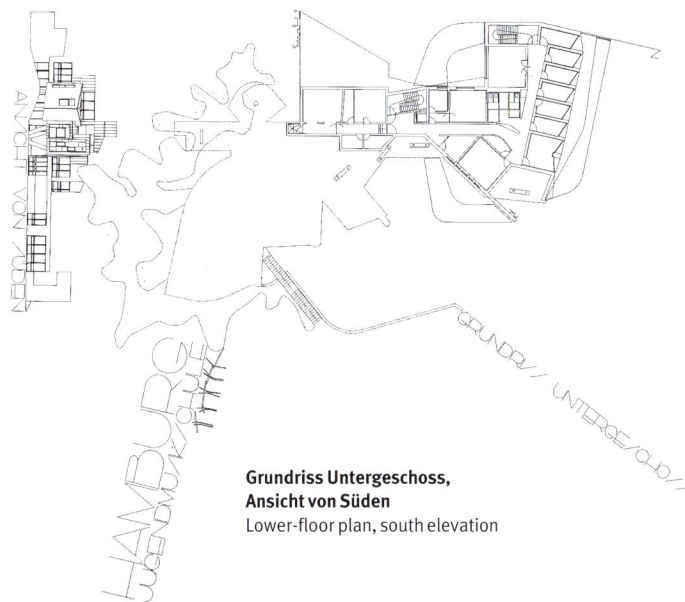

**Grundriss Untergeschoss,
Ansicht von Süden**
Lower-floor plan, south elevation

Enric Miralles,
Benedetta Tagliabue
Musikschule, Hamburg

Ansicht von Osten
View from east

Collage
Collage

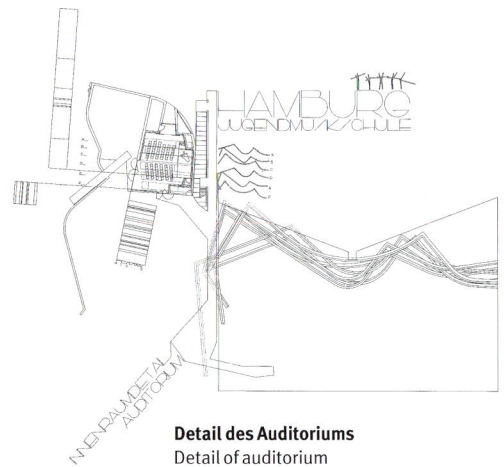

Detail des Auditoriums
Detail of auditorium

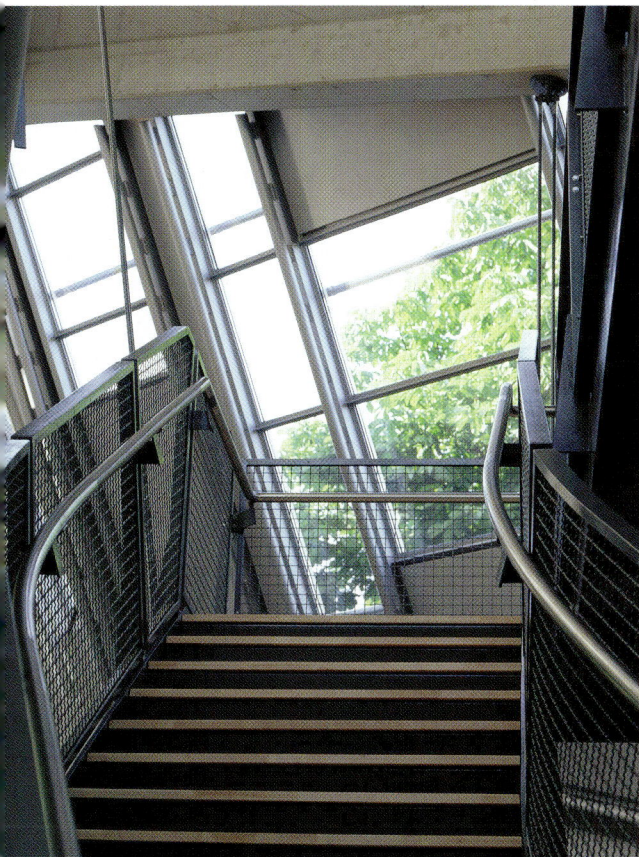

Treppe
Stepped ramp

Flur
Hallway

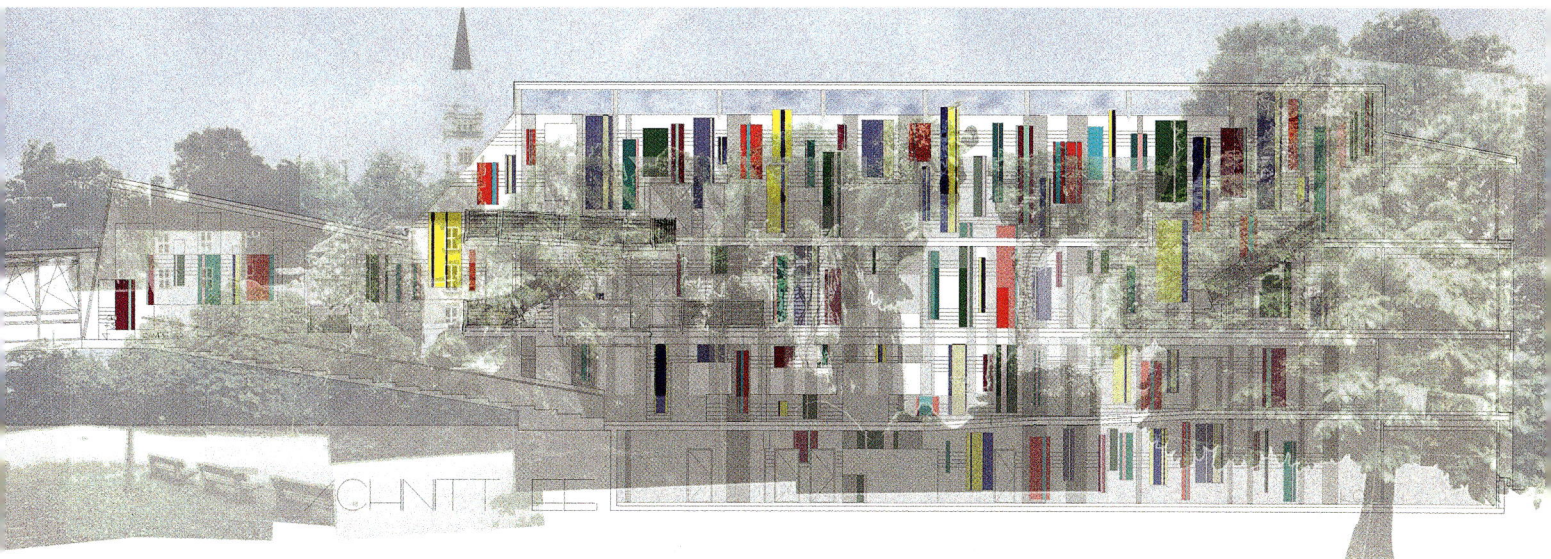

Collage der Glasfassade
Collage of glazed facade

Burkhard Pahl,
Monika Weber-Pahl

Stegbrücke, Bochum

Projektarchitekt **Stephan Neumahr**
Mitarbeit **Peter Ludwig**

1997–1999

Bridge, Bochum

The basic idea lies in the fact that this is a secret place.

The grounds of the Bochumer Verein, with its remnants of a former steelworks, are nothing short of astonishing. At the entrance is a huge retaining wall of what was once a steel production plant known as the Colosseum. Over the past ten years, this industrial area has been transformed into Westpark, with sweeping views across the surrounding area toward the inner city. The concept behind the 35-hectar park involves three levels: a one-kilometre circular path at the top, a magnificent concert hall (Jahrhunderthalle) from 1902 in the middle and the city at the lower end. Three bridges are also projected. The longest of them, the 210-metre-long Stegbrücke, is the main attraction.
This extraordinary structure was designed by Darmstadt-based architects Pahl + Weber-Pahl, in collaboration with the engineering firm of König & Heunisch in Frankfurt. Hollow spaces in the underlying ground were what prompted the unusual load-

Eleganz hinterm Colosseum

»Die Grundidee besteht darin, dass wir es hier mit einem geheimen Ort zu tun haben.« Staunen löst das aufgelassene Gelände des Bochumer Vereins mit den Resten einer 150 Jahre währenden Stahlproduktion aus. Ein eigentümliches Terrain vague, lange Zeit nicht betret- oder einsehbar. Am Eingang ein gewaltiges Stützmauergebäude, das die enorme Last eines 16 Meter hohen Plateaus sichert, auf dem früher ein Stahlwerk stand, das Colosseum. Seit zehn Jahren verwandelt sich das ehemalige Industriegebiet in den großzügigen Westpark mit Fernblick über das Revier und die Innenstadt (Entwurf: Sieverts, Trautmann, Knye-Neczas, Bonn, mit Danielzyk, Leuchter). Hier soll die 70 Hektar große »Zukunftsstandort Innenstadt-West« kreiert werden. Davon ist Karl Ganser überzeugt, Motor der IBA Emscher Park, bei der Übergabe an die Bevölkerung im August 1999. Das Konzept sieht einen 35 Hektar großen ›Park der drei Ebenen‹ vor, ein Rundgang von einem Kilometer auf der oberen Ebene, die enorme und wunderschöne Jahrhunderthalle, die als mobiler Ausstellungsort 1902 begann und auch heute für kulturelle Veranstaltungen genutzt wird, auf der mittleren Ebene und unten die Stadt. Zusätzliche Eingänge, darunter eine Freitreppe von der Innenstadt aus, vernetzen den Park. Drei Brücken wurden konzipiert, zwei zur Vervollständigung des Rundgangs und eine zur Anbindung an einen neuen Grünzug über die Verkehrsschneisen hinweg. Die mit 210 Metern längste, die Stegbrücke, ist die eigentliche Attraktion des Parks neben der Jahrhunderthalle. Das ungewöhnliche Tragwerk wurde von den Darmstädter Architekten Pahl + Weber-

Pahl zusammen mit den Frankfurter Ingenieuren König + Heunisch entwickelt. Ein durch vorhandene Hohlräume instabiler Untergrund führte zu einem ausgefallenen Konzept: Ein steifer Balken ruht auf einer Vielzahl dünner Stahlstäbe (Durchmesser nur 22 Zentimeter bei bis zu 12 Meter Länge). Überall dort, wo Halt zu finden war, wurde gegründet – mit dem Ergebnis, dass die Stützen unterschiedlich schräg stehen. Seitlich fassen sie den Steg ein und führen an ihm vorbei in die Höhe. Ihr oberer Abschluß verwandelt sich in drei Meter lange innovative Leuchtstäbe. Selbsttragend und aus transluzentem Polykarbonat beleuchten diese von innen heraus den Weg auf der Brücke, ein poetisches Lichtkleid bei Nacht. Dazu glitzert ein Bodenbelag aus gestreutem, zerstoßenem Glas. Vor dem silbrigen Birkenwäldchen stehen die schlanken Stahlstützen mit ihrem anthrazitfarbenen Eisenglimmeranstrich und den Geländerfüllungen aus verzinkten Rosten – eine ruhige, elegante Erscheinung. Von der Bevölkerung wird besonders der kleine Rastplatz auf der Brücke, mit gläserner Überdachung und hölzerner Sitzbank, angenommen.

Von hier oben, dem Rand, schweift der Blick über den »Boden des Suppentellers« (Ganser). Dort sollte ursprünglich ein weiterer Traum von André Heller entstehen: ANIMA, ein »zauberischer Event-Park«. Bochum und das Ruhrgebiet wären um einen Knaller reicher und die Bevölkerung um eine der größten Hallen des Ruhrgebiets sowie einen Park ärmer. Das Projekt scheint gestorben zu ein, denn Thomas Sieverts wird diesen Bereich in Kürze umgestalten, und die Bochumer werden genug Zeit haben, ihr lang gehütetes Geheimnis zu ergründen.

Ungewöhnlich ist das Engagement der Architekten Burkhard Pahl und Monika Weber-Pahl im Bereich der reinen Ingenieurbauwerke. Die ersten gewonnenen Wettbewerbe führten sie 1988 in diese Richtung: Prototypen für Fernmeldetürme der Post und die U-Bahn-Station und P+R-Anlage Sachsenhäuser Berg in Frankfurt am Main. Beides wurde nicht realisiert, aber bemerkt. Einladungen zu Brückenwettbewerben und Gutachten folgten. Inzwischen ist Burkhard Pahl

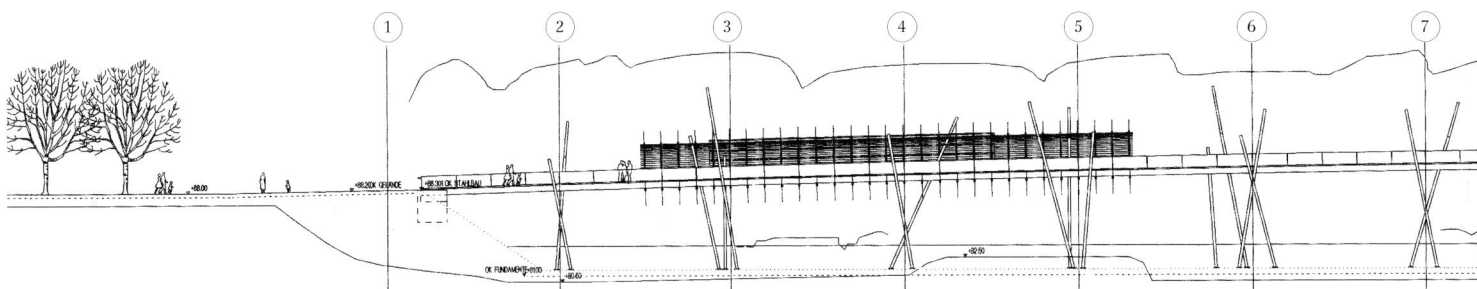

Blick über die Brücke mit Rampe
View across the bridge with ramp

Professor für Entwerfen und Konstruktives Gestalten an der Universität Leipzig geworden – am Fachgebiet Bauingenieurwesen – und hat dort zur Expo eine weitere innovative Brücke errichtet.

Bei der Umnutzung eines abbruchreifen Fabrikgebäudes entstand ihr Konzept »aus der Freilegung und Sichtbarmachung der vorhandenen konstruktiven Struktur«, wie Joachim Andreas Joedicke feststellte. Diese Haltung haben sie weiter entwickelt. Bei Neubauten liegt eine zu findende Struktur oft in der Aufgabenstellung, dem Ort und seinen Randbedingungen verborgen und muss erst entdeckt werden. So auch bei einem überaus komplexen Verkehrsproblem in der Innenstadt von Bochum. Eine projektierte Querung von U-Bahn-Strecken hatte nach zehn Jahren städtischer Tiefbauplanung zu dem absurden Vorschlag geführt, eine Straßenbahn durch eine B-Ebene zu führen. Ihr Wettbewerbsbeitrag schlug vor, die Dinge zu entzerren und Ungewöhnliches zu denken. Sie erhielten den beachtlichen Auftrag. Die Benutzer werden ab 2003 ihre Freude an der außergewöhnlich hohen, mit natürlichem Licht beleuchteten U-Bahn-Station am Rathausplatz haben.

Peter Cachola Schmal

Ansicht von Westen
West elevation

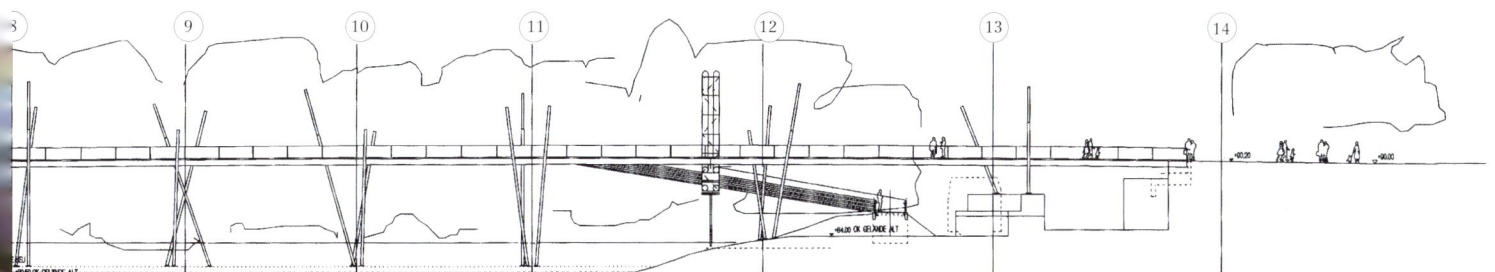

Burkhard Pahl,
Monika Weber-Pahl
Stegbrücke, Bochum

bearing design that consists of a rigid beam resting on a number of thin steel rods. Foundation points were created wherever there were solid bases, the result being that the supports are set at angles, bracketing the bridge from the sides. The top was transformed into an innovative, three-metre-long-strip of lighting. Self-supporting and translucent, it lights the way across the bridge, bathing it in a poetic glow and illuminating the crushed-glass flooring underfoot. Against the silvery birchwood copse, the slender rods of steel have a calm and elegant appearance. This little resting place on the bridge has proved popular with locals. The view from here, as Karl Ganser put it in his inaugural address in August of 1999, is "like standing on the rim of a plate."

Fotos/Photos:
Jörg Winde

Detail der Leuchtstäbe
Detail of light rods

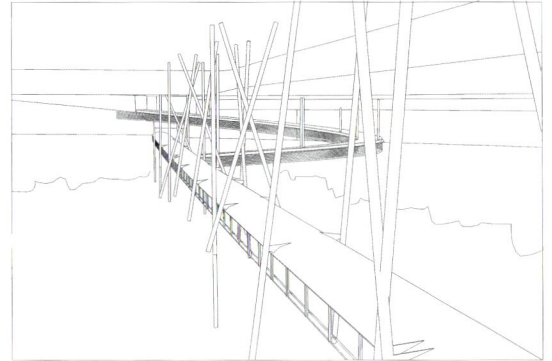

Perspektive
Perspective

Konzeption des Westparks (Arbeitsgemeinschaft Sieverts, Trautmann, Knye-Neczas mit Danielzyk, Leuchter)
Westpark concept (teamwork by Sieverts, Trautmann, Knye-Neczas with Danielzyk, Leuchter)

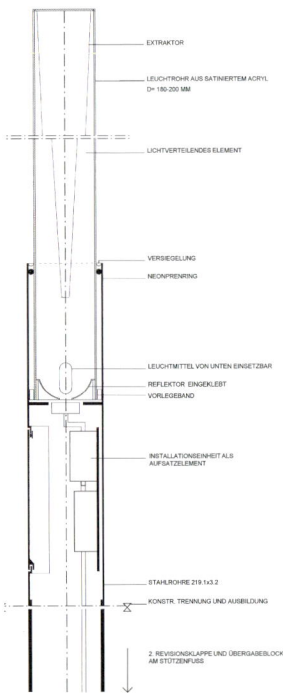

Detailzeichnung des Leuchtstabs
Detail of light rod

Unteransicht mit Rohrstützen
View from below showing tubular supports

Blick über den Gehweg bei Tag
View over walkway by day

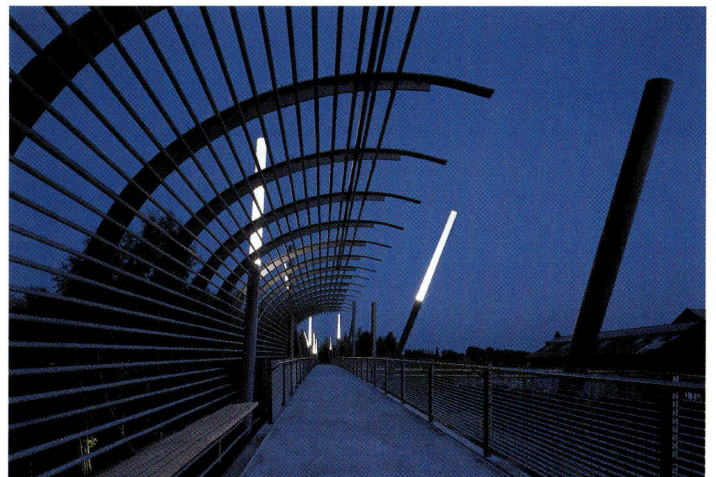

Blick über den Gehweg bei Nacht
View over walkway by night

Matthias Sauerbruch,
Louisa Hutton

GSW-Hauptverwaltung, Berlin

Mitarbeit   Anna Bader-Hardt, Philip Engelbrecht,
Govert Gerritsen, Brian Lilley, Jens Ludhoff,
Moritz Theden, Juan Lucas Young

1995–1999

GSW Head Office, Berlin

The Provocation of
Being Different

Looking over the sea of stone houses that makes up Friedrichstadt, it comes as quite a surprise to discover a narrow, curved highrise that seems to hover over a three-storey base that is flanked by a luridly coloured, pillbox form. The structure does more than just shatter the mould of the typical Friedrichstadt housing block. This "object" between Markgrafenstrasse, Kochstrasse and Charlottenstrasse is an architectural provocation that refuses to blend in with its surroundings. The client insists that this 1950s highrise, designed by Paul Schwebes and Hans Schoszberger, be preserved. So it has been given a similarly curved but considerably higher protective shield. The historic, urban streetplan has been reconstructed in a tongue-in-cheek manner by the sweeping curve of the building, and the blue, yellow and green pillbox, at 22 metres, challenges the city's eave height. In short, the architects formulated an antithesis to the traditional city. They gave a new home to the spirit of fluid space and, in doing so, created a building whose extreme appearance situates it as a work of artifice within the urban setting. The entrance area that links the old and new buildings — originally intended to take the form of individual bridges — might have benefited from a more sensitive approach. The new structure clings clumsily to the old tower, and the foyer

Die Provokation des Andersartigen

Die Berliner Friedrichstadt gehört nach dem Bauboom der neunziger Jahre zu den modernsten Bürostandorten in Deutschland. Nahezu jedes Quartier der einst im Barock angelegten Stadterweiterung kam seit der Wiedervereinigung in den Genuss umfangreicher Neu- oder Umbauplanungen. Bei der neuen Architektur zwischen Oranienburger Tor im Bezirk Mitte und Mehringplatz im Bezirk Kreuzberg muss man jedoch genau hinschauen, um die Modernität zu erkennen. Die Geschäftshäuser, die aufgrund ihrer repetitiven Fassaden, ihrer steinernen Sockelgeschosse und der einheitlichen Traufhöhe im alltäglichen Straßenbild kaum auffallen, zeichnen sich durch anspruchsvolle Details in ihrer Fassadengestaltung aus. Umso mehr überrascht es, im steinernen Häusermeer der Friedrichstadt auf ein schmales und geschwungenes Scheibenhochhaus zu stoßen, das über einem dreigeschossigen Sockel zu schweben scheint und von einer schrill-bunten Pillendose flankiert wird. Der für die Friedrichstadt so typische Block ist dort aufgebrochen, ja mehr: Zwischen Markgrafen-, Koch- und Charlottenstraße provoziert ein architektonisches Objekt, das sich so ganz und gar nicht in die Textur einfügen will.

Derartige städtebauliche Gegensätze haben unweit des ehemaligen Mauerstreifens Tradition. Nachdem Axel Springer sein Verlagshaus in den sechziger

Lageplan
Site plan

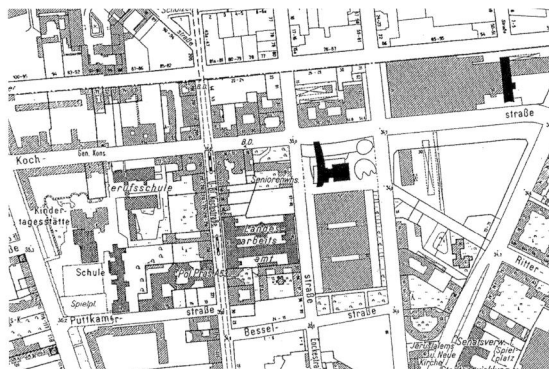

Jahren gegen jede wirtschaftliche Ratio in der inneren Peripherie von West-Berlin und zudem mitten auf der Jerusalemer Straße errichtet hatte, antwortete die DDR in den siebziger Jahren mit ihren doppelten Hochhausscheiben in der Leipziger Straße: hier das Pressehaus, das die Freiheit der westlichen Welt markierte, dort die Arbeitertürme, die in ihrer Addition die Gleichheit der Gesellschaft symbolisierten – verniedlichend wurde es als ›Dialog über die Mauer‹ beschrieben. Doch die Türme, die sich ihrer Verantwortung gegenüber dem Stadtraum entziehen und ihren visuellen Genuss erst ab Etage 10 – und nur im Blick von innen nach außen – entfalten, machten Schule: In den Wirren der Wiedervereinigung lobte die Gemeinnützige Siedlungs- und Wohnungsbaugesellschaft einen Wettbewerb aus, den die Mittdreißiger Matthias Sauerbruch und Louisa Hutton für sich entschieden. Die jungen Architekten schlugen im Unterschied zu allen Konkurrenten ein Gegenmodell zur Blockrandschließung vor, womit sie der funktionalistischen Moderne ein letztes Denkmal in der südlichen Friedrichstadt setzten. Erst danach legte die Senatsbaudirektion das städtebauliche Strukturgutachten vor, das fortan klare Vorgaben zu Gebäudeform und Parzellierung machte.

Fast zehn Jahre hat es aber gedauert, dieses Kuckucksei im Horst der Berliner Steinadler auszubrüten. Das aus den fünfziger Jahren stammende Hochhaus von Paul Schwebes und Hans Schoszberger, das nach dem Willen des Bauherren erhalten bleiben sollte, hat ein geschwungenes und ungleich höheres Schutzschild erhalten. Der historische Stadtgrundriss ist durch einen gekrümmten Riegelbau ironisch rekonstruiert worden, und die cyangelbgrüne Pillendose persifliert mit ihrer Höhe von 22 Metern die Berliner Traufhöhe. Dem städtebaulichen Grundmuster der Friedrichstadt widerspricht der Entwurf daher keineswegs; er respektiert – im Gegensatz zum Axel-Springer-Haus – die Straße als natürliche Grenze des Grundstücks. Doch durch seine Ablehnung von Block und Traufe haben die Architekten eine Antithese zur traditionellen Stadt formuliert. Sie haben dem Geist des fließenden Raums ein neues Zuhause gegeben und dabei ein Gebäude geschaffen, dessen extreme Kunstfigur sich selber im Stadtraum inszeniert. Zudem haben sie ein Gebäude geschaffen, dessen Eingang man erst suchen muss, um nach innen zu gelangen.

Neben der formalen Provokation des Andersartigen steht bei der Betrachtung des Gebäudes immer wieder

Farbige Westfassade
View of the coloured facade

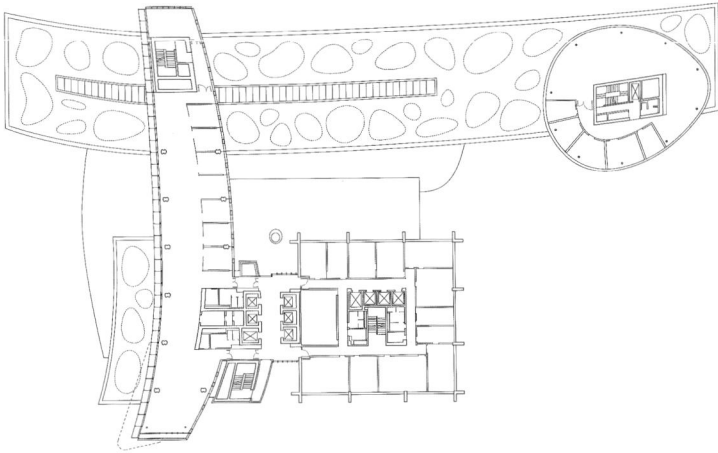

Grundriss 3. Obergeschoss
Third-floor plan

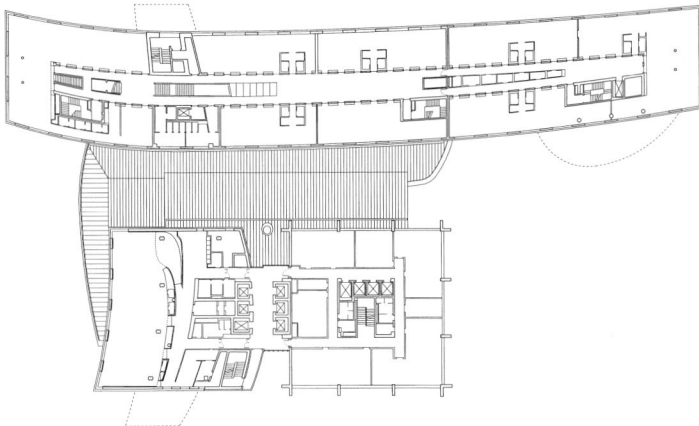

Grundriss 1. Obergeschoss
First-floor plan

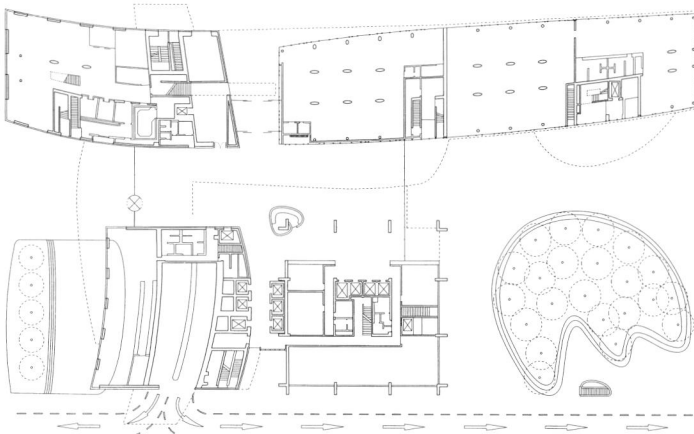

Grundriss Erdgeschoss
Ground-floor plan

Fotos/Photos:
Annette Kisling
(wenn nicht anders angegeben)
(unless otherwise specified)

die erstmals in diesem Maßstab erprobte Klimafassade im Mittelpunkt. Die Ingenieure von Ove Arup haben aus der Not – eine schmale hohe Scheibe mit energetisch ungünstiger Oberfläche – eine Tugend gemacht. Das Niedrigenergie-Konzept konzentriert sich daher auf die Fassaden, insbesondere die Westfassade, die als eine gläserne Doppelhaut ausgeführt wurde. Durch den Unterdruck, der in der Westfassade aufgrund der Konvektionswirkung entsteht, wird bei Öffnen der Fenster auf der Ostfassade frische Luft durch die Räume hindurchgezogen. Die Hochhausscheibe verzichtet deshalb auf eine künstliche Lüftung mit entsprechend hohem Energiebedarf. Darüber hinaus führt die Luftbewegung immer nur von Ost nach West, was den Büros insbesondere an warmen Tagen zugute kommt, wenn am Nachmittag die Strömung von der kühlen zur warmen Seite erfolgt. Zudem sind die Geschossdecken nicht verkleidet, sodass der Beton des Tragwerks als thermische Speichermasse dient. Im Sommer etwa speichern die Decken die niedrigere Außentemperatur der Nacht, um tagsüber die Aufheizung des Gebäudes zu verzögern. Insgesamt errechneten die Haustechniker eine Energieeinsparung von 40 Prozent im Vergleich zu herkömmlichen Hochhäusern. Das Haus spart damit aber nur so viel an Energie ein, wie der Bautypus Hochhaus gegenüber einem traditionellen Bürobau ohnehin mehr verbraucht.

Mit viel Aufwand verdient sich das Haus – bezogen auf seinen Energieeinsatz – das Siegel der Nachhaltigkeit und wird sogar als dezentrales Expo-Projekt vorgeführt. Doch um welchen Preis? Anstatt die objektfixierte Architektur der fünfziger Jahre in das städtebauliche Muster der Friedrichstadt einzuweben, wird sie als Kunstform konserviert. Zudem kaschiert das ganz auf das Gebäudeklima fixierte Konzept einen Formalismus, der »umso sklavischer ist, je weniger er zugegeben wird« – um Robert Venturis Generalkritik an der Moderne zu zitieren. Nachhaltigkeit darf aber nicht nur heißen, dass man vorhandene Bausubstanz weiternutzt und eine günstigere Energiebilanz als bei anderen Hochhäusern vorweist. Nachhaltigkeit setzt da an, wo auch die eigenen Gewohnheiten mit ins Spiel gebracht werden. Braucht man also eine Tiefgarage mit knapp 400 Stellplätzen, wenn das Haus 100 Meter von einer der meist befahrenen U-Bahn-Strecken Berlins liegt?

Blick von Osten
View from east

Mehr gestalterische Sensibilität hätten der Eingangsbereich und der Anschluss zwischen Altbau und Neubau, der ursprünglich nur über Einzelstege erfolgen sollte, vertragen. Nun klebt die neue Scheibe etwas unbeholfen am alten Turm, und das Foyer wirkt wie eine Restfläche zwischen den Baukörpern. Einzigartig bleibt freilich die Konvektionsfassade mit ihren bunten, die Farben des Abendlichts nachzeichnenden Sonnenschutzelementen. Sie verleiht dem Gebäude einen warmen Charakter, wie man ihn bei vielen steinernen Geschäftshäusern in der Nachbarschaft vermisst. Das Haus bleibt jedoch eine Ausnahme und entfaltet seine skulpturale Wirkung gerade durch diese

Differenz zur gleichförmigen Struktur der Friedrichstadt. Solche Einzelfälle müssen auch bei den rigiden Gestaltungsrichtlinien, wie sie in Teilen der Berliner Innenstadt gelten, immer möglich bleiben. Zur Regel darf man diese Architektur nicht erheben, ansonsten droht ihrer extremen Bildhaftigkeit die Inflation. Die GSW-Hauptverwaltung ist ein Kunstobjekt im Stadtraum, das seine Gestalt wie das Ludwig-Erhard-Haus von Nicolas Grimshaw in Charlottenburg oder dem Niedrigenergiehaus von Assmann, Salomon, Scheidt in Marzahn aus funktionalen und klimatischen Anforderungen ableitet. Ihre Form ist leider nur Ergebnis, nicht Ziel.

Philipp Meuser

seems rather lost between the individual components. Yet the convection facade, with its coloured sunshades that reflect the evening light, is certainly unique. It lends the entire structure a certain warmth that is often missing from many of the stone-built, commercial premises in the neighbourhood.

Matthias Sauerbruch,
Louisa Hutton
GSW-Hauptverwaltung, Berlin

Blick aus einem Büro mit der farbigen Fassade
Coloured facade seen from an office

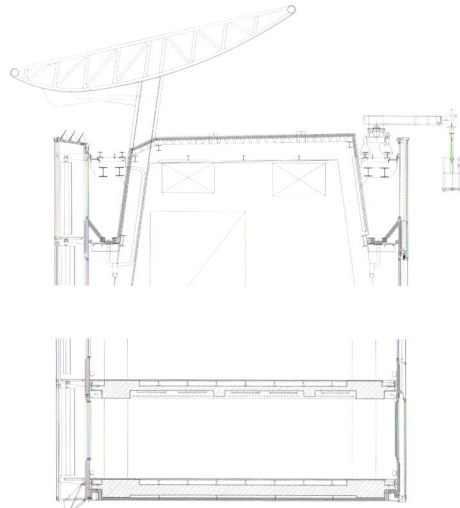

Detailschnitt Hochhaus (oben und unten)
Section detail, highrise (top and bottom)

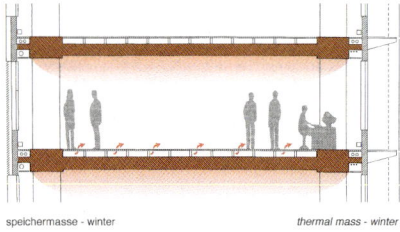

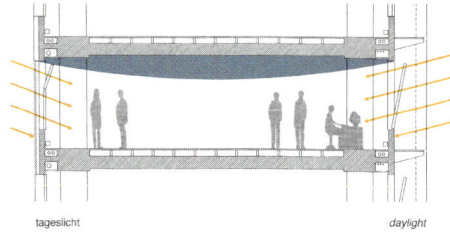

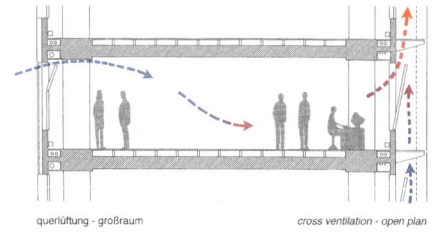

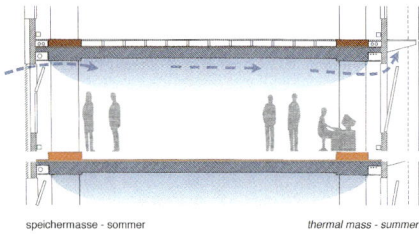

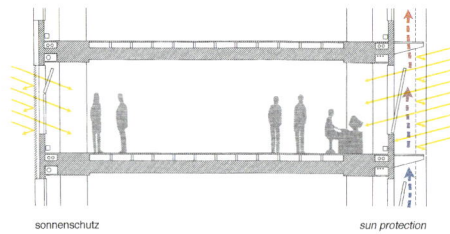

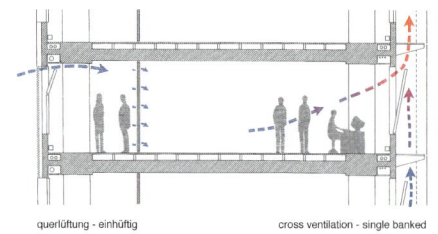

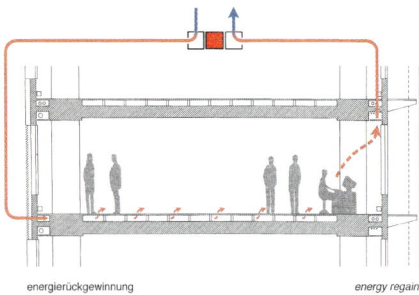

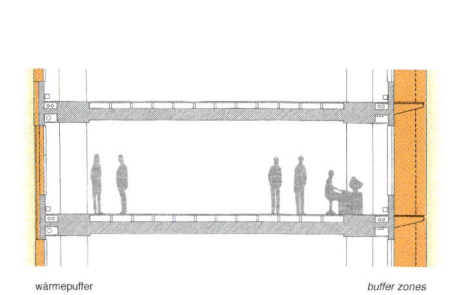

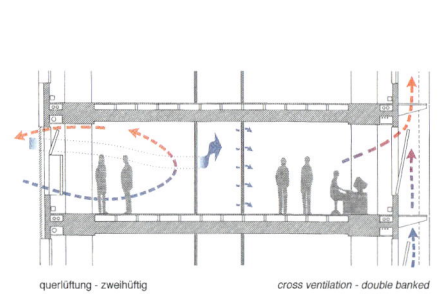

speichermasse - winter	*thermal mass - winter*
tageslicht	*daylight*
querlüftung - großraum	*cross ventilation - open plan*
speichermasse - sommer	*thermal mass - summer*
sonnenschutz	*sun protection*
querlüftung - einhüftig	*cross ventilation - single banked*
energierückgewinnung	*energy regain*
wärmepuffer	*buffer zones*
querlüftung - zweihüftig	*cross ventilation - double banked*

Schemaschnitte zur Gebäudetechnik
Sections showing technical fittings

Eingangsbereich an der Charlottenstraße (Foto/Photo: Bitter + Bredt)
Charlottenstrasse entrance

Eingangshalle
Foyer
(Foto/Photo: Bitter + Bredt)

Konferenzraum im 1. Obergeschoss
First-floor conference room
(Foto/Photo: Bitter + Bredt)

Detail der Westfassade mit Sockelbereich
Detail of west facade showing basecourse
(Photo: Kisling + Bruns)

Detail der Ostfassade
Detail of east facade

Till Schneider,
Michael Schumacher

Bürogebäude, Kronberg

Projektleitung   **Stefano Turi**

Mitarbeit   **Stefan Goeddertz (Wettbewerb),
Britta Heiner, Torsten Schult,
Karolina Dina Sievers,
Diane Wagner, Thomas Zürcher**

1998–2000

**Office Building,
Kronberg**

The head office of Braun AG
in Kronberg is a three-storey,
U-shaped building surrounding a roofed inner courtyard.
The right wing of the "U"
breaks off about ten metres
before the building line,
with only a baldachin set on
remarkably tall, slender
columns facing the front edge
of its counterpart. The result
is a silver-roofed, discreetly
festive loggia. Behind it is a
silver slatted wall that flows
into a glass wall with portal.
The second wing, with its fully
glazed end wall and slatted
sides, juts out from there. In
contrast to this diversity, the
rest of the exterior takes the
form of a glass shell struc-
tured only by the narrow
horizontals and verticals of
the offices and floors. If the
overall impression is one
of a crystal palace, this is be-
cause the sheen of the transparent glass and green em-
bankments make the building
stand out from its surroundings. Throughout the building, a balance has been struck
between available technical
possibilities and ecological
considerations. Even the form
itself bears witness to the
beauty of eco-technology:
the glass shell is composed of
a double-layered, glazed facade. A computer programme
determines when it should be
opened. In sunny weather,
many areas of the facade turn
outwards, transforming the
smooth outer wall into a shell
with a hatched pattern.

Wenn der Igel in der Sonnenstunde –
Minimalismus unter Glas

Architekten leiden unter dem Drang, die Welt täglich
neu zu erfinden. Das führt allerorten zu solitären Neubauten, die sich schlimmstenfalls per Abbruch Raum
geschaffen haben. Daran konnte auch die seiner-
zeit viel gepriesene Losung von Heinrich Klotz nichts
ändern, der »Bauen im Bestand« propagierte. Glück
haben Architekten, denen statt Bestand die grüne
Wiese geboten wird. Das war 1994 so, als das junge
Frankfurter Architektenteam Till Schneider + Michael
Schumacher auf der Brache des Potsdamer Platzes
seine Info-Box installierte. Einen Backstein und Bau-
arbeitercontainer zum Vorbild, gestrichen im Signal-
rot von Verkehrsschildern, ist das Provisorium längst
Wahrzeichen Berlins, ein Utilitarismus, der Kunst des
Minimalismus wurde.

Dass Schneider + Schumacher weder die zornigen
jungen Asketen sind, die man in ihrem hintersinnig
brachialen Container vermuten könnte, noch, dass
sie nur im Freiraum schön und markant zu bauen ver-
stünden, haben sie auch bewiesen: 1992–95 passten
sie Frankfurts Hanauer Landstraße, einer zum Dienst-
leistungs-Boulevard mutierenden, eben noch maro-
den Industrie-Achse, den Neubau der Thompson-

Lageplan
Site plan

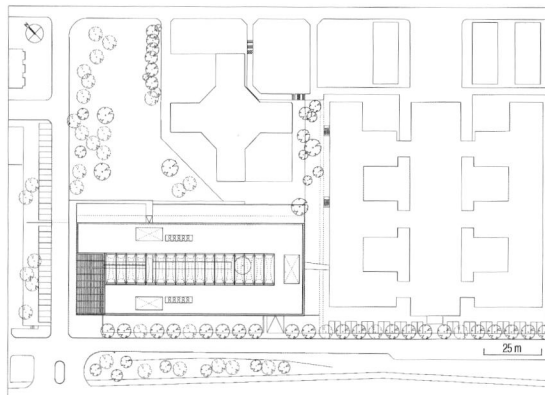

25 m

Werbeagentur an. Maßstäblich an der Bauwelt rings-
um ausgerichtet, entstanden 5000 Quadratmeter
Bürofläche als Zweiklang eines quadratischen kleinen
Empfangsgebäudes und eines ›großen Büroregals‹ –
Glas, Stahl, Beton und Wellblech. Frappant repräsentativ, obwohl gleichfalls minimalistisch ist seit 1997
das KPMG-Gebäude in Leipzig; verglast, mit keilför-
migem Grund- und Umriss und einer Front-Rundung,
die Erich Mendelsohns berühmtes Berliner Mosse-
haus vom Schlachtschiff zur Hochseejacht wandelt.

Nun das Bürogebäude für die Braun AG in Kronberg: Die Großform ist ein dreigeschossiger U-förmi-
ger Bau, der einen überdachten Innenhof umschließt.
Doch Schneider + Schumacher treiben ihr Spiel mit
der strengen Ordnung. Denn der rechte Flügel des U
bricht rund zehn Meter vor der Bauflucht ab und
schließt lediglich mit einem Baldachin auf zwei wag-
halsig schlanken und hohen Rundstützen zur Vor-
derkante seines Pedants auf. So entsteht eine silbrig
überdachte, diskret festliche Loggia, hinter ihr eine
gleichfalls silbrige Lamellenwand, die unterbrochen
von einem verglasten ›Hochregal‹ für Treppen und die
Rampe des Foyers, in eine Glaswand mit Portal über-
geht. Dann springt, seitlich ebenfalls von Lamellen
verkleidet, der zweite Flügel vor, dessen Stirnwand
völlig verglast ist. Im Gegenzug zu dieser Vielfalt bietet
der übrige Außenbau eine Glashülle, die nur von den
schmallinigen Horizontalen und Vertikalen der Stockwerke und Büros gerastert ist. Dass dennoch der Eindruck eines Kristallpalasts entsteht, liegt am Glanz
des Transparenzglases (eine erlösende Abweichung
vom enervierenden rostigen Bronzebraun oder
schockgefrorenen Türkis der gängigen bedampften
Glasfassaden) und an begrünten Böschungen, die,
eine Tiefgarage tarnend, das Bauwerk festlich aus
seiner Umgebung heben.

Schlicht und sachlich ist auch die Innenarchitektur.
Eine bloße Raumhülle haben Schneider + Schumacher den Bauherren zur Verfügung gestellt, in die, je
nach Bedarf, die Büros eingefügt werden. Das Besondere daran ist die Stahlbetonkonstruktion mit vorge-
spannten Betondecken, die stützenfreie Innenräume
ermöglicht. Zellenbüros, Kombibüros, Großraum-
büros und Konferenzsäle – alle werden durch eine in
die Decke integrierte Grundbeleuchtung versorgt und
sind medial via Doppelböden vernetzt. In den Massiv-
decken stehen thermische Speichermassen zur Verfügung, die ein integriertes Kühl-Heiz-System aktiviert.
So wird das Gebäude mit sekundärer Energie (Wasser
mit niedriger Temperatur) versorgt und funktioniert
als isothermischer Körper.

Ausreizen technologischer Möglichkeiten und ein
gerütteltes Maß an ökologischen Rücksichten halten
sich dabei, wie überall in dem Gebäude, die Waage.

Was zunächst wie ein Bündnis von High-Tech und Grün anmutet, das mit schnittig gebauten Metall-Glas-Regalen die Sandalenseligkeit von Kieferbrettern und Gründächern vergessen macht, ist näher betrachtet ein bestechendes bauästhetisches Capriccio: Die uniformen Leuchtkörper zum Beispiel, in der brisanten Kombination von Elektroinstallation und Thermik so kleine wie beeindruckende Erfolge des technisch Machbaren, siegen, trotz aller Sachlichkeit, auch auf dem ästhetischen Feld. Denn ihre Kontur – ein gleichsam geschmeidig gemachter kantenloser Keil – wirkt, als sei sie von einem angesehenen Braun-Designer ausgedacht.

Auch in der Großform kommt die der Ökotechnologie entwachsene Schönheit zum Tragen: Die gläserne Hülle (von Schneider + Schumacher patentiert) ist eine zweischalige Glasfassade. Ein Computer entscheidet, ob und wann es sinnvoll ist, sie zu öffnen. Doch auch der einzelne Benutzer kann tätig werden und im Zweifelsfall gegen die Maßnahmen des ›intelligent building‹ entscheiden. So oder so: Bei sonnigem Wetter spreizt die Fassade zahllose Glasflächen spitzwinklig nach außen. Dann wird aus der glatten eine schraffierte Hülle, effektvoll, aber nicht so effekthascherisch wie die Architecture parlante der neuen Berliner Börse, die Grimshaw & Partner als gläsernes Gürteltier annoncierten, aber nur als plumpes Betonringelspiel vollenden durften.

An Braun, dem Unternehmen mit dem legendären Ruf ultimativen Designs schätzen Schneider + Schumacher die »durchdachten, sich selbst zu erklärenden Geräte«. Mit dem Innenhof, der zugleich Halle ist, ist ihnen die »unmittelbare Umsetzung dieser Haltung« gelungen: Umgeben von den drei gläsernen Geschossen, überspannt von ungewöhnlich schlanken, im lichten Grau von Eisenglimmeranthrazit gestrichenen Stahlträgern, atmet der Riesenraum kühle Noblesse. Anthrazitfarbener Schiefer bedeckt den Boden, am Eingangsbereich keilt eine stählerne Rampe samt begleitender Treppe wie eine konstruktivistische Plastik in den Raum, und durchstößt die gläserne Eingangswand nach außen. Innen ist kein Winkel überflüssig, lenkt keinerlei Dekor von der Großform ab, die sich selbst erklärt. Sie wird suggestiv aufgewertet von einem schmalen Bassin, das die Hallenmitte auf der ganzen Länge durchzieht. An seiner zum Eingang weisenden Schmalseite erhebt sich der gläserne Vierkant eines Fahrstuhls, an der anderen stellt ein mächtiger Ahorn den Point de vue. Das lässt in seiner festlichen Strenge an die riesigen Peristyle römischer Villen denken und an die traditionsbewussten Züge der modernen Architektur Japans. Licht und Luft erhält der Baum durch die ›Kissendächer‹, bewegliche, beidseits gerundete Segmente, die gleichfalls auf

Ansicht von Süden
View from south

klimatische Bedingungen reagieren. Fast überflüssig zu erwähnen, dass Schneider + Schumacher es auch noch zustande brachten, den Besten der zusammengewürfelten Bauten des Werksgeländes, die Hauptverwaltung der Braun AG, in ihrem Bau zu respektieren: Was beim Altbau im Doppel von außen liegenden schmalen Stützen und dahinter angeordneten Wänden die Zweischichtigkeit der Spätmoderne der siebziger Jahre darbietet, haben sie in ihrer doppelschaligen Glasfassade auf den technischen und ästhetischen Stand unserer Tage gebracht. Es ist also doch möglich, das selbstbewusste und zugleich rücksichtsvolle Bauen im Bestand.

Dieter Bartetzko

Fotos/Photos:
Jörg Hempel

Fassadendetail
Detail of facade

Till Schneider,
Michael Schumacher
Bürogebäude, Kronberg

Detail des Daches
Detail of roof

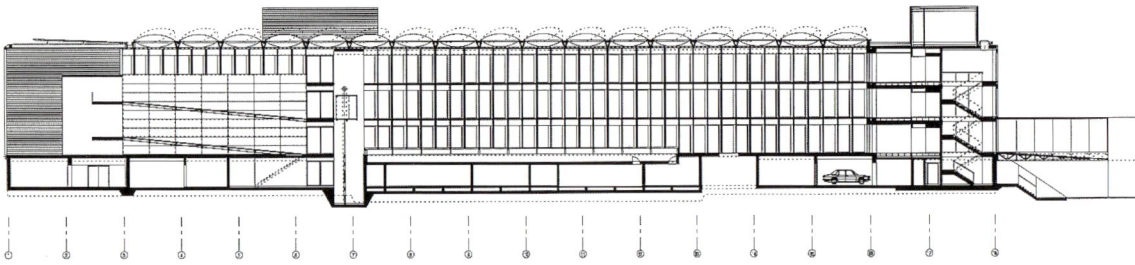

Längsschnitt
Longitudinal section

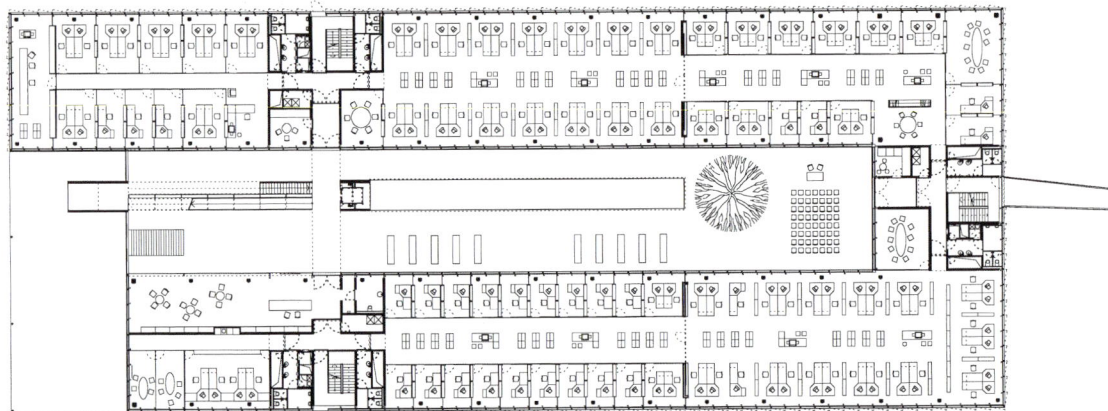

Grundriss Erdgeschoss
Ground-floor plan

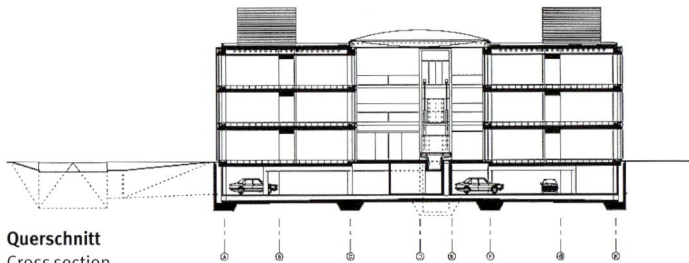

Querschnitt
Cross section

Ansicht von Nordwesten
View from northwest

Fassadendetail
Detail of facade

Treppenaufgang
Stairway

Till Schneider,
Michael Schumacher
Bürogebäude, Kronberg

Haupteingang bei Nacht
Main entrance at night

Innenhof
Interior courtyard

Volker Staab   **Neues Museum, Nürnberg**

Projektleitung	Stefan Reik
Mitarbeit	Filiz Dogu (Wettbewerb) Alexander Böhme, Carole Chuffart, Peter Deluse, Angelika Gaul, Klaus Gehrmann, Barbara Hubl, Birgit Hübner, Mareike Krautheim, Stefan Matthey, Martina Pongratz, Thomas Schmidt, Kathrin Zimmermann

Wettbewerb: 1991
Bauzeit: 1996–2000

New Museum for Art and Design, Nuremberg

The New Museum for Art and Design in Nuremberg is situated in the heart of the historic city, directly behind the Frauentor. On a small square near Luitpoldstrasse one is suddenly and unexpectedly confronted with the monumental glass wall of its main facade. As in an oversized window display, museum exhibits are presented in white cubes stacked behind the facade. Three, unassuming metal cylinders in the glass wall mark the main entrance. Inside, a full-height foyer acts as a fulcrum linking the purist exhibition tract with the reception and seminar areas.
Volker Staab has dramatically linked the new museum with the historic building that had to be integrated into it. The museum's persuasive symbiosis of tradition and innovation is complemented by a modest, angled tract housing the museum café and design forum. Only a narrow alleyway separates this building from the impressive glass-fronted museum.
The scriptural art of Swiss architect Rémy Zaugg creates a band around this collage of buildings.

Qu'est-ce qu'il y a de plus mystérieux que la clarté?
Paul Valéry, Eupalinos ou l'Architecte, 1921

Nürnberg. Zuerst ist da der große Stadtgraben. Dann kommt die Stadtmauer. Dunkelroter, behauener Sandstein. Martialisch und schwer, wie vieles in dieser Stadt mit Geschichte und pittoresken Rudimenten einer großen mittelalterlichen Vergangenheit. Aber direkt hinter dem Frauentor öffnet sich unvermittelt im Nürnberger Gewinkel ein ungewöhnlicher Platz: Eine riesige Wand aus Glas ragt hier in den Himmel. Wie eine schimmernde Klinge schrammt sie auf die massige Stadtmauer zu und lässt auf ihrer glitzernden Haut die alten Giebelhäuser vis-à-vis zu einem farbigen Aquarell verschwimmen. Fasziniert tritt man näher: Die Glaswand entpuppt sich als ein überdimensionales Schaufenster, hinter dem sich in schönster Ordnung die Auslage eines Museums präsentiert. In weißen, übereinander gestapelten Raumkuben sieht man diverse Objekte an den Wänden aufgehängt

Lageplan
Site plan

oder auf dem Boden liegen; Menschen stehen betrachtend davor oder wandern die Promenade architecturale der imposanten Wendeltreppe auf und ab. Manchmal dreht sich auch jemand um und sieht durch das große metallgerasterte Schaufenster nach draußen – auf die Stadtmauer, die Altstadthäuser und auf die Flaneure im Hof. Gewinkt wird nicht. Natürlich ist man neugierig und will auch hinein. Doch wo ist hier der Haupteingang? Das Auge fährt suchend die 100 Meter breite Glasmembran ab und entdeckt schließlich drei kleine Metallzylinder: Diese Drehtüren sind das Entree zum Neuen Museum für Kunst und Design in Nürnberg von Volker Staab.

Der Parcours führt zunächst durch eine gebäudehohe Vorhalle, die als Gelenk den Ausstellungstrakt mit dem Service- und Kassenbereich verbindet. Zuerst also zur Kasse. Dieser Tresen steht wie ein winziger Holzblock in der weiten dämmrigen Leere der Empfangsinsel. Ein paar Garderobenschränke, eine puristische Holzbank ohne Lehne – das ist alles. Die Wände sind hier Beton pur, auf dem Boden liegen dunkelgraue Sandsteinplatten, und an der niedrigen Decke verbreiten große quadratische Leuchtkörper matte Helligkeit. Staab inszeniert ein sehr konzentriertes Bild der Kontemplation. Durchaus wohltuend, weil es gegen den Strom der grassierenden Fun-Kultur schwimmt, aber auch etwas beunruhigend: Man fühlt sich im »Heiligtume der Kunst«, dem man sich in »schweigender Demut und herzenserhebender Einsamkeit« (Wilhelm Heinrich Wackenroder) nähern darf. Das drückt schon etwas aufs Gemüt. Auch das Auditorium im Untergeschoss des Hauses strahlt diese feierliche Unterkühltheit aus: Dramatisches Streiflicht von oben, Beton pur und Eiche hell und lange tiefe Schatten zitieren den Geist der Pittura metafisica. Selbst die Piazza mit dem Buchladen, der sich an den Servicebereich des Museums anschließt, schwelgt in verhaltenen Molltönen. Dies ist der historische Trakt des Museums, ein denkmalgeschützter Altbau, den Staab als Hypothek übernehmen musste. Er hat ihn ganz einfach unter das Dach seines neuen Hauses gepackt und mit rotem Sandstein geliftet.

Nach draußen – zur Luitpoldstraße hin – erscheint die Fassade offen und einladend: Glaselemente sorgen für eine klare und funktional lesbare Gliederung: Im Erdgeschoss die Schaufenster des Buchladens, in den Obergeschossen die kleinen Fensterrechtecke der Museumsverwaltung. Der vertikale, über die gesamte Höhe des Hauses geführte Lichtschlitz demonstriert den energischen Schnitt zwischen Alt und Neu.

Aber nach innen – zum Museumsfoyer hin – wirkt die schwere Sandsteinwand mit den tief eingekerbten Fensteraugen wie eine gemeißelte Traumbildkulisse auf einer Vedute von Piranesi. Dieser Schauer des

Östliche Glasfassade
Eastern glazed facade

Foto/Photos:
Lothar M. Peter
(wenn nicht anders angegeben)
(unless otherwise specified)

Erhabenen weckt – gerade hier in Nürnberg, der ›Stadt der Reichsparteitage‹ – ambivalente Gefühle. Gefühle, die sich nicht verdrängen lassen. Und so war es ein weiser Entschluss, nicht gegen, sondern kalkuliert mit dieser emotionalen Bürde zu arbeiten. Wie jeder Ort besteht Nürnberg aus vielen Sediment-schichten der Vergangenheit. Staab wählte diese Schichten als Fundament seines neuen Hauses, das er als souveräner »metteur de la nature en oeuvre« (Etienne-Louis Boullée) in einer schöpferischen Symbiose aus Tradition und Gegenwart wachsen ließ. Die Gegenwart – das sind die hellen Guckkästen hinter der transparenten Glasfront.

Eine Wendeltreppe – ganz in weiß und mit transparenten Brüstungsstreifen – führt über drei Etagen hoch zum großen Saal für die Wechselausstellungen und zu den unspektakulären, aber formal subtil ausbalancierten White Cubes für die Kunst- und Design-Sammlung. Wie ein Schneckenhaus windet sich dieser dynamisierte Parcours noch oben, immer dem Licht entgegen. Durch eine kreisrunde Dachöffnung fällt es nach unten und zaubert wandernde Schatten in den Raum. Diese Treppe ist zum Schreiten ge-macht. Gerne unterbricht man den Schritt, um zu verweilen und sich umzusehen: Unwillkürlich fällt der Blick auch auf den unscheinbaren Winkelbau am Rand des Hofs, in dem Staab das Museumscafé und das Designforum untergebracht hat.

Nur ein schmaler ›Katzenweg‹ zur Luitpoldstraße trennt diesen Sandsteinkubus von der Glashaut des Neuen Museums. Und plötzlich glaubt man sich in Venedig: eine schattige Gasse zwischen Hauswänden, ein Streifen blauer Himmel darüber und am Ende ein wunderschöner kleiner Platz im gleißenden Sonnenlicht. »Ein Werk, ein Mensch, ein Wahrnehmen« (Rémy Zaugg), so steht es programmatisch in gemeißelten Lettern im Sandstein des neuen Museums.

Karin Leydecker

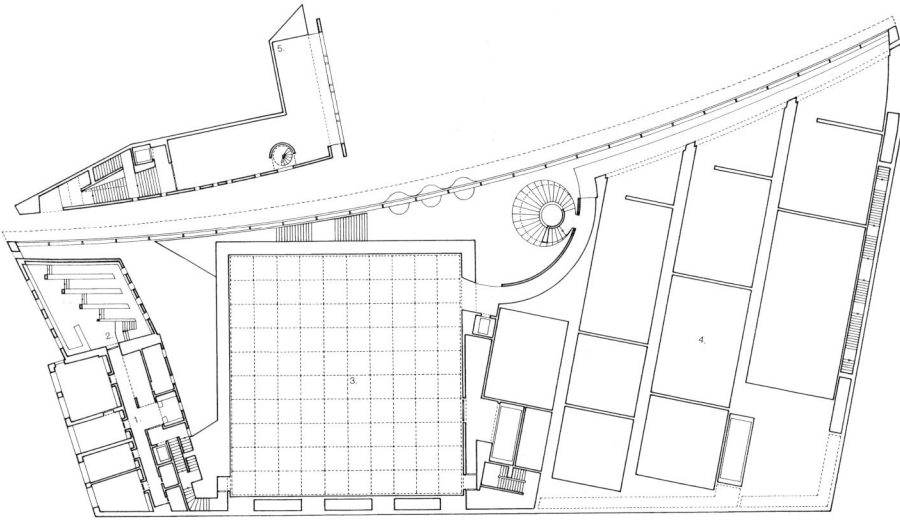

Grundriss Zwischengeschoss
Mezzannine floor plan

1 **Verwaltung**
1 Offices
2 **Bibliothek**
2 Library
3 **Wechselausstellung**
3 Temporary exhibition space
4 **Luftraum Neue Sammlung**
4 Open space, new collection
5 **Design Forum**
5 Design forum

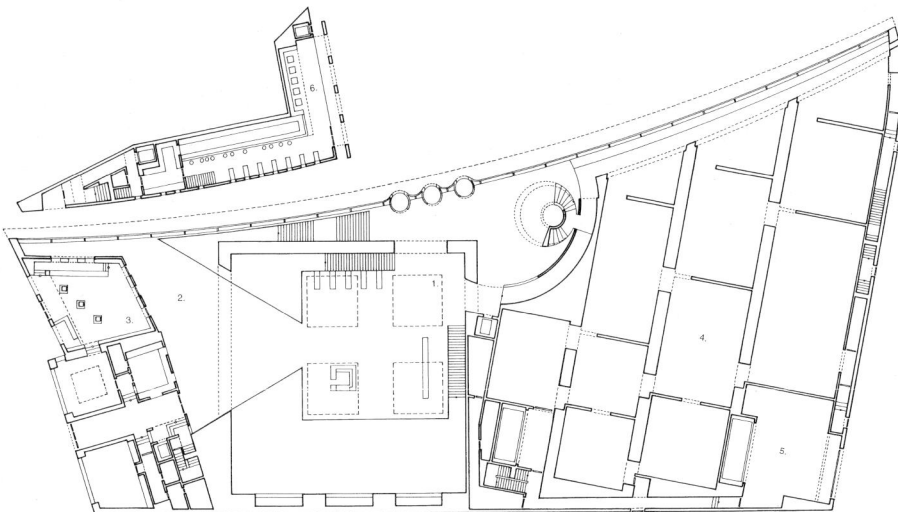

Grundriss Erdgeschoss
Ground-floor plan

1 **Foyer**
1 Foyer
2 **Lichthof**
2 Atrium
3 **Buchladen**
3 Bookshop
4 **Neue Sammlung/Design**
4 New collection, design section
5 **Anlieferung**
5 Deliveries
6 **Museumscafé**
6 Museum café

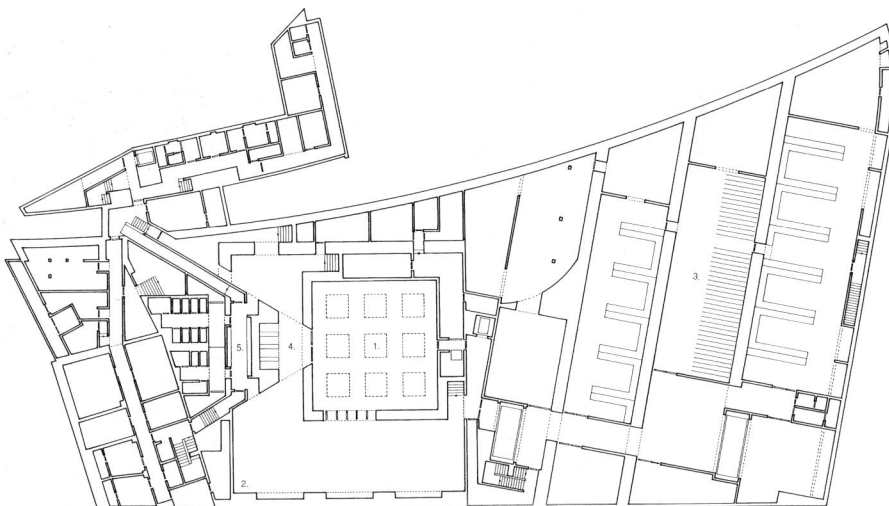

Grundriss 1. Untergeschoss
Basement floor plan

1 **Vortragssaal**
1 Auditorium
2 **Ausstellungsfoyer**
2 Exhibition foyer
3 **Depot**
3 Storeroom
4 **Garderobe**
4 Cloakroom
5 **WC**
5 Bathrooms

**›Katzenweg‹ zwischen
dem Neuen Museum
und dem
Albrecht-Dürer-Haus**
"Katzenweg" alley
between New Museum
and Albrecht Dürer
House

Volker Staab
Neues Museum, Nürnberg

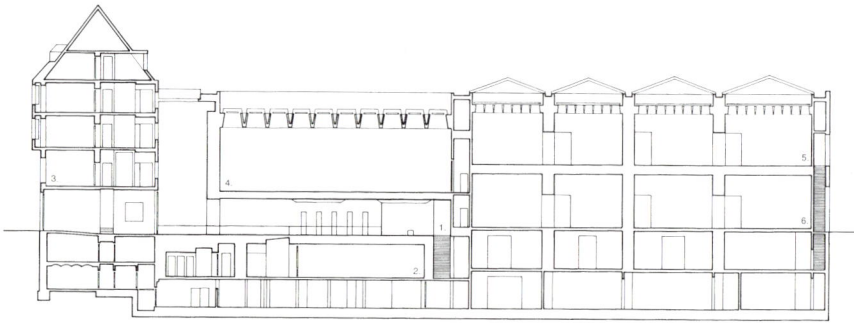

Schnitt durch die Sammlung
Section of museum

1 **Foyer**
1 Foyer
2 **Vortragssaal**
2 Auditorium
3 **Verwaltung**
3 Offices
4 **Wechselausstellung**
4 Temporary exhibition space
5 **Sammlung**
5 Permanent exhibition space
6 **Neue Sammlung/Design**
6 New collection, design section

Nordfassade
North facade

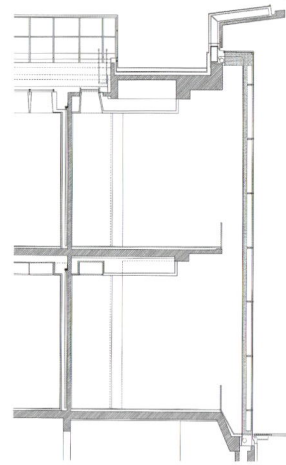

Fassadenschnitt
Facade section

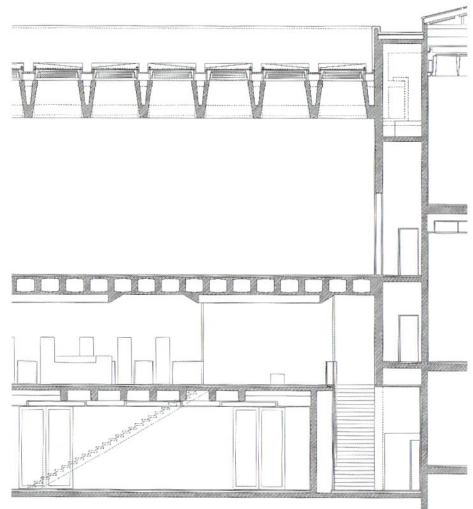

Schnitt durch Wechselausstellung und Foyer
Section of temporary exhibition space and foyer

Eingangsbereich
Entrance
(Foto/Photo: Udo Meinel)

Räume für Wechselausstellungen
Temporary exhibition space
(Foto/Photo: Udo Meinel)

Innenansicht mit Treppe
Interior view with stairway

Michael Volz

ZAE – Zentrum für Angewandte Energieforschung, Würzburg

Mitarbeit   **Stefan Wolf**

Fertigstellung: 1999

Centre for Applied Energy Research, Würzburg

Existing prejudices against wood are confirmed by cheap wooden barracks such as the Centre for Applied Energy Research built on the edge of the Würzburg University campus in the early 1990s. Just how differently this material can be used was illustrated last April by Michael Volz in his subtly understated extension building with its spacious, light-flooded entrance, bright rooms and graceful-yet-solid facade that is speckled with coloured squares in summer. Three methods of heat insulation are being tested on the south side: some thirty square metres of the facade has been fitted with vacuum panels which are up to ten times more efficient than conventional insulating material of the same thickness. Other sections are made of transparent heat insulators that also serve as self-regulating sunshades. The most advanced method so far has been applied to two fields of the building's shell: a two-centimetre-thick panel with a small metal hybrid component that functions as heat insulation and permits solar gains at the touch of a button. The building serves as a research and demonstration object, harmoniously combining high technology with wood.

Fotos/Photos:
Dieter Leistner/Architekton

Würzburg ist anders als vergleichbare bayerische Bischofsstädte wie Regensburg oder Passau schon lange Sitz einer Universität. Doch als in den siebziger Jahren das Land zur Wirtschaftsförderung Hochschulen in beiden erwähnten Städten gründete, wollte auch Würzburg seine Alma Mater erweitern. Für die naturwissenschaftlichen Fakultäten fand man an der südöstlichen Stadtgrenze das Gelände ›Am Hubland‹ und verstreute meist brutalistische Waschbetonkisten über eine Parklandschaft. Auf dem Campus sind nun seitdem weitere Gebäude gewachsen, größtenteils Durchschnittsware, schlechte Kopien der jeweils vorherrschenden Architekturmode. Auch der Anfang der neunziger Jahre errichtete Bau des Zentrums für Angewandte Energieforschung Bayern (ZAE) am südlichen Rande des Areals macht keine Ausnahme. Das Gebäude ist eine zweigeschossige Holzbau mit Spanplattenverkleidung, welche bereits existierende Vorurteile gegen Holz bestärkt. Wie anders man mit diesem Werkstoff umgehen kann, zeigt der im April vergangenen Jahres offiziell eröffnete Erweiterungsbau: helle Räume, ein großzügiges, lichtdurchflutetes Entree, ebenso leichte wie robuste Fassaden an der Nord- und an der Südseite, die sommers mit farbigen Quadraten betupft ist, machen den Bau zu einer angenehm zurückhaltenden Erscheinung, die für kleinere Institute Vorbildcharakter haben könnte.

Der Architekt Michael Volz nahm vom längsrechteckigen Altbau Höhe, Breite, Grundrisseinteilung und Neigung des Satteldachs auf. An das Gelenk zwischen Bestand und Neubau setzte er ein raumhoch verglastes Treppenhaus, das, um die bauliche Intervention zu betonen, an der Südseite um einen Meter eingerückt, im Norden mit einem den Eingang markierenden zarten Glasdach versehen ist. Das Treppenhaus hat nicht nur eine Verteilerfunktion, sondern gibt den beiden so ungleichen Bauabschnitten eine Mitte. Im Erdgeschoss und auf dem mit Metallrosten unterbrochenen Treppenpodest in der ersten Etage dient diese Mitte zudem als Ausstellungsraum. Die zweiläufige Treppenanlage, eine Konstruktion aus Holz und Metall, mit ihren mit Douglasienhirnholz belegten Stufen, die auf dünnen Stahlbügeln ruhen, kennzeichnet jene eigentümliche Mischung aus Filigranität und Robustheit, die den Reiz der besten Teile des Neubaus ausmacht.

Natürlich musste gespart werden. Aufgabe war nicht, ein repräsentatives Gebäude, sondern einen Arbeitsbau zu errichten, der den Zielen des Vereins wie Nachhaltigkeit und sparsamem Energieverbrauch entspricht. Heraus kam ein Holzständerbau, dem ein Raster – im Treppenhaus deutlich sichtbar – von einem Meter zugrunde liegt. Der hohe Grad an Vorfertigung – Innen- und Außenwände bestehen aus insgesamt 24 montagefertigen Teilen – ließ eine Bauzeit von nur wenigen Wochen zu. Um eine möglichst flexible Fassade zu erreichen, dienen ausschließlich die Giebel- und Flurwände als aussteifende Elemente. Der mit zementgebundenen Spanplatten beplankte, recht müde wirkende Ostgiebel kann mit seiner eingerückten Nottreppe allerdings wenig überzeugen. Dagegen gefällt der helle, sympathische Flur, der mit Oberlichtern sowie verglasten Wandfeldern natürlich belichtet wird. Am fröhlichsten kommt jedoch die geschichtete Südfassade daher, die mit ihrem Rhythmus von umrahmten und randlosen Feldern, die erwähnten aus farbigem Blech bestehenden Tupfern und einer grazilen Konstruktion von Vordach und Revisionssteg auf dem Würzburger Universitätscampus Maßstäbe setzt.

Die Gebäudehülle dient dem ZAE als Versuchs- und Demonstrationsobjekt. Der eingetragene Verein, dessen Mitglieder vor allem öffentliche Institutionen und Unternehmen sind, widmet sich in vier Abteilungen an vier verschiedenen Orten der Fotovoltaik, der Wärmedämmung, der thermischen Nutzung von Sonnenlicht sowie der Energieumwandlung und -speicherung. Ziel ist nicht Grundlagenforschung, sondern praktische Anwendung.

Zur Zeit werden insgesamt drei Methoden zur Wärmedämmung an der Südseite getestet: Rund 30 Quadratmeter Fassadenfläche wurden mit im ZAE hergestellten Vakuumpaneelen ausgerüstet. Zur Verwendung kamen Platten aus mikroporösem Kieselsäurepulver, die bei gleicher Dicke bis zu zehnfach effizienter als ein konventioneller Dämmstoff sind. Mit einer einfachen Umhüllung aus Aluminiumverbundfolien sind diese Paneele über Jahrzehnte funktionsfähig. Derzeit denkt man darüber hinaus daran, das Aluminium durch metallfreie Hochbarrierefolien zu ersetzen. Als praktische Einsatzmöglichkeiten wird etwa an die Sanierung von Gebäuden mit denkmalgeschützter Fassade, allgemein bei Innen-, Fußboden- und Deckendämmungen sowie an schlanke Fassadenkonstruktionen gedacht.

An anderen Ausfachungen der Fassade bauten ZAE-Mitarbeiter transparente Wärmedämmungen ein. Sie wurden mit einer thermotropen Schicht versehen, die als selbst regulierender Sonnenschutz dient. Bei Überschreiten einer Temperaturschwelle

Ansicht von Südosten
View from southeast

schaltet das System von einem klaren in einen licht-streuenden Zustand. Um eine Überhitzung dieser Felder zu vermeiden, werden ihnen sommers die beschriebenen Buntbleche vorgesetzt. Die avancier-teste Methode kam bisher an zwei Feldern der Gebäudehülle zum Einsatz. Mit ihr kann man nicht nur Wärme dämmen, sondern, falls nötig, auch Sonnen-energie nutzen. Im Sommer oder an trüben Winter-tagen wirken die beiden Prototypen mit einem k-Wert von 0,3 W/m² hochdämmend. Das nur zwei Zen-timeter starke Paneel besteht gebäudeseitig aus Edel-stahlblech und an der Außenseite aus Glas. In das Paneelinnere wurden wenige Gramm eines Metall-hybrids integriert. Darin gebundener Wasserstoff kann bedarfsweise freigesetzt werden und erhöht dann die Wärmeleitfähigkeit des Paneels um den Faktor vierzig und entlastet so die konventionelle Gebäudeheizung auf elegante Weise. Wird die Heiz-leistung nicht mehr gebraucht, lässt sich der Wasser-stoff mit einem einfachen Schalterdruck wieder binden. Bei Computersimulationen hat man beim ZAE Netto-Wärmegewinne über eine Heizperiode von bis zu 140 kWh/m² errechnet. Die beiden in Würzburg eingebauten Prototypen dienen nun dazu, Erfahrun-gen über Eigenschaften der Konstruktion wie etwa Befestigung oder Verbiegung und des thermischen Verhaltens zu sammeln.

Diese ausgefeilten Fassadenelemente, die bislang den technisch letzten Stand der Gebäudeisolierung repräsentieren, verbinden sich harmonisch mit über-all sichtbarem Holz. Das ökologische Potential des Materials, auch heute noch weitgehend unangetastet, verknüpft mit High-Tech, das scheint eine zukunfts-fähige Grundlage zu geben. Vorurteile, freilich, sind zu überwinden. Der Neubau für die ZAE ist ein gutes Beispiel dafür. Weitere Information über die Fassa-denelemente: http://www.zae.de

Enrico Santifaller

Michael Volz
**ZAE – Zentrum für Angewandte
Energieforschung, Würzburg**

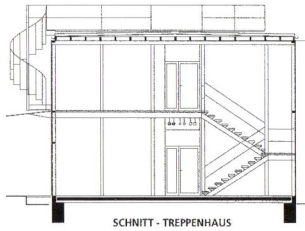

SCHNITT - TREPPENHAUS

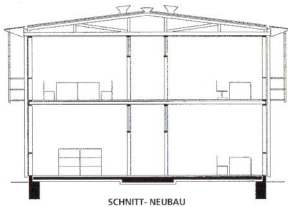

SCHNITT- NEUBAU

Schnitte
Sections

Ansicht von Norden
View from north

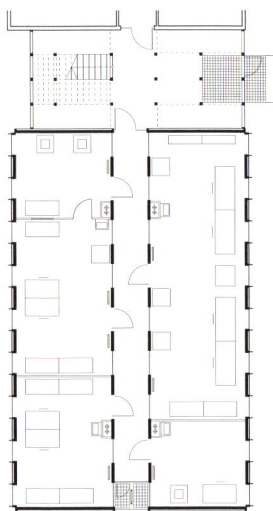

Grundriss Erdgeschoss
Ground-floor plan

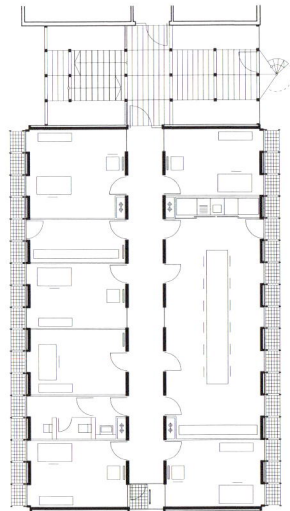

Grundriss Obergeschoss
Upper-floor plan

Flur
Corridor

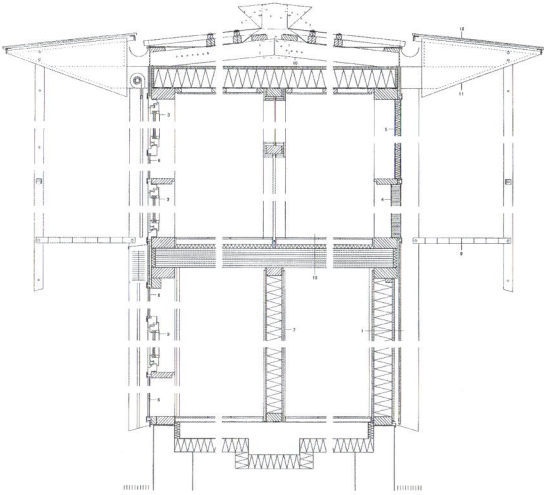

Vertikalschnitt
Vertical section

Fassadensystem von innen
Facade system from within

Detail der Südfassade
Detail of south facade

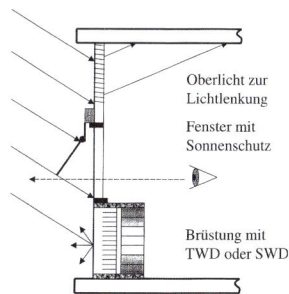

Sommer

Oberlicht zur
Lichtlenkung

Fenster mit
Sonnenschutz

Brüstung mit
TWD oder SWD

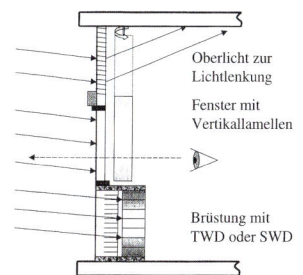

Winter

Oberlicht zur
Lichtlenkung

Fenster mit
Vertikallamellen

Brüstung mit
TWD oder SWD

Funktionsprinzip eines Fassadenelements für den Sommer- und Wintersonnenstand
Facade element adapts to summer and winter sun conditions

Alfred Berger,
Tiina Parkkinen

Nordische Botschaften, Berlin

Gesamtentwurf, Kupferband, Gemeinschaftshaus ›Felleshuset‹

Mitarbeit — Margarete Dietrich, Antti Laiho, Ines Nicic, Kurt Sattler, Peter Thalbauer, Ivan Zdendovic

Ausführungsplanung und Bauleitung für alle Einzelprojekte — Justus Pysall, Peter Ruge

1995–1999

Nordic Embassies, Berlin

Five countries—Finland, Norway, Iceland, Sweden and Denmark—have together built a village of embassies in the centre of Berlin. In a miniature Nordic landscape of water, native timbers and rocks, the national houses are grouped around a plaza. It is a unique, diplomatic model of individual identities and shared facilities and an unconformist architectural solution arrived at by competition and executed by seven young architectural practices.
Although surrounded by a high wall of copper louvers, the architecture emphasises flexibility and transparency. Security features are deceptively unobtrusive. The shared community house, or "Felleshuset," is open for both public cultural events and private state occasions. These Nordic countries have broken with the "fortress" mentality of embassy design by employing domestic scale and designer furniture, informality and multi-cultural fraternisation. This strategy of diplomacy through architecture can only be maintained if the nations involved play no part in world power politics and have no real enemies.

Fotos/Photos:
Christian Richters

Ein Dorf wurde mitten ins diplomatische Viertel von Berlin gepflanzt. Zur Klingelhöferstraße hin durch eine grün oxydierte kupferne Mauer abgeschirmt, bilden die Botschaften von Finnland, Norwegen, Island, Schweden und Dänemark eine unter Polarlichtreflexen funkelnde Oase aus Wasser, heimischen Hölzern und Felsen. Jeder Nation gehört ein Haus mit Front zum Dorfplatz. Kleine Gewässer in dieser nordischen Miniaturlandschaft trennen wie das Meer die Gebäude, und über das Pflaster laufen kreuz und quer weiße Marmorstreifen, die nachts wie Landepisten beleuchtet sind.

Das Ensemble ist in mehrerer Hinsicht einzigartig. Als diplomatisches Kooperationsmodell, das auch einem kleinen Land wie Island mit seinen nur sieben Botschaftsangestellten erlaubt, auf internationalem Parkett ein gleichgewichtiger Partner zu sein. Als nonkonformistische Architekturlösung, die dreißig Sondergenehmigungen von der Berliner Baubehörde erforderte. Und schließlich seiner jungen Architekten wegen: Der älteste ist 45 Jahre alt, der jüngste 28. Alle kamen über Wettbewerbe zu ihrem Auftrag.

Sicherheitsvorkehrungen, die Botschaften gewöhnlich in die Nähe von Gefängnissen und Atomkraftwerken rücken, sind hier bemerkenswert unaufdringlich. Das Tor zum Haupteingang ist zwar sicherlich aus Panzerglas, aber eben durchsichtig. Die 16 Meter hohe, wie ein geschuppter Fisch schimmernde Mauer aus 4 000 Kupferlamellen wird von Panoramafenstern durchbrochen. Unter dieser internationalen Grenze fließt Wasser durch einen Kanal nach draußen in ein Bassin. Die Lamellen der Kupferverkleidung sind stellenweise für neugierige Einblicke angekippt. Zwischen der Mauer und dem Bürgersteig liegt ein von Birken bestandener Grasstreifen – kein elektrischer Zaun und keine Warntafeln. Zwar existiert eine Grenze zwischen dem öffentlichen und dem Botschaftsbereich, doch gibt sie sich betont beweglich, leicht und transparent.

Mit einer einladenden Geste weitet sich am Eingang der Bürgersteig zu einem Vorplatz: Die Rampe des unterirdischen Parkhauses sowie die offizielle Auffahrt zur Plaza und zum ›Felleshuset‹ gehen alle von diesem dreieckigen Eingangsbereich aus. ›Felleshuset‹ heißt Gemeinschaftshaus. Das Gebäude dient nicht nur als Pförtnerhaus – Botschaftsangehörige und Besucher werden hier kontrolliert –, sondern beherbergt auch die Konsulatsdienste für alle fünf Nationen und ist gleichzeitig ein Bürgerzentrum en miniature. Um ein mächtiges Treppenhaus mit gläsernen Stufen und Milchglasscheiben laufen Galerien, auf denen heimisches Kunsthandwerk ausgestellt ist. Ein Vortragssaal, ein Empfangsbereich aus hellem Holz, Glas, Chrom und Leder, Regale mit Zeitschriften, Vitrinen, Konferenzräume, ein Restaurant, eine überdachte Terrasse für Sommerempfänge – all dies steht bereit fürs diplomatische Protokoll ebenso wie für öffentliche Veranstaltungen.

Was die nordischen Botschaften dann doch mit allen anderen im Ausland ansässigen Institutionen verbindet, ist der Wunsch, eine Heimat fern der Heimat zu schaffen. Ein 120 Tonnen schwerer Monolith von einer norwegischen Fjordklippe wurde übers Meer transportiert und mit einem von nur zwei Kränen, die in Europa für solche Lasten ausgelegt sind, an die Stirnseite der Norwegischen Botschaft gehievt. Im Foyer der Isländischen Botschaft ist echter schwarzer Bimsstein über roter Beleuchtung so geschichtet, dass die Szenerie an heiße Lava erinnert. Die Stärke des übergreifenden Konzepts von Berger und Parkkinen liegt vor allem darin, dass das Dorf-Ensemble – trotz solcher bildhaften Details, die sämtliche nordischen Klischees zu bedienen scheinen, trotz der vielen beteiligten Architekten und trotz der Probleme, die sich aus nationalen Empfindlichkeiten ergeben – einen insgesamt harmonischen Eindruck erweckt.

Die fünf beteiligten Nationen sind, entgegen einer weitverbreiteten Ansicht, nicht alle gleich. Sie bilden eine Mischung aus Skandinavischem und Nordischem, aus Monarchien und Republiken, aus EU- und

Lageplan
Site plan

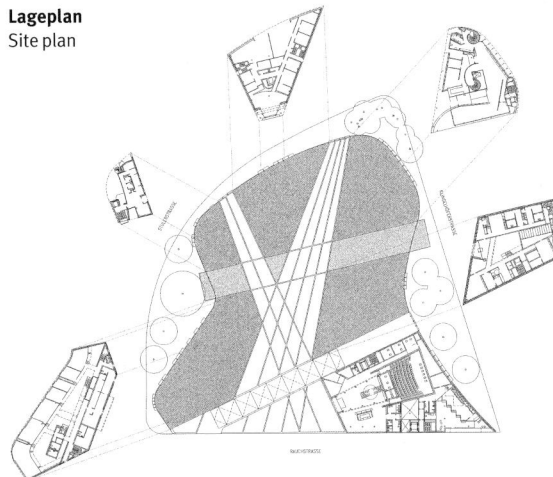

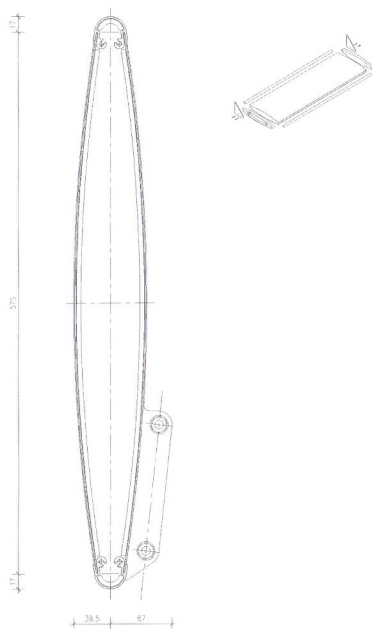

Konstruktionsdetail
Structural detail

Detail
Detail

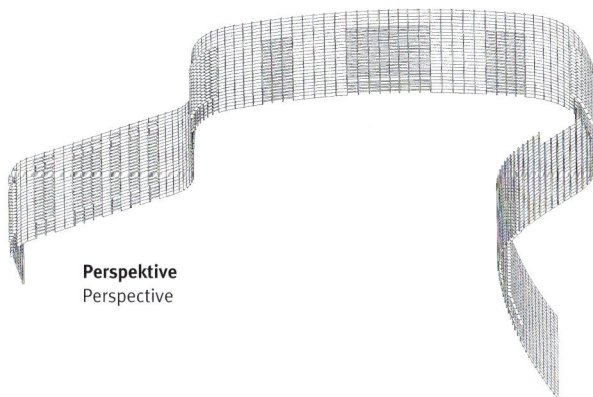

Kupferband
Copper band

Perspektive
Perspective

NATO-Mitgliedern, und sie haben einander zu verschiedenen Zeiten überfallen oder bekriegt. Was sie verbindet, ist einerseits das hochgehaltene Prinzip persönlicher Freiheit innerhalb eines gesellschaftlichen Systems und andererseits eine Ästhetik, die das Mit- und das Gegeneinander von Mensch und Natur spiegelt.

Nordische Ortschaften sind – von den gemäßigten Zonen bis hinauf zur Tundra – auf felsigen Grund gebaut, in den sich eisige Wasserläufe gegraben haben. Umgeben sind sie von Wiesen und Bergen, gegen die sich Mauerwerk oder Holzbauten reliefhaft abheben. Ebenso asymmetrisch ballen sich auch im Botschaften-Ensemble die Massen. Silhouetten türmen sich zu Berggipfeln. Das isländische Haus ist mit rosa und gelb marmoriertem Ryolith verkleidet und bildet einen nur durch wenige Fenster durchbrochenen monolithischen Block. In einer Yin-Yang-Kombination zweier Fassaden setzt Schweden polierten schwarzen Granit aus Emmaboda gegen weißen Kalkstein aus Gotland. Das weiße Segel über dem Eingang zur Plaza bauscht sich wie eine Wolke. Wenn man bei Polarlandschaften gemeinhin an dünne Bäume vor Felswänden oder Erdwällen denkt, so lässt sich die filigrane moderne Gestaltung der Fenster, die die großflächigen Farbfelder unterbrechen und ordnen, als eine Reminiszenz daran lesen. Die Struktur betont, je nach Beleuchtung, den Vorder- oder den Hintergrund. Nachts wird das massige ›Felleshuset‹

zur schwerelosen Laterne, deren Licht zwischen den horizontalen Lärchenholzstreifen hervorquillt, und das finnische Haus, dessen schiere Glasfassade komplett von einem Gitter aus hölzernen Fensterläden verkleidet ist, wird durchscheinend.

Im dänischen Haus begleitet ein geschwungener Vorhang aus horizontalen Holzbändern eine bis zum Dach offene Straße, die von einer Galerie mit Korridoren, die zu den Büros führen, begrenzt ist – eine architektonische Anspielung auf Alvar Aaltos New Yorker Ausstellung ›Panoptischer Raum‹ von 1939. All diesen architektonischen Details geht es um Licht, das gefiltert Schattenbänder wirft, die wie die Zeiger einer Sonnenuhr den Lauf eines Tages durchmessen. Auf eher skulpturale Weise spielt das schwedische Haus

139

Alfred Berger, Tiina Parkkinen
Nordische Botschaften, Berlin
Gesamtentwurf, Kupferband,
Gemeinschaftshaus ›Felleshuset‹

mit Masse und Leere: Eine barocke Wendeltreppe aus Birkenholz, ein Meisterstück der Kunsttischlerei, schwingt sich aus dem furnierholzverkleideten Foyer in die oberen Etagen empor.

Die Botschaften der nordischen Länder brechen mit der Tradition von Ländervertretungen als Hochsicherheitstrakte. Ihre Architektur überführt Zivilisation in Form – mit häuslichen Dimensionen und Designermöbeln. Der Mensch ist das Maß. Mit diplomatischem Geschick setzt die Architektur an Stelle von Pomp und hierarchischen Strukturen auf Ungezwungenheit und multikulturelle Verschmelzung. Das ist nur von Ländern zu erreichen, die keine wirklichen Feinde haben und sich im Machtspiel der Weltpolitik zurückhalten.

Layla Dawson

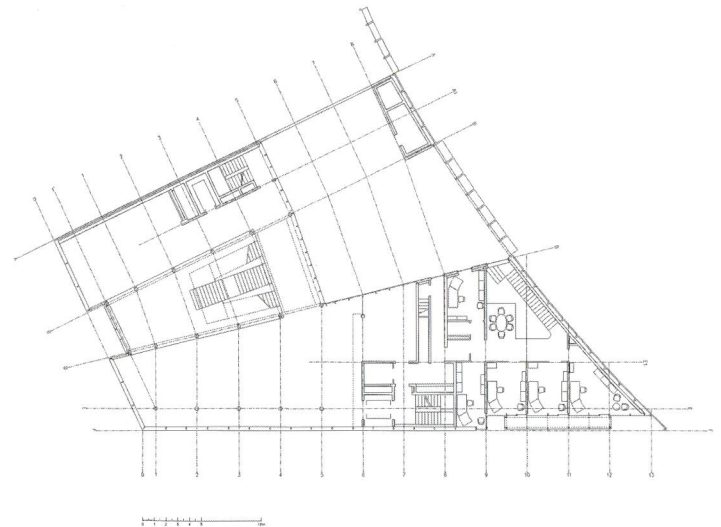

Grundriss
Floor plan

Ansicht
View

Gemeinschaftshaus ›Felleshuset‹
Community house ›Felleshuset‹

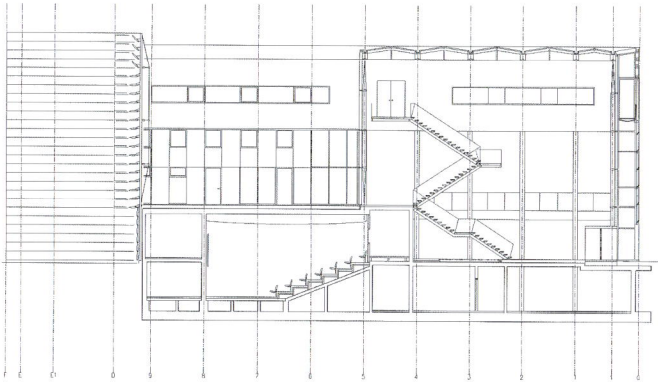

Schnitt
Section

Innenansicht
Interior

Treppen
Stairway

Finnische Botschaft

Rauno Lehtinen,
Pekka Mäki,
Toni Peltola

Längsschnitt
Longitudinal section

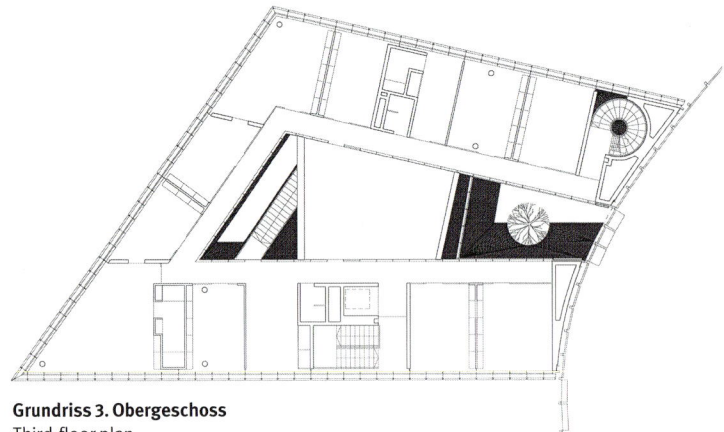

Ansicht von Süden bei Nacht
Night view from south

Fotos/Photos:
Jussi Tiainen

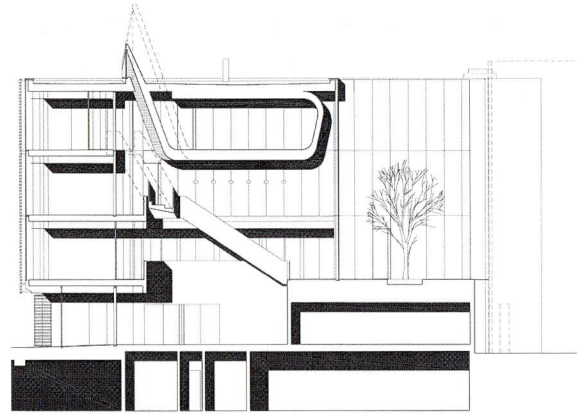

Grundriss 3. Obergeschoss
Third-floor plan

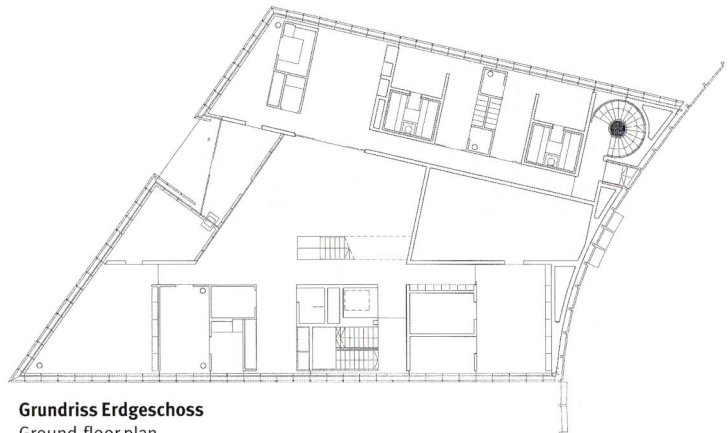

Grundriss Erdgeschoss
Ground-floor plan

Innenhof
Interior courtyard

Innenansicht
Interior

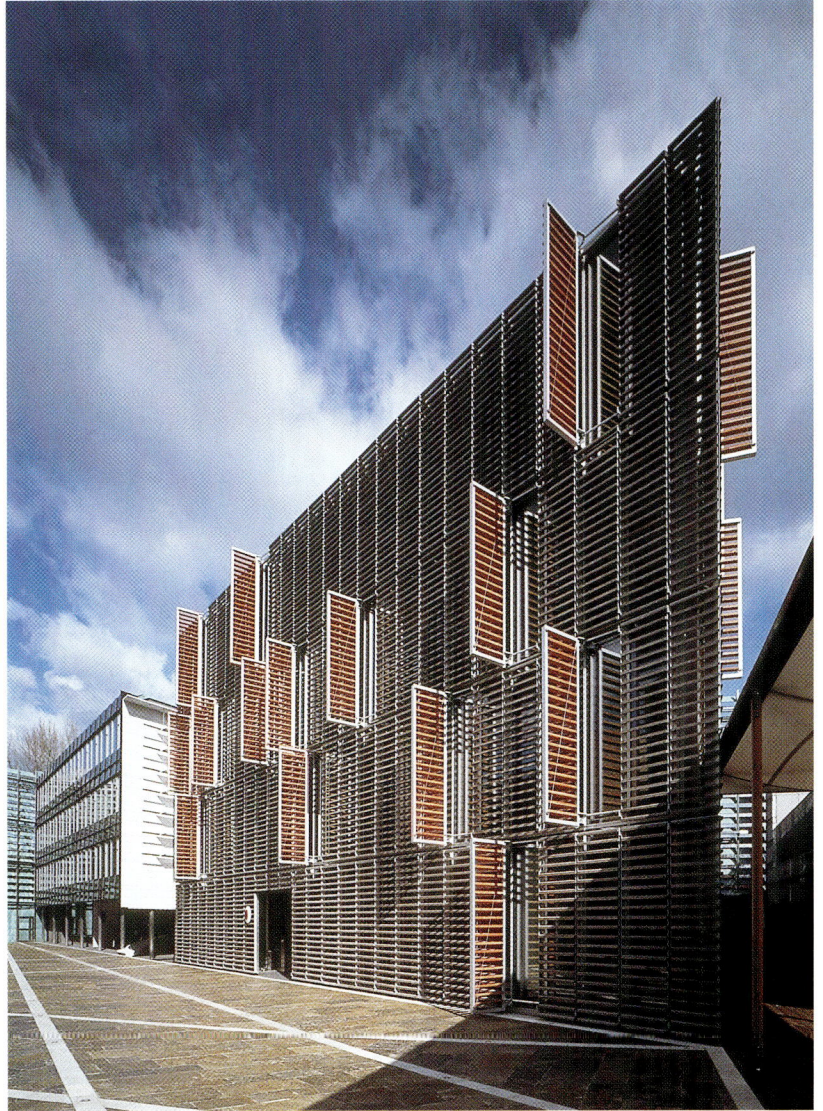

Ansicht mit geöffneten Lamellen
View with slats open

Schwedische Botschaft
Gert Wingårdh

Mitarbeit (Wettbewerb)	**Ulrika Bergström, Anneli Carlsson, Pål Ericksson, Per Glembrandt, Fredrik Gullberg, Vanja Knocke, Jerry Kopare, Thomas Ocklund**
Mitarbeit (Planung)	**Johan Casselbrant, Dan Danielsson, Jonny Dernbrant, Björn Dufva, Torbjörn Edgren, Anna Evaldsson, Gunilla Murnieks, Smajo Stender, Erik Williamsson**

Ansicht von Süden
View from south

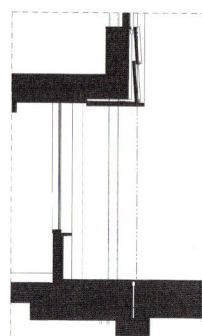

Schnitt durch die Westfassade
Section through west facade

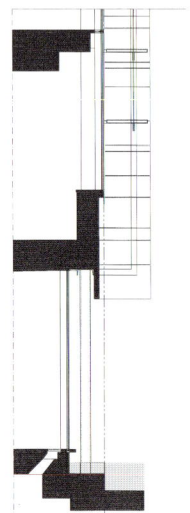

Schnitt durch die Südfassade
Section through south facade

Fotos/Photos:
Ake E:son Lindman

Innenansicht
Interior

Innenansicht mit Treppe
Interior with stairway

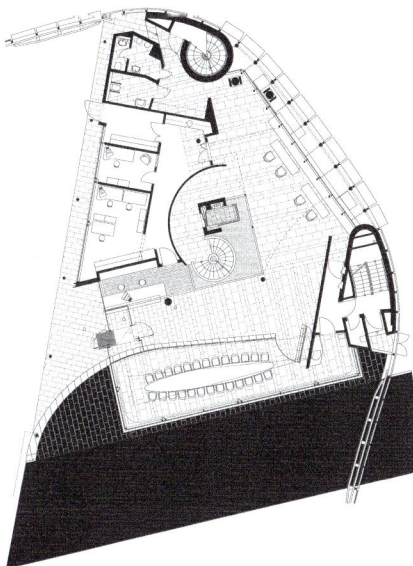

Grundriss Erdgeschoss
Ground-floor plan

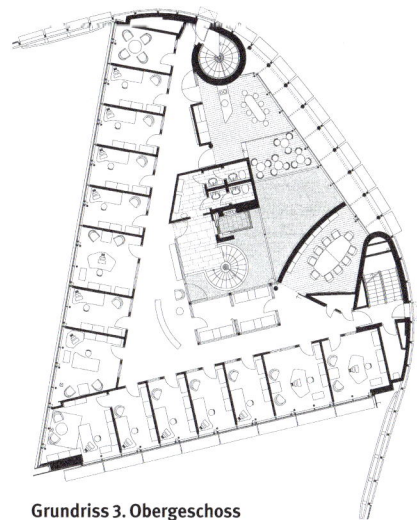

Grundriss 3. Obergeschoss
Third-floor plan

Norwegische Botschaft

Craig Dykers,
Christoph Kapeller, Kjetil Thorsen

Projektmanager   **Ole Gustavsen**

Architekten   **Jostein Bjørndal, Ibrahim El-Hayawan,
Frank Kristiansen, Knut Tronstad**

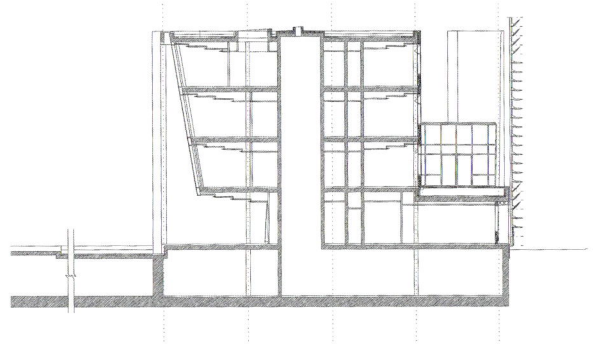

Schnitt
Section

Außenansicht
Outdoor view

Grundriss Ebene 1
Ground-floor plan

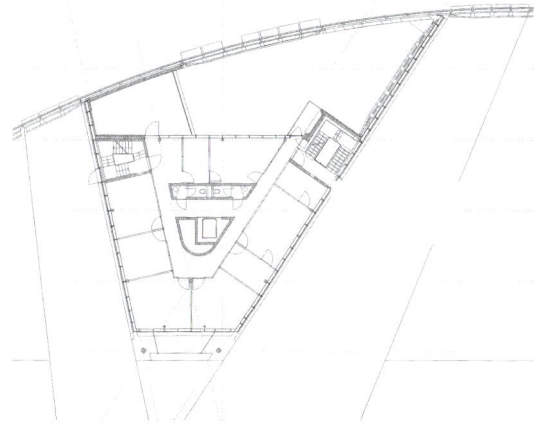

Grundriss Ebene 2
Second-floor plan

Innenhof mit einer Skulptur von Yngve Zakarias
Interior courtyard with a sculpture from Yngve Zakarias

Isländische Botschaft

Pálmar
Kristmundsson

Mitarbeit   Gunnar Bergmann Stefánsson, Sindri Gunnarsson,
Haraldur Ingvarsson, Bigir Teitsson

Außenansicht
Outdoor view

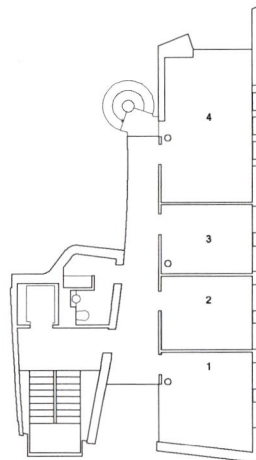

Grundriss Obergeschoss
Upper-floor plan
1 Geschäftsträger
1 Executive
2 Sekretariat
2 Secretarial
3 Konferenzraum
3 Conference
4 Botschafter
4 Ambassador

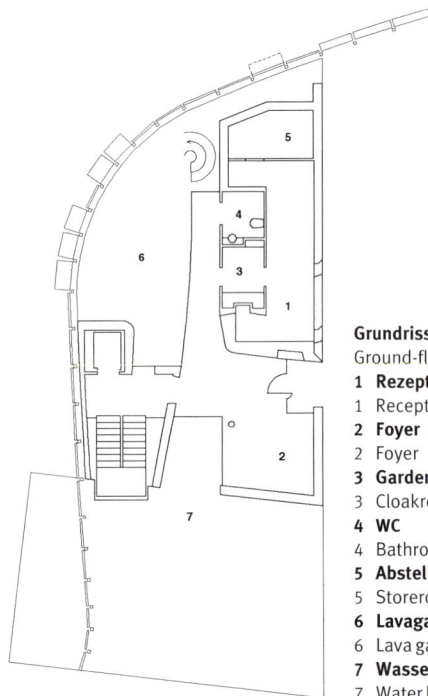

Grundriss Erdgeschoss
Ground-floor plan
1 Rezeption
1 Reception
2 Foyer
2 Foyer
3 Garderobe
3 Cloakroom
4 WC
4 Bathrooms
5 Abstellraum
5 Storeroom
6 Lavagarten
6 Lava garden
7 Wasserbecken
7 Water basin

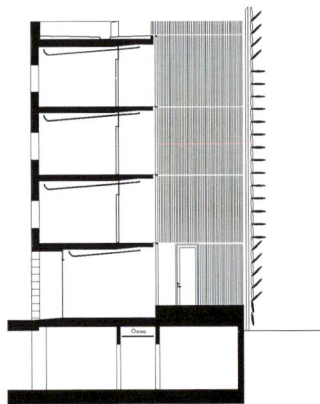

Schnitt
Section

Lavagarten
Lava garden

Fotos/Photos:
Christian Richters

Dänische Botschaft

Lars Frank Nielsen,
Kim Herforth Nielsen

Mitarbeit   Gerti Axelsen, Lars Due Jensen, Lars Kjemtrup,
Malene E. Knudsen, Mads Posch, Lars Povlsen,
Jette Schwarz, Helge Skovsted

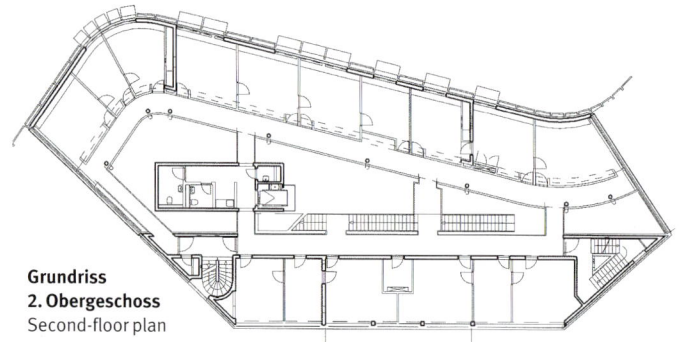

**Grundriss
2. Obergeschoss**
Second-floor plan

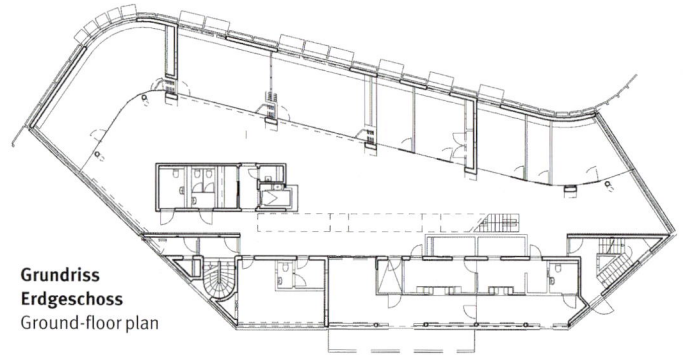

**Grundriss
Erdgeschoss**
Ground-floor plan

Außenansicht
Outdoor view

Fotos/Photos:
Finn Christoffersen

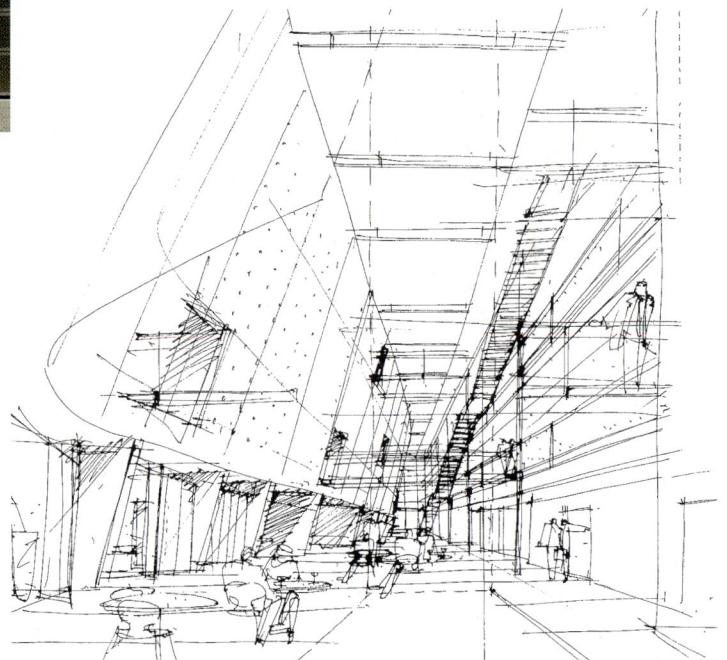

Perspektivische Skizze
Perspectival sketch

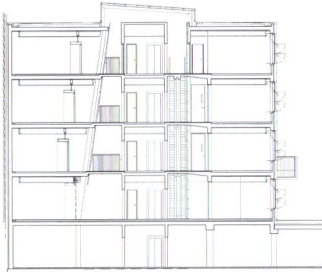

Querschnitt
Cross section

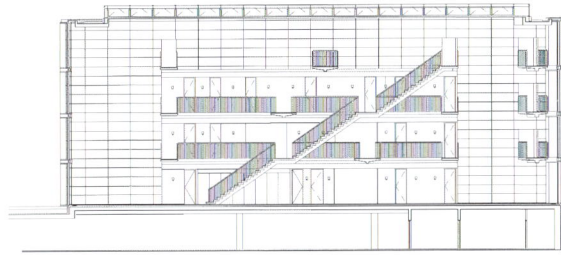

Längsschnitt
Longitudinal section

Innenansicht
Interior view

Projekte
Projects

Diener und Diener

Ruhrmuseum, Essen
Umbau der Kohlenwäsche der Zeche Zollverein XII

Statik   **Conzett, Bronzini, Gartmann AG**

Wettbewerb   **1999**

Zollverein XII Colliery, Essen

The Zollverein XII Colliery in Essen was erected between 1929 and 1932 by industrial architects Fritz Schupp and Martin Kremmer. In December 1986, the colliery was closed and the individual buildings put to other uses. The IBA international building exposition of Emscher Park suggest to convert the former coal washery into a museum that would use the historic architecture to document and demonstrate the architectural and technological history of coal mining in the region. In order to ascertain how this could best be achieved, the IBA held a competition between five architects; the winner was Diener & Diener. The key feature of their design is the extra height they have added to the coal washery. A metal framework with brick and window-ledge infilling is suspended in front of the load-bearing steel structure of the old building. The architects envisage a continuation of the former building via a thin facade skin of frameless, bonded, rolled sheet glass. They believe this approach will enhance the quality of the historic building and, at the same time, make it a symbol of structural change.

Herz des Reviers. Der Titel gebührt keinem Ort des Ruhrgebiets so sehr wie der Zeche Zollverein XII in Essen. Von 1929 bis 1932 von den Industriearchitekten Fritz Schupp und Martin Kremmer im Stil des Neuen Bauens errichtet, war sie die modernste, leistungsstärkste sowie ästhetisch anspruchsvollste Schachtanlage der Welt. Doch das ist Geschichte: Am 23. Dezember 1986 wird die Zeche – schwarze Weihnacht in Essen – stillgelegt, der Bergbau in der Stadt endgültig zu Grabe getragen. Das Ensemble bleibt, als Inkunabel der Industriearchitektur unter Denkmalschutz gestellt, erhalten und beginnt schrittweise ein zweites Leben, indem einzelne Gebäude anderen Nutzungen zugeführt werden: So findet im ehemaligen Kesselhaus das Design Zentrum Nordrhein Westfalen ein neues Domizil, aus der Kompressorenhalle wird ein Restaurant, aus dem umgebauten Kühlturm eine Filmproduktionsstätte; auch Ausstellungs-, Theater- und Tanzräume, Veranstaltungshallen, Werkstätten und ein Begegnungszentrum entstehen.

Doch der Weg zum ›Zukunftsstandort‹ ist weit, steinig und noch lange nicht am Ziel. Die Hinterlassenschaften der Schwerindustrie haben gewaltige Ausmaße, und so harrt der hintere, einst Kohle führende Teil des Komplexes, darunter die Kohlenwäsche, in der das Fördergut sortiert wurde, nach wie vor der Erschließung. Als zentrales Zeugnis eines untrennbaren Kontinuums von Bauten, Räumen und Maschinen ist sie das größte und auch höchste Gebäude der Anlage,

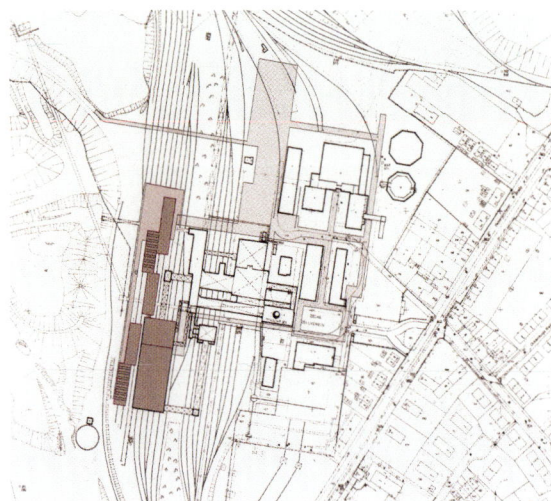

Lageplan
Site plan

Station eines Denkmalpfads, auf dem jährlich mehrere tausend Besucher den Prozess der Kohlegewinnung ablaufen.

Die Kohlenwäsche, die wie eine Burg über dem Areal thront, wurde – auch als Genius Loci – von der Internationalen Bauausstellung Emscher Park (IBA) dazu ausersehen, das Ruhrmuseum in sich aufzunehmen, ein Institut für die Natur- und Kulturgeschichte des Reviers, in dem das neben dem Folkwang-Museum im südlichen Stadtzentrum ansässige Ruhrlandmuseum aufgehen soll. Die historische Architektur soll dabei als Zeuge und Demonstrationsobjekt der Bau- und Technikgeschichte eingebunden und möglichst wenig beeinträchtigt werden. Um herauszufinden, wie das räumlich organisiert und dargestellt werden kann, hat die IBA unter fünf Architekten einen ›Wettbewerb‹ veranstaltet, aus dem, so das – bei einer Enthaltung – einstimmige Ergebnis des fünfzehnköpfigen ›Beratergremiums‹, Diener & Diener aus Basel als Sieger hervorgingen.

Der Clou ihres Entwurfs liegt darin, dass er eine Aufstockung der Kohlenwäsche vorsieht: So wird das Industriedenkmal, das unverändert bleibt, bewahrt und mit einem weithin sichtbaren Akzent versehen. Für das Ruhrmuseum werden drei (im erhöhten Kopfteil sogar fünf) neue Stockwerke geschaffen, die das 37 (im ›Kopf‹ 45) Meter hohe Gebäude auf 54 (bzw. 67) Meter wachsen lassen. Dabei entstehen drei Ausstellungsflächen von insgesamt etwa 5300 Quadratmetern, während im ›Kopf‹ die Designschule, Büros, ein Vortragssaal, ein Café sowie Räume für Workshops und Museumspädagogik untergebracht werden.

Dieses ›Ruhrdeck‹, wie die Architekten es nennen, ist frappant und riskant zugleich. Es ist frappant, weil es die erhaltenswerte Einrichtung unangetastet lässt und den funktionalen Zusammenhang der Bauten nicht unterbricht, die Kohlenwäsche als (kulturhistorisches) Fundament versteht (und auch verständlich macht) sowie mit einem weithin sichtbaren Zusatz versieht, der darauf aufbaut und sich so davon abhebt, dass er für etwas Neues steht und in die Zukunft weist. Und es ist riskant, weil sich diese ›sprechende‹ Botschaft nur vermitteln lässt, wenn eine leicht, schier schwerelos wirkende Konstruktion gelingt, die, indem sie der ausbalancierten Kubatur des alten Gebäudes folgt, dessen ruhigen Ausdruck weiterträgt. »Die Idee besteht darin, die heute mit Biegemomenten belastete Konstruktion mit Hilfe des darüber liegenden Tragwerks der Aufstockung so zu entspannen, dass keine Verstärkung notwendig wird«, heißt es dazu im Erläuterungsbericht von Conzett, Bronzini, Gartmann Ingenieure, Chur.

Vor der tragenden Stahlkonstruktion der Zeche Zollverein XII hängt ein Metallgerüst, das mit Ziegeln

Kohlenwäsche und Ruhrdeck
Coal washery and kieve deck

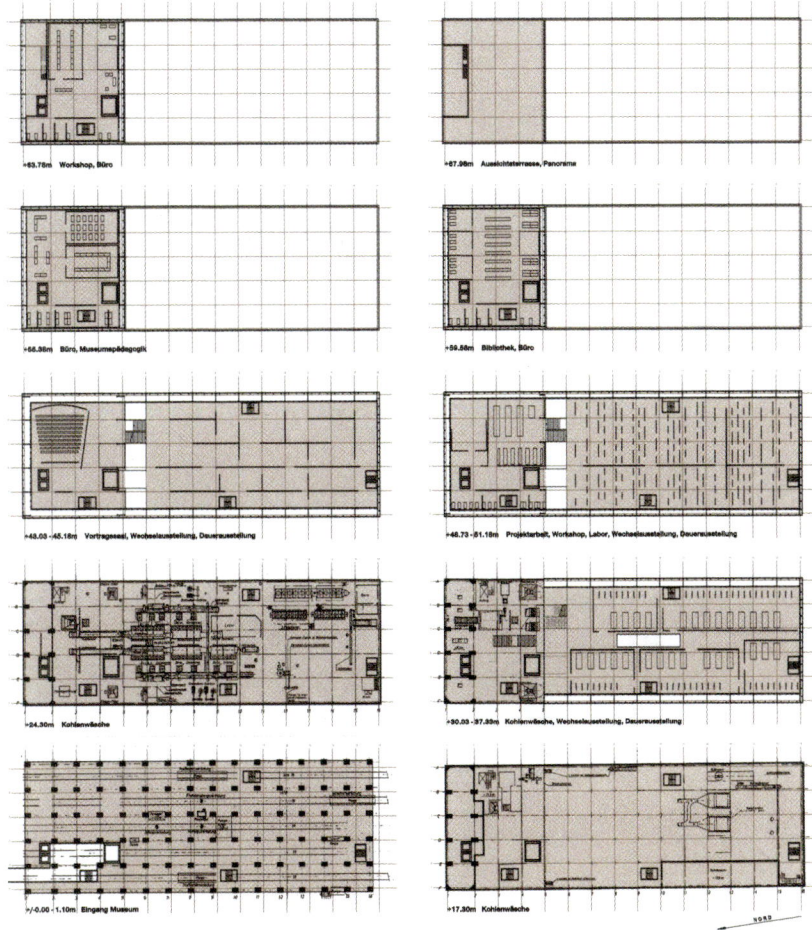

Grundrisse
Floor plans

und Fensterbändern ausgefacht ist. Als deren ›Fortsetzung‹ schlagen Diener & Diener eine dünne Fassadenhaut vor, die aus Gussgläsern besteht, die ohne Rahmen gefügt sind. Das ›neue Museum‹ soll sich so deutlich von dem ›alten Museum‹ absetzen, dass dieses, zumindest scheinbar, keine Massenveränderung erfährt oder gar von einem Fremdkörper dominiert wird. Ein kubisches Tragluftzelt ohne Fenster und Streben soll entstehen, das den Unterschied zwischen Tragwerk und Ausfachung aufhebt: Das Ruhrgebiet auf Wolke sieben.

Dabei vertrauen Diener & Diener auf die (in der Architekturgeschichte wenig beachtete) Möglichkeit, durch Aufstockung die Qualität eines Baudenkmals zu steigern, ohne den Bestand in seiner Wirkung zu mindern, und verweisen – sehr weit zurück – auf die Villa Farnese in Caprarola von Giacomo da Vignola (1560) als historisches Beispiel. Die Denkmalpflege, so steht zu erwarten, wird Bedenken anmelden und »massive Eingriffe in das Erscheinungsbild« kritisieren, zumal auch die zum Wahrzeichen gewordene Schauseite des Ensembles, die der Stadt zugewandte, klassizistisch anmutende Anlage mit dem Ehrenhof, der Sichtachse und den freistehenden Bauten, betroffen ist.

Es fällt schwer, das außergewöhnliche Vorhaben in diesem Stadium zu beurteilen. Letztendlich wird es darauf ankommen, *wie* die Aufstockung ausgeführt wird. Eine Realisierung, die das ›sprechende‹ Konzept einlöst, jedenfalls könnte Zeche Zollverein XII als Ikone der Architektur, Knotenpunkt der Route für Industriekultur und Standort kultureller Nutzungen zu einem Symbol des Strukturwandels und damit auch wieder, wenn auch ganz anders, zu dem machen, was es lange war: Herz des Reviers.

Andreas Rossmann

Längsschnitt durch Kohlenwäsche und Ruhrdeck
Longitudinal section through coal washery and kieve deck

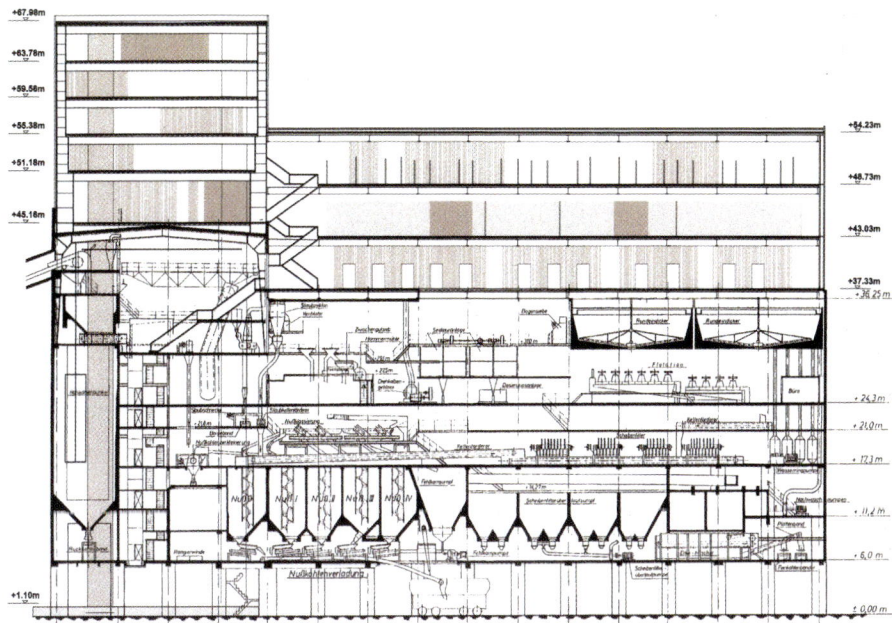

Kohlenwäsche von Nordwesten
Coal washery from northwest

Blick vom Eingang
View from the entrance

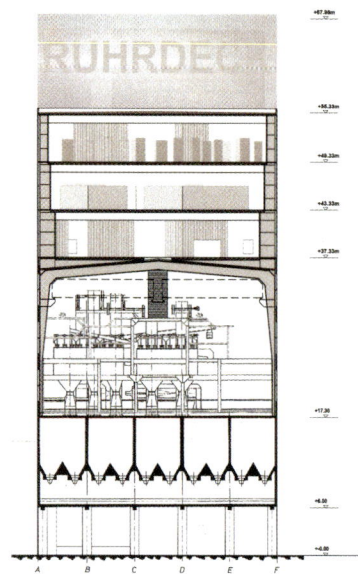

Querschnitt
Cross section

Ruhrdeck bei Nacht, Fotomontage
Photomontage of kieve deck at night

Zaha Hadid   **Science Center, Wolfsburg**

Wettbewerbsteam	**Zaha Hadid mit Christos Passas** und Eddie Can, Chris Dopheide, Sylvia Forlati, Jan Hübener, Stanley Lau, Yoash Oster, Caroline Voet, Janne Westermann
Wettbewerb	1999 (1. Preis)

Science Center, Wolfsburg

Zaha Hadid's design for the Science Center, Wolfsburg, was the winning entry in a restricted competition of invited architects. The prominent site marks the entrance to Volkswagen's new automobile city. Science Centers are a new building task in Germany and are places where visitors can gain hands-on experience of natural and technical phenomena, promoting curiosity, personal initiative and the spirit of discovery.
The building represents the concept of inside-out in that its interior world is designed on an urban scale. This is evident in the tectonic structure, where a seven-metre-high

Out of Inner and Outer Space

Man könnte Zaha Hadid als Renaissance-Baumeisterin bezeichnen. Denn es scheint, als stelle sie nie in Frage, dass es eine gestaltbare, mit Architektur zu bewältigende Substanz gibt und dass Architektur ein Mittel zur Verbesserung des Lebens (im Sinne A.N. Whiteheads) ist, dass Architektur also einen zentralen gesellschaftlichen Auftrag hat.

In der Renaissance fühlte der gerade sich entwickelnde Stand des Berufsarchitekten sich beflügelt, unmittelbar zur Verbesserung der Welt beizutragen, neue Lebensmöglichkeiten durch das Bauen zu fördern. Damals setzte man neue, profane Bauprogramme um, etwa die Villa auf dem Land, unter Verwendung überlieferter und transformierter Elemente der Architektur. Die Baukunst war ein Feld geistiger Betätigung und dabei Mittel zur Weltschöpfung und zur Klärung der Position des Menschen in der universalen Ordnung der Dinge. Man strebte unmittelbar eine Verbesserung des Lebens an, das Schaffen von

Gebilden, die den Benutzer auf vielfältige Weise programmatisch mit dem Gebauten wie mit seiner umgebenden Natur verknüpfen.

Zaha Hadids Entwurf für das Science Center in Wolfsburg ging aus einem Wettbewerb als Sieger hervor. Die Lage des Projektes ist prominent: Es bildet den städtebaulichen Auftakt zur neuen Autostadt von VW, welche die bisher vorhandene scharfe physische Trennung zwischen der Stadt der Autos und der Stadt der Menschen zu überwinden hilft.

Science Center sind eine neue Baugattung in Deutschland: Sie sind Orte, wo durch die persönliche Auseinandersetzung des Besuchers mit Phänomenen aus Natur und Technik Neugier, Eigeninitiative sowie Entdeckergeist geweckt und verstärkt werden soll. Der Besuch eines Science Centers soll Spaß machen (wie alles heute), der Besucher erfährt auf spielerische Weise die Phänomene real und interaktiv, und er kann sich frei durch das Gebäude bewegen.

Die Grundidee des Wolfsburger Entwurfs ist die der Magic-Box, das rätselhafte Objekt, das die Neugier und die Lust an Entdeckung weckt, bei dem man spürt – bei aller Komplexität und Eigenart –, dass hier eine Gesetzmäßigkeit waltet. Diese Gesetzmäßigkeit ist ein ebenso einfacher wie verblüffender Gedanke: Das Gebäude stellt eine räumliche Umstülpung des Innern nach außen dar, eine Transformation der Erlebniswelt des Innern in den städtischen Maßstab.

Diese Transformation zeigt sich in der tektonischen Durchbildung. Eine in etwa sieben Meter Höhe schwebende Gebäudescheibe wird mit der Straßenebene durch große konische Baukörper – Ein- und Ausstülpungen – verbunden. Der städtische Raum unter dem Gebäude bildet sich auf diese Weise analog zu dem Ausstellungsraum darüber. Innerer und äußerer Raum verhalten sich zueinander wie ineinander passende Teile einer Gussform. Alle Erschließungselemente liegen in den Ausstülpungen. Die Transformation wird durch die Lichtführung unterstrichen. Der Bau wird durch einen Lichtteppich von unten angestrahlt, was zusammen mit dem von oben einfallenden Licht einen schwebenden, fast entrückten Eindruck erzeugt, der jedes Oben oder Unten in Frage stellt, der die Schwere seines Baumaterials Beton auflöst.

Bei Zaha Hadids Arbeit geht es immer um die Lösung spezifischer Fragestellungen, aber auch um das allgemeine, über die Aufgabe hinausgehende gedankliche Weiterentwickeln von Architektur. Dieses Streben nach einer universalen Lösung mit baulichen Mitteln verbindet sie mit der Renaissance. Damals

Innere Landschaft mit beleuchteten Ausstellungspunkten führt den Besucher durch das Gebäude, wie ein Stadtplan den Besucher durch die Stadt leitet

Wegekonzept
Walkway concept

war der Mensch über das Haus, das auf seinen eigenen Proportionen aufgebaut war, welche über die pythagoreische Identität von Quantität und Qualität in der Ordnung des Universums insgesamt standen, mit der Welt aufs engste verschmolzen. Es entstand jene Intensität, jene erstaunliche physische Präsenz, jenes fast gewaltsame Hingezogenwerden in die räumliche Komposition, wie man es zum Beispiel heute noch bei Palladios Villa Barbaro (1560) erleben kann.

In Zaha Hadids Bauten geschieht etwas Analoges: Der visuelle Eindruck ist groß, man erliegt dem Sog des Gebäudes und wird auf vielfältige Weise mit ihm unmittelbar und sehr körperlich verknüpft.

Die Neuartigkeit des baulichen Ausdrucks, die ungewöhnliche Wortwahl und Syntax, verleiten oft dazu, diese Besonderheit als Ziel der Arbeit zu sehen. Man darf den ersten Eindruck aber nicht für die Substanz nehmen. Die räumliche Disposition gibt sich bei näherer Betrachtung als eine dichte Konzeption, eine gebaute Weltsicht zu erkennen. Es ist die Welt der Relativität, die Welt des sich ständig Bewegenden, der Widersprüchlichkeit und Unsicherheit, aber auch die Welt der Möglichkeiten, die Welt des vorwärts gerichteten menschlichen Geistes.

Alle Bestandteile des Baus, ob unmittelbar sichtbar oder nicht, sind miteinander über ein Netz nachvollziehbarer Entscheidungen verknüpft. Man kann sich dies an der Verzahnung von Form und technischer Tragwerkslösung, von Material und Raumbildung, von Raumform und Gebrauchsabläufen, von Gebäudetechnik und Raumform, von Programm und städtebaulichem Ort verdeutlichen. Es entsteht Transparenz im geistigen Sinne, eine allgegenwärtige Tendenz zur Intensivierung durch Verdichtung, zur klarstmöglichen Formulierung eines Gedankens.

Man wird hineingezogen in dieses Netz verwebter architektonischer Entscheidungen zum Zweck der Positionierung des Menschen in der Welt, eine Architektur der Unmittelbarkeit also, nicht der formalen Distanz.

Dies ist architektonische Haltung, die wegen ihrer gegenläufigen Tendenz zur selbsterklärten Avantgarde der Kurzatmigkeit – die sich oft mit Versatzstücken aus Zaha Hadids Werk schmückt – im Moment wieder Avantgarde-Charakter annimmt.

In restaurativen Zeiten wird das bereits Erreichte zur Vision.

Walter Nägeli

Lichtkonzept
Lighting concept

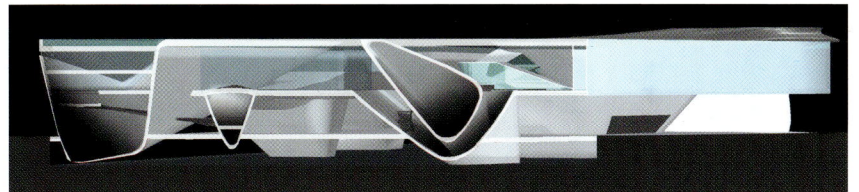

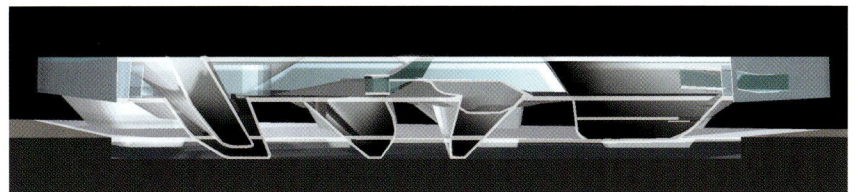

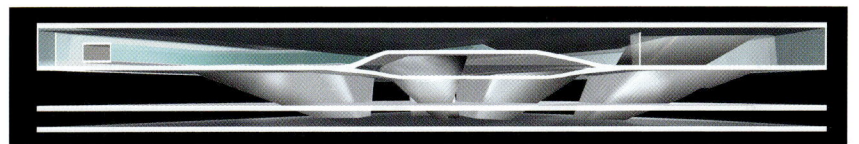

Strukturmodelle
Structural models

floating panel is linked to the street level by large conical components: inside-out and outside-in. Interior and exterior relate to one another the way the parts of a mould fit together. All of the main traffic zones are situated inside convex elements, and a sense of spatial transformation is emphasised by channelled light. Both convex and concave elements are lit from below by an artificial carpet of light.

Use, concept and form combine in a single unit. A bridge connects the automobile city to the main entrance, where it filters out into an inner network of pathways. Here are the most important facilities: restaurant, auditorium, bistro, bookshop and a dual entrance. The conical, concrete forms are "broken" through in several places and patched with glass elements. The design takes a new approach to a specific typological solution for a Science Center. The result is a whole new world — a new form for a new task.

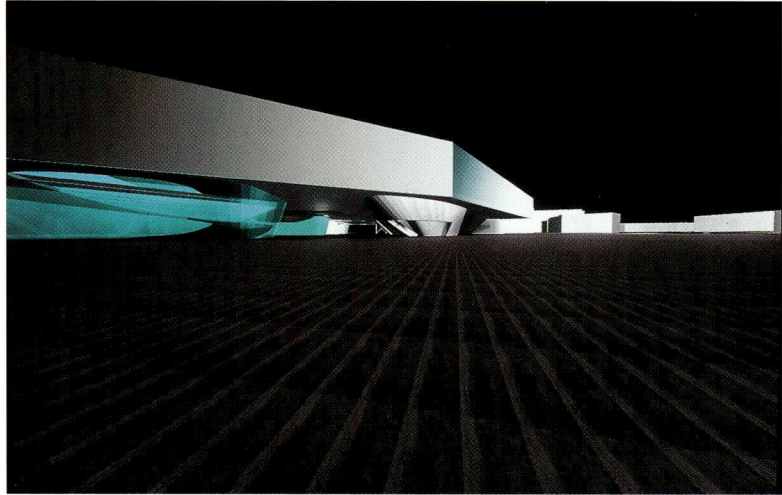

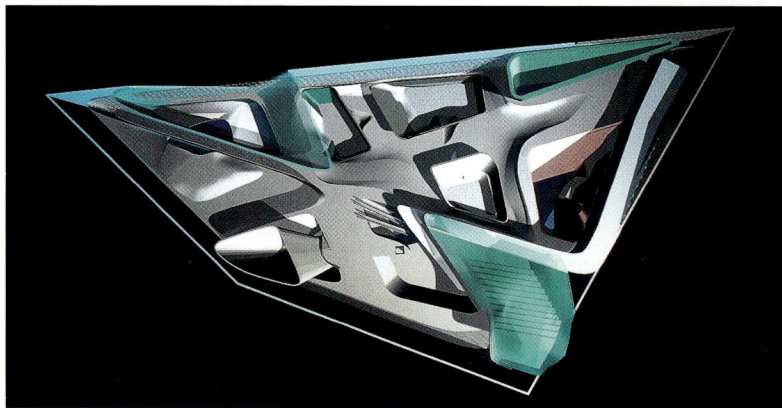

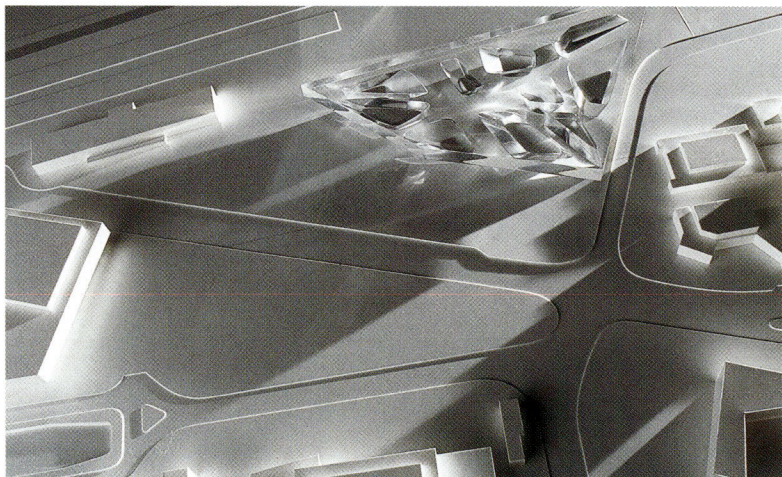

Modelle
Models

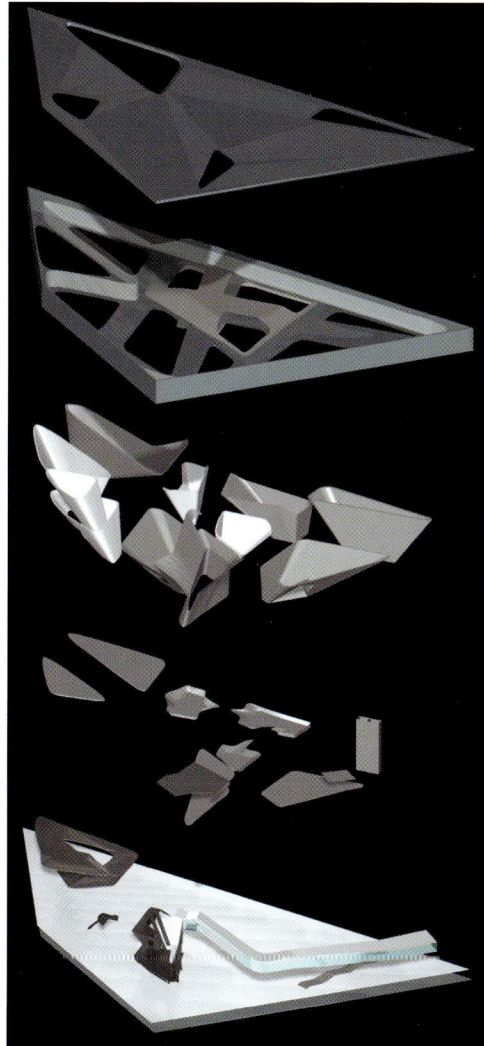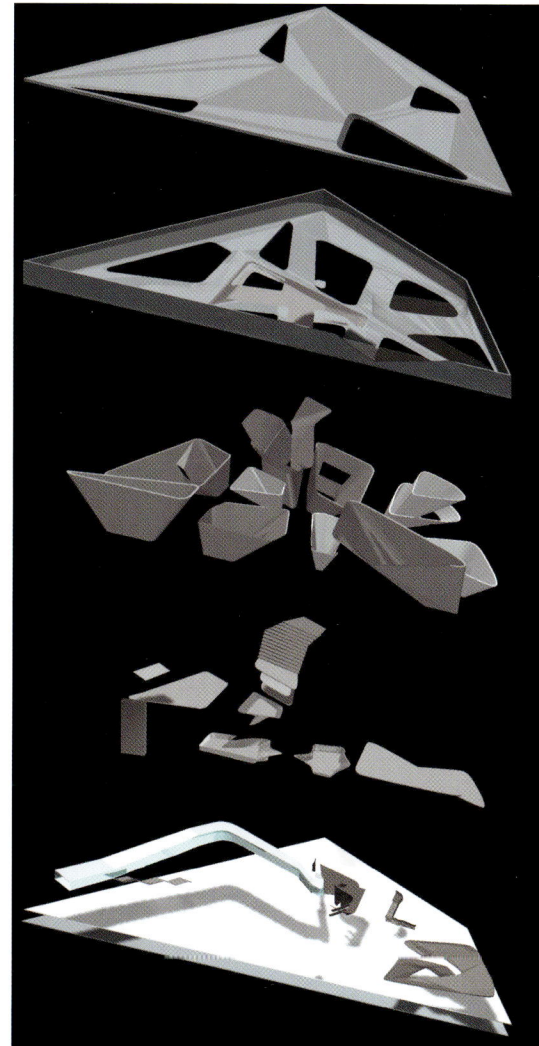

Animierte Strukturmodelle
Animated structural models

Modell, Model

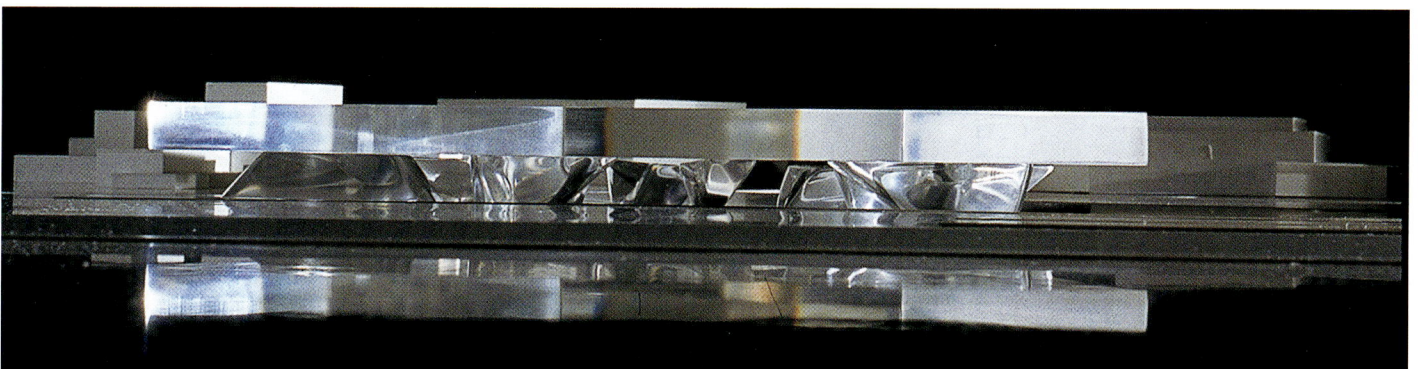

Aus dem Archiv des DAM

From the Archives of the DAM

»Wohnungen wie Vogelnester am Baum«[1] – Eine zentrale Vision im Werk des Architekten Heinz Rasch

"Apartments like nests in a tree" — A Central Vision in the Oeuvre of Heinz Rasch

When the brothers Heinz Rasch (1902–1996) and Bodo Rasch (1903–1995) published a technical document entitled "Wie Bauen?," on the occasion of the architectural exposition at Weissenhof in Stuttgart in 1927—followed by a second, extended edition in 1928—they included their own projects. In the process, they deliberately used a pictorial strategy that accorded their forward-looking designs for twelve-storey "suspended dwellings" a significance that was recognised and debated by their contemporaries. These two pioneers of constructivist building set up their own firm, Brüder Rasch, between 1926 and 1930, for the production of interior fittings and furnishings. Their architecture was based on a number of central masts made of tubular steel, from which fully glazed, cylindrical units were suspended, linked by latticed girders and anchored by steel wires. Access roads were suspended between two rows, linking the individual dwellings like covered walkways. The additive principle at the heart of the high-rise or low-rise "Rasch System" was very much in the spirit of avant-garde urban development, and, at the same time, accommodated the individual notion of the suspended dwelling and provided space for pedestrians in the modern city. Heinz Rasch, whose estate has been in the archives of the Deutsches Architektur-Museum in Frankfurt since 1997, revived what had once been an internationally widespread idea when he turned to the suspended dwelling once again in the early postwar period of the 1950s. This time he modified it by introducing a concrete core as a

Als die Erben 1997 den umfangreichen Nachlass des im Jahr zuvor hochbetagt verstorbenen Architekten, Architekturtheoretikers, Möbeldesigners und Kunstvermittlers Heinz Rasch dem Deutschen Architektur-Museum übereigneten, würdigten sie über die institutionelle Arbeit hinaus vielleicht auch ein besonderes Verdienst: Gemäß der Maxime, »auch mit weniger bekannten Persönlichkeiten die allgemeine Entwicklung zu profilieren und typische Merkmale der deutschen Architekturgeschichte des 20. Jahrhunderts aufzuzeichnen«[2], hatte das Museum im Rahmen der 1986 veranstalteten Ausstellung ›Vision der Moderne‹ längst vergessene Projekte der Brüder Rasch präsentiert und so zu deren Wiederentdeckung entscheidend beigetragen[3]. Die kühnen, unter dem Stichwort ›Konstruktion und Utopie‹ rubrizierten Entwürfe der zu den Pionieren des konstruktivistischen Bauens zählenden Architekten Heinz (1902–1996) und Bodo Rasch (1903–1995) hatten indes schon bei den Zeitgenossen Aufsehen erregt. Dass mit den 1927 entstandenen und erstmals veröffentlichten zugbeanspruchten Konstruktionen der Vorstoß in unerforschte Bereiche und damit ein zukunftsweisender Schritt gelungen war, lag auf der Hand. So offenbarte Heinz Rasch seiner in Königsberg lebenden Verlobten und späteren Gattin Jutta Kochanowski: »Soll ich Dir ganz heimlich verraten, was unsere entscheidende Erfindung ist? das Hängehaus, von dem Du ein älteres Projekt auch in ›Wie bauen?‹ gesehen hast. Ich will noch nicht zuviel davon erzählen. Du darfst nichts darüber verlauten lassen. Ich schicke Dir nächstens zu, was davon publiziert wird.«[4]

Die in den Briefen an Jutta Kochanowski wiederholt erwähnte, mit der Frage *Wie Bauen?* überschriebene bautechnische Dokumentation, mit der sich die Brüder Rasch als Herausgeber und Autoren zu den architektonischen Problemen und Aufgaben ihrer Zeit bekannten (Abb. 1), verdankte ihre Entstehung der Bauausstellung auf dem Stuttgarter Weißenhof, die 1927 vom Deutschen Werkbund ausgerichtet und dem Thema der zeitgemäßen Wohnung gewidmet worden war.[5] Im Auftrag des jungen, ebenfalls in der württembergischen Kapitale ansässigen Akademischen Verlags Dr. Fritz Wedekind & Co. – der bereits Werner Graeff und Willi Baumeister vom Pressedienst sowie Alfred Roth, Adolf Behne und Walter Curt Behrendt unter Vertrag genommen hatte – galt es, die zunächst für eine Publikation des örtlichen Bauleiters, Richard Döcker, eingewobenen Firmeninserate und Anschauungsmaterialien zu ergänzen, mit erläuternden Texten zu versehen und in einer adäquaten, sachlichen Typographie »gesondert herauszubringen«[6]. Das im Hinblick auf weitere Auflagen konzipierte, ständig zu aktualisierende Kompendium sollte daher »über die

STAHL? VULKANFIBRE? SPERRHOLZ? GUMMI? ZELLON? Z
HOLZ? PAPPE? TORF? ASBESTFASER? KORK? WELLBL
WIE BAUEN?
BETON? GLAS? EISEN? KUNSTSTEIN? EMAILLE? ALUMIN
Nr.2
AKADEMISCHER VERLAG Dr.FR.WEDEKIND-CO STUTTGA

1 **Heinz und Bodo Rasch, Umschlag von ›Wie Bauen?‹,** 1928
1 Heinz and Bodo Rasch, dust jacket of "Wie Bauen?," 1928

Weißenhofsiedlung hinaus auch das ›Geistige‹, wie Mies es nannte,«[7] berücksichtigen. Das zwischen 1926 und 1930 unter dem Namen Brüder Rasch gemeinschaftlich betriebene Stuttgarter Architekturbüro, dem schon zu Beginn der zwanziger Jahre eine Arbeitsgemeinschaft zur Fabrikation von Einrichtungsgegenständen vorausgegangen war, konnte hierzu einen gewichtigen Beitrag leisten. So wurden die Beispiele des neueren und neuesten Bauens der Avantgarde von Werken der universell ambitionierten Brüder Rasch flankiert: Neben dem für die industrielle Serienproduktion entworfenen Mobiliar, das die Ausstattung zweier Wohnungen in den Weißenhof-Bauten von Peter Behrens und Ludwig Mies van der Rohe ergänzte, dem gerade fertig gestellten Wohnhaus Ernst Rasch in Bad Oeynhausen und einem projektierten ›Einraumhaus‹ wurden erstmals auch die Prototypen von Hängehaus (›Miethäuser‹) und Hängedach (›Güterbahnhof‹) publiziert. Eine im Jahr darauf veröffentlichte überarbeitete Ausgabe, die bereits mit ihrem programmatischen Untertitel – »Materialien und Konstruktionen für industrielle Produktion« – auf die radikale Absage an das Handwerk verweist[8], illustrierte die »zulässige Baugesinnung«[9] noch dezidierter. Auch das Prinzip des Hängewerks beanspruchte mit weiteren Projekten und eigens angefertigten Präsentationszeichnungen größeren Raum, wobei die Brüder Rasch ihren zwölfgeschossigen Hängehäusern als der »letzte[n] Konsequenz des Eisenskelettbaues« besondere Bedeutung zumaßen.[10] Deren Fortschrittspotential wurde in auffälliger Stringenz durch die vorangehende Reproduktion des ›Restaurant an einem Felsen über dem Meer‹, eines um 1922/23 entstandenen Entwurfs des russischen Konstruktivisten Wladimir Schuchow, belegt. Darüber hinaus manifestierte sich im direkten Vergleich mit dem 1927 überarbeiteten, durch eine freitragende Terrassenkonstruktion charakterisierten Wettbewerbsbeitrag zur Basler Petersschule von Hannes Meyer und Hans Wittwer die Aktualität des Entwurfsgedankens. Die Idee jedoch, »ingenieurmäßige Großkonstruktionen auf den Wohnhausbau«[11] zu übertragen, blieb ohne Rückbezug: Die Bildstrategie visualisiert das Primat von Heinz und Bodo Rasch.

Während die erste Version der Hängehäuser auf einer Reihe zentraler, 49 Meter hoher Schäfte aus genietetem Stahlrohr basiert, an die von oben nach unten kreisrunde Bodenplatten mittels Hängesäulen in Form von Stahlkabel oder Profileisen angehängt und die durch Gitterträger verspannt werden, propagiert der spätere Entwurf eine wirtschaftlichere, wenn auch wenig praktikable Stützkonstruktion, die jeden Mast einzeln durch Drahtabspannungen mit Betongewichten im Baugrund verankert. Die zeichenhaft auf das konstruktive Gerüst reduzierte, vollständig verglaste Außenhaut der Hängekörper ist durch »Faltenschiebefenster«[12] zu öffnen und scheint in ein Spiel von Lichtreflexen aufgelöst. Zwischen zwei im Versatz angeordneten Reihen gleich gestalteter Glaszylinder – die typologisch wie stilistisch auf das 1922 entworfene Glashochhaus des lebenslang in seiner ästhetischen Vorbildfunktion bestätigten Mies van der Rohe rekurrieren – ermöglichen angehängte Straßen als Laubengänge den Zugang zu den einzelnen Geschosswohnungen, wobei nach jeweils zwölf Elementen ein »Wohnhausaggregat mit Treppen und Aufzügen«[13] der vertikalen Erschließung dient (Abb. 2, 3). Das additive Prinzip des wahlweise als Hoch- oder Flachsiedlung zu realisierenden ›System Rasch‹ ist ebenso auf städtebauliche Konzepte der zeitgenössischen Avantgarde zu beziehen wie die individuelle Ausprägung des ›schwebenden‹ Hauses, das in der modernen Verkehrsstadt auch dem Fußgänger zu seinem Lebensrecht verhelfen soll. »Das System wirft den ganzen bisherigen Städtebau über den Haufen«, hatte Heinz Rasch prognostiziert[14], und Sigfried Giedion würdigte in seiner 1929 erschienenen Materialiensammlung *Befreites Wohnen* neben der avancierten

2 Heinz und Bodo Rasch, Hängehäuser als Hoch- und Flachsiedlung, 1928. Vogelperspektive
2 Heinz and Bodo Rasch, bird's-eye view of suspended houses as high-rise and low-rise estates, 1928

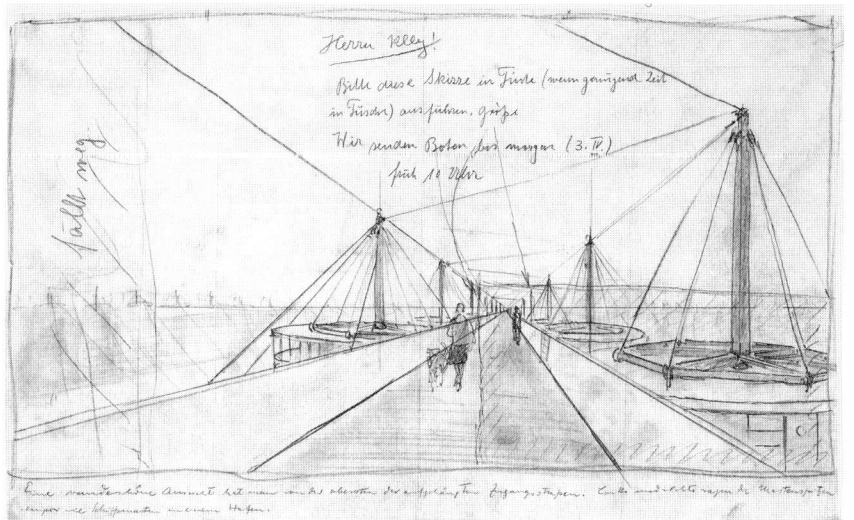

3 Heinz und Bodo Rasch, Perspektivische Ansicht einer Zugangsstraße, 1928/29
3 Heinz and Bodo Rasch, perspectival view of access road, 1928/29

Wohnform und dem »größeren Wohnwert« vor allem dem Versuch, »den Boden einer Stadt ganz dem Verkehr freizugeben«.[15] Diesen Vorzug betonte Rasch selbst explizit, als er in der Tagespresse unter dem Titel ›'Dymaxion' – das Wunder = Hängehaus der Zukunft!‹ über einen 1927–29 von Richard Buckminster Fuller entwickelten Einfamilienhaustyp berichtete. Obschon als autonome ›Wohnmaschine‹ auf der

Annette Ludwig
**»Wohnungen wie Vogelnester
am Baum« – Eine zentrale
Vision im Werk des Architekten
Heinz Rasch**

4 Heinz und Bodo Rasch, Hängehäuser, 1928/29
4 Heinz and Bodo Rasch, suspended houses, 1928/29

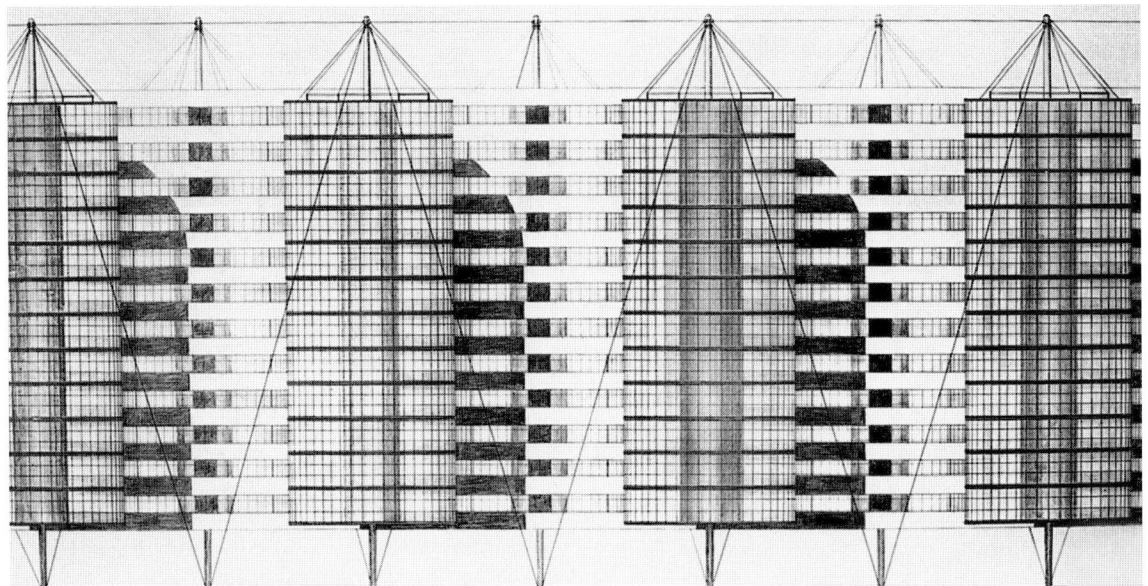

**5 Heinz (links) und Bodo Rasch (rechts) mit Dr. Köstel (Mitte) auf
dem Stuttgarter Tagblatt-Turmhaus, um 1928**
5 Heinz (left) and Bodo Rasch (right) with Dr Köstel (middle) at the
Stuttgart Tagblatt tower house, c. 1928

Grundlage des hexagonalen ›4D‹-Wohnturms konzipiert, weist der Haustyp in seinem konstruktiven
Charakter formale Parallelen zu den zeitgleichen Hängehäusern der Brüder Rasch auf, die der Verfasser in
seiner Einleitung geradezu bildlich heraufbeschwor:
»Das Haus der Zukunft wird kein Fundament mehr
haben. Es wird an einem starken Mastbaum hängen,
ein Glaspavillon! Der Fußboden erhebt sich neun Fuß
hoch über dem Erdboden. ... Die ganze hängende
Konstruktion wird durch starke Kabel festgehalten,
die zwischen der Spitze des Zentralmastes und An-
kern im Erdboden gespannt sind.«[16] (Abb. 4, 6)

Schon während seines Architekturstudiums, das er
1920 an der Technischen Hochschule Hannover begann, seit dem Wintersemester 1922/23 in Stuttgart
fortsetzte und bei Paul Bonatz 1924 beendete,[17] hatte
Heinz Rasch die aufkeimende deutsche Hochhaus-
debatte mit Interesse verfolgt; seine Diplomarbeit be-

vertical access zone. He presented the construction
method at the Berlin architecture exposition of 1957,
in the form of a model, and
patented it in 1964, but the
vision he pursued all his life
never became a reality.
He submitted many designs
for office buildings and
apartment towers to architectural competitions,
but success continued to
elude him, even though his
lectures and publications
reached a broad audience.

**6 Heinz und Bodo Rasch,
Hängehäuser, 1927/28. Ansicht**
6 Heinz and Bodo Rasch,
elevation of suspended houses,
1927/28

traf, wie er später an Richard Döcker schreiben sollte, »ein Hochhaus am Charlottenplatz, vermutlich durch Ihr Projekt angeregt oder sogar aus ihm übernommen«.[18] Rasch bezog sich damit auf die äußerst modernen Turmhausstudien, die Döcker gemeinsam mit Hugo Keuerleber im März 1921 unter städtebaulichen Gesichtspunkten für die spezifische Topografie der Stadt Stuttgart entworfen hatte. In deren Nachfolge entstand 1927/28 mit deutlichem Bezug zum Bahnhofsturm von Paul Bonatz – und in unmittelbarer Nähe zu dem in der Paulinenstraße 3 beheimateten Wohnatelier der Brüder Rasch – das Turmhaus der größten württembergischen Tageszeitung. »Der Tagblatt-Turm, dessen obere Stockwerke wir ausbauen sollen«, berichtete Heinz Rasch im Frühjahr 1928 denn auch enthusiastisch über einen potentiellen und höchst prominenten Auftrag, »nähert sich seiner Vollendung 16 Stockwerke hoch. Herrliche Aussicht von da oben«[19] (Abb. 5). Der 61 Meter hohe Eisenbetonbau des Architekten Otto Oßwald repräsentierte das ›Neue Stuttgart‹ ebenso wie das benachbarte, zeitgleich errichtete Kaufhaus Schocken von Erich Mendelsohn. Schon als Heinz Rasch 1924 das Amt des Pressechefs der Stuttgarter Bauausstellung bekleidete, knüpfte er erste Kontakte zu Mendelsohn, dessen charakteristische stromlinienförmige, durch Stockwerkshorizontalen betonte Fassaden sichtbaren Niederschlag in Raschs Entwurf eines ›Messehauses in Hängekonstruktion‹ fanden (Abb. 7). Der in Varianten skizzierte Ausstellungsbau ist Teil eines Beitrags zu der für das Jahr 1930 projektierten, jedoch erst 1931 eröffneten ›Deutschen Bauausstellung Berlin‹, durch die sich die Brüder Rasch nicht zuletzt auch die kommerzielle Verwertung ihrer Erfindung erhofften: »Wir beabsichtigen, mit der deutschen Industrie einerseits und mit der russischen Regierung andererseits zu verhandeln wegen unserer Bausysteme (Hängehäuser, die Du auf S. 165 ›Wie Bauen?‹ abgebildet siehst), wir wollen damit auf die Bauausstellung 1930.«[20] Im Rekurs auf die Stuttgarter Weißenhofsiedlung war, wie die in der Reichshauptstadt erscheinende und von Heinz Rasch seit seiner Schriftleitertätigkeit im Jahr 1925 gehaltene Baugilde als offizielles Organ des BDA berichtete, eine Versuchssiedlung geplant, »die in Musterbauten die heutige Entwicklung neuer Bauweisen zeigt und nach Schluß der Ausstellung … für praktische Wohnzwecke Verwendung finden soll«.[21] Die hierdurch für die Brüder Rasch erstmals aufscheinende Möglichkeit, ihre theoretisch untermauerten Vorstellungen von Architektur und Städtebau in einer modellhaften Häuserzeile und – dem konstruktivistischen Credo entsprechend – gleichsam im Sinne eines Gesamtkunstwerks zu realisieren, hatte die konkrete Auseinandersetzung mit den Marktmechanismen der

7 Heinz und Bodo Rasch, Messehaus in Hängekonstruktion, um 1930
7 Heinz and Bodo Rasch, suspended structure, trade fair building, c. 1930

Bauwirtschaft zur Folge. Der Stuttgarter Regierungsbaumeister W. Kintzinger erbrachte den statischen Nachweis und bürgte zugleich für die Wirtschaftlichkeit des Rundhauses, während das auf die Seilfabrikation spezialisierte Kabelwerk Felten & Guilleaume Carlswerk AG in Köln für die Ausführung gewonnen werden sollte, wie auch die M.A.N., deren 1860 gegrundetes Zweigwerk in Gustavsburg bereits zahlreiche innovative Bauwerke – darunter die Frankfurter Festhalle als größten freitragenden Kuppelbau, die erste Luftschiffhalle (beide 1908) oder die längste Hängebrücke Europas in Köln-Mülheim (1929) – errichtet hatte. Das 1928 anlässlich der Dresdner ›Jahresschau deutscher Arbeit‹ in Stahlskelettbauweise gefertigte M.A.N.-Kugelhaus von Peter Birkenholz, das, wie etliche der zuvor genannten Werke, Aufnahme in der zweiten Ausgabe von *Wie Bauen?* fand, ist ebenfalls in diesen Kontext einzubinden. Nicht allein, dass Birkenholz einen ersten großmaßstäblichen Kugelhaus-Entwurf für den Wettbewerb des Genfer Völkerbundpalastes (1926/27) in der *Münchner Illustrierten Presse* veröffentlichte, die 1929 mit den popularisierten Schaubildern des Illustrators Heinrich Kley höchst suggestiv über die Hängehäuser der Brüder Rasch informierte;[22] auch der technisch-konstruktive Ansatz mit standardisierten, vorfabrizierten Teilen sowie die innere Raumorganisation durch Trennwände ohne statische Funktion ist zu vergleichen.[23] Der freie Grundriss, wie ihn vor allem Mies van der Rohe erprobt hatte, blieb von 1927 an als Planungsmaxime für das Werk der Brüder Rasch konstitutiv, und die so-

8 **Heinz Rasch, Modell eines 20-geschossigen Glashochhauses, 1956**
8 Heinz Rasch, model of a 20-storey glass highrise, 1956

wohl bei Einrichtungs- als auch bei Entwurfsfragen demonstrierte Flexibilität der Raumnutzung ist es, was ihre Hängehäuser von anderen Rundwohnhaus-Konzepten schon im Grundsatz unterscheidet. »Wir wollten die Etagen als fertige Hauseinheiten ausbilden, die man einerseits für sich als Einfamilienhäuser aufstellen kann, andererseits als Etagen in das Turmhaus einfügen kann. … Komplette Raumzellen, die an den Ständer in bunter Folge abgehängt werden, alle isoliert voneinander. Ich stelle mir eben doch etwas anderes unter einem Hängehaus vor als einfach ein Haus, in dem die Stützen durch Hänger ersetzt sind.«[24]

Die Vorstellungen waren jedoch nicht zu realisieren, da »der Weg der Deckenlasten auf den höchsten Punkt und dann wieder herunter zum Fundament Mehrkosten gegenüber herkömmlichen Unterzügen und Stützen verursachte«.[25] Erst in den frühen fünfziger Jahren begann die zweite Entwicklungsphase des längst international virulenten Hängehausgedankens, der im darauf folgenden Dezennium nun auch reale Einlösung fand. Als Nestor und Apologet des Prinzips

erarbeitete Heinz Rasch, der 1930 die Arbeitsgemeinschaft mit seinem Bruder aufgelöst und sich nach einem dreijährigen Berliner Intermezzo dauerhaft in Wuppertal niedergelassen hatte, eine neue Variante des solitären Hängehauses, die letztlich auf den Kriegserlebnissen beruht. Er verknüpfte seine Erfahrung, »dass ein sicheres Treppenhaus der lebenswichtigste Bestandteil eines Mehrgeschosshauses ist«[26], mit der Beobachtung unbeschädigter Schornsteine und Türme inmitten von Ruinenfeldern und ersetzte den Stahlmast durch einen glatten Betonschaft mit trichterförmigem Fundament und einer ebensolchen, in Stahl oder Beton auszuführenden Auskragung am oberen Ende, dem ›Hängekopf‹ (Abb. 8, 9). Durch die Kongruenz von Form und Funktion schien der vorwiegend auf Druck beanspruchte Erschließungskern »selbst im Hinblick auf Atombomben« ein »Maximum an Sicherheit«[27] zu bieten. Darüber hinaus garantierte die separate Herstellung von Betonröhren – die vor Ort mittels Gleitschalung errichtet werden sollten – und vorfabrizierten Hängekörpern einen wirtschaftlichen Vorteil. Erneut ist es für die Planungen von Rasch bezeichnend, dass sie durch die Zusammenarbeit mit Ingenieuren und Fertigungsbetrieben auf Realisierbarkeit hin angelegt sind. Als das Hüttenwerk in Peine 1955 einen beschränkten Wettbewerb für ein Verwaltungsgebäude mit Luftschutzraum auslobte, beteiligte sich Heinz Rasch mit seiner Konstruktion, die er zugleich für die Wohnbebauung des Wuppertaler Haspel vorschlug. Während das Walzwerk aus nahe liegenden Gründen eine reine Stahlkonstruktion favorisierte, forderten die Hängepunkthäuser einen Architekten heraus, der bereits mehrfach Gegenentwürfe zu zeitgenössischen architektonischen Projekten publiziert hatte. Der seit den zwanziger Jahren mit Rasch befreundete Mart Stam skizzierte die Überbauung einer breiten Verkehrsstraße durch ein zweischäftiges Hängehaus, und begründete seine Überlegungen wie folgt: »Bei einem Treppenhaus entsteht logisch die Cylinderform für die Gesamterscheinung. Diese Form ist – solange sie keine Beziehung nimmt, abweisend zur Umwelt. … Wenn man zwei Treppenhäuser akzeptiert, wird alles sofort anders. Das Gebäude bekommt eine Richtung …, wird eigentlich eine grosse Brücke auf zwei Stützpunkten.«[28] Zur selben Zeit, im Mai 1956, reichte Rasch sein Patentgesuch für ›Gebäude mit einer oder mehreren vertikalen Röhren und an deren oberen Ende aufgehängten Geschoßdecken‹ beim Deutschen Patentamt ein, das schließlich im Jahr 1964 erteilt und rechtskräftig werden sollte.[29] Doch schon 1958 wurde der von der Rotterdamer Architektengemeinschaft Johannes Hendrik van den Broek und Jacob Berend Bakema vorgelegte Wettbewerbsentwurf für das Ver-

Annette Ludwig
**»Wohnungen wie Vogelnester
am Baum« – Eine zentrale
Vision im Werk des Architekten
Heinz Rasch**

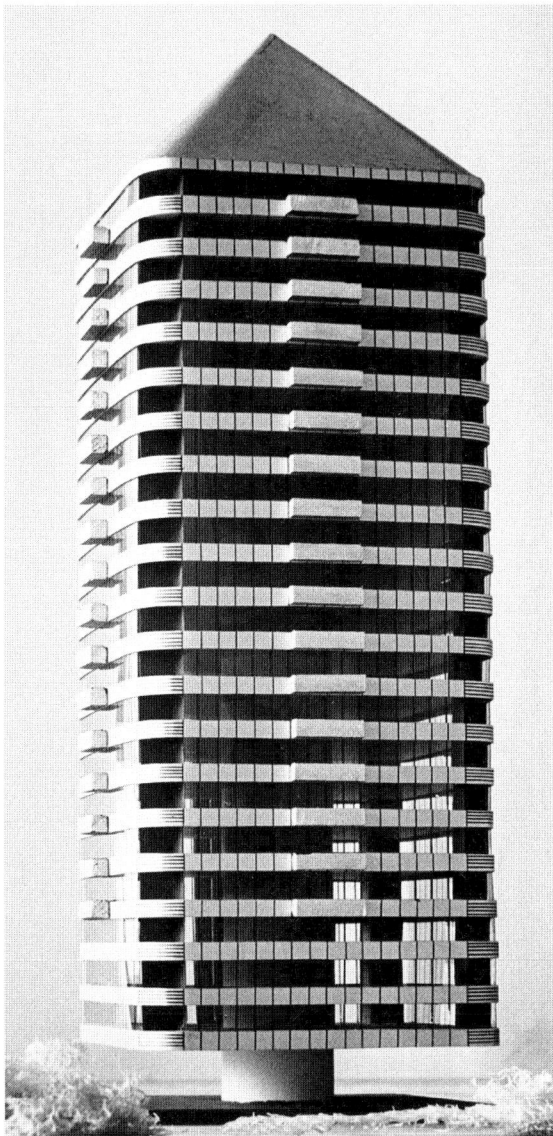

**9 Heinz Rasch, Modell eines 20-geschossigen Hängehauses mit
Luftschutzkern, 1956**
9 Heinz Rasch, model of a 20-storey suspended house
with shelter core, 1956

**10 Heinz Rasch, Modell eines 10-geschossigen Hängehauses,
gezeigt auf der Interbau 1957**
10 Heinz Rasch, model of a 10-storey suspended house,
shown at Interbau, 1957

waltungszentrum in Marl zur Ausführung bestimmt,
sodass diese die ersten deutschen Hängehäuser, vier
durch eine niedrige Halle miteinander verbundene
Turmbauten auf quadratischem Grundriss, realisieren konnten. Zwar berief sich Rasch in der Bauwelt
öffentlich auf sein Primat, konstatierend, »daß seit
1956 plötzlich eine Art Rennen um die neue Konstruktion eingesetzt hat, nicht unähnlich dem Rennen um
die Weltraumrakete«, doch sah er bei aller Kritik an
den für das Hängehaussystem seiner Meinung nach
zu niedrigen Türmen mit Marl »ein neues Zeitalter der
Architektur eröffnet«.[30]

Seine eigenen Bemühungen hatten einige, freilich
bescheidene, Erfolge gezeigt. Die Wettbewerbsvari-
anten für Peine wurden 1956 als paradigmatische
›Luftschutzhochhäuser‹ im Bonner Bundesministerium für Wohnungsbau präsentiert, und anlässlich der
Internationalen Bauausstellung in Berlin war es Heinz
Rasch 1957 gelungen, das Modell eines zehngeschos-
sigen Hängehauses mit Betontragschaft zu plazieren

(Abb. 10). »Ich wählte dafür den Rundhaustyp, einmal, weil dieser das Prinzip am besten zeigt, und
dann, weil dadurch auch eine Gedankenverbindung
zum ersten Hängehaus genau 30 Jahre vorher hergestellt war. Die Bauausführung wäre wahrscheinlich
entsprechend den anderen Punkthäusern rechteckig
geworden.«[31] Das Modell veranschaulichte als Stan-
dardlösung die Bandbreite der Fassadengestaltungen
durch die Konstruktion, wonach außen liegende Hänger die Vertikale betonen, während sich vice versa
eine horizontale Struktur ergibt, und dokumentierte
überdies sinnfällig das Selbstverständnis von Rasch:
In der fotografischen Zusammenschau mit den Mo-
dellen der Düsseldorfer Scheibenhochhäuser von Paul
Schneider-Esleben (Mannesmann-Hochhaus, 1955)
und Hentrich, Petschnigg & Partner (Thyssen-Hoch-
haus, 1957–60) fügt sich der Rundbau souverän der
beginnenden deutschen Nachkriegsmoderne ein.

Vorträge und Veröffentlichungen erbrachten Publi-
zität auf einer breiteren Ebene, Heinz Rasch sollte

Annette Ludwig
»Wohnungen wie Vogelnester
am Baum« – Eine zentrale
Vision im Werk des Architekten
Heinz Rasch

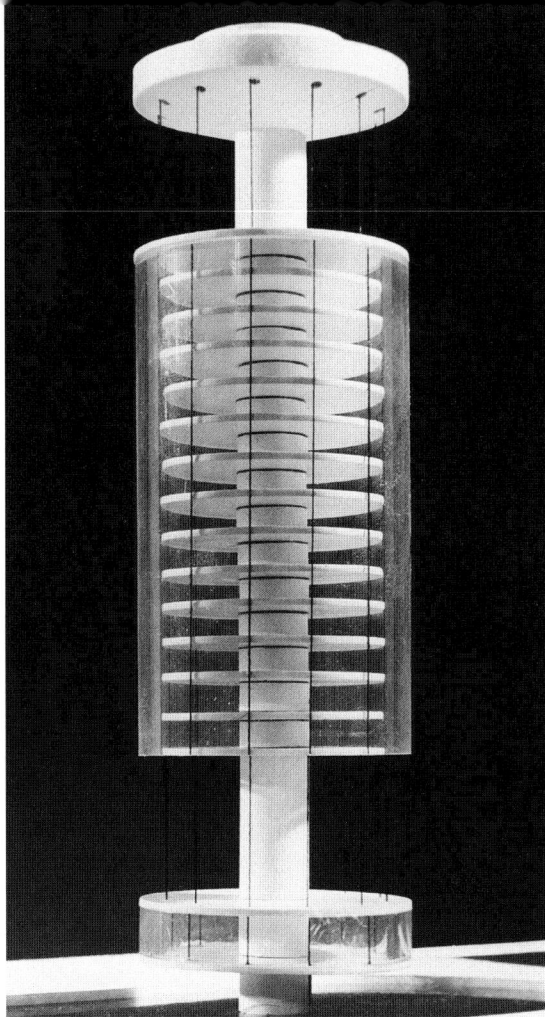

**11 Heinz Rasch,
Wettbewerbs-
projekt Wahrzeichen
Essen, 1963**
11 Heinz Rasch,
competition project
for a landmark for
the town of Essen, 1963

seine zentrale Vision jedoch nicht verwirklichen. Das projektierte Verwaltungsgebäude der Firma Otto in Bochum wurde 1958 zurückgestellt und ein 22-ge-schossiges Hängewohnhaus für die Oberhausener Hüttenwerke noch in der Planungsphase vom zuständigen Bauminister storniert. Ein 1960 gemeinsam mit Max Taut für Duisburg skizziertes Projekt scheiterte. Die Wettbewerbsentwürfe für das Rathaus Essen und das ›bauliche Wahrzeichen‹ der ebendort veranstalteten Bundesgartenschau (beide 1963; Abb. 11) blieben erfolglos, wie auch Raschs Vorschlag für das Rathaus in Gevelsberg (1964) oder für das Krankenhaus in Schwelm (1965). Allein die Sparkasse Wuppertal tätigte 1963 einen Ankauf. In einem Brief an Bodo Rasch, der dem Hängehausprinzip durchaus kritisch gegenüberstand, wenngleich er es mit seinen ›Spindelhäusern‹ um eine weitere Facette bereicherte[32], zog Heinz Rasch Mitte der sechziger Jahre nur scheinbar resigniert Bilanz: »Nun sind es inzwischen 6 dicke Ordner und 3 Schubladen voll geworden, Geld und Arbeit und alles umsonst, aber genug, um jeden Zweifel an der Hängehaus-Konstruktion zu beseitigen …«[33] Seine Worte muten an wie die beinahe trotzige Legitimation eines lebenslang verfolgten Ziels.

Anmerkungen

1 Mit diesen Worten war eine Notiz anlässlich der ›Ersten Pressekonferenz Europas über Hängehäuser‹ in der *Neuen Presse* vom 23.3.1963 überschrieben, die unter maßgeblicher Beteili-

gung von Heinz Rasch in München stattfand. (Nachlass Heinz Rasch, DAM; im folgenden NHR. Der Nachlass wird von der Verfasserin derzeit wissenschaftlich bearbeitet und inventarisiert.)

2 ›Aus dem Archiv des Deutschen Architektur-Museums‹, in: *Jahrbuch für Architektur 1991*, hrsg. vom Deutschen Architektur-Museum, Braunschweig und Wiesbaden 1991, S. 249

3 Heinrich Klotz, ›Heinz und Bodo Rasch‹, in: ders. (Hrsg.), *Vision der Moderne. Das Prinzip Konstruktion*, Ausst. Kat. Deutsches Architektur-Museum, München 1986, S. 225–235. Vgl. auch Heinrich Klotz, *Architektur. Texte zur Geschichte, Theorie und Kritik des Bauens*, Ostfildern-Ruit 1996, S. 234. Von einem wieder erwachten Interesse zeugen auch die Reprints der von Heinz und Bodo Rasch verfassten Publikationen *Der Stuhl*, Stuttgart 1927 (Reprint Baden 1992) und *Gefesselter Blick. 25 kurze Monographien und Beiträge über neue Werbegestaltung*, Stuttgart 1930 (Reprint Weil am Rhein 1996) sowie die Dokumentation von Egidio Marzona, *Brüder Rasch. Material, Konstruktion, Form*, Düsseldorf 1981.

4 Undatierter Brief an Jutta Kochanowski (NHR)

5 Heinz und Bodo Rasch, *Wie Bauen? Bau und Einrichtung der Werkbundsiedlung am Weißenhof in Stuttgart 1927*, mit einem Vorwort von Adolf Behne, Stuttgart 1927

6 Vertrag zwischen Heinz und Bodo Rasch und dem Akademischen Verlag vom 6. 12. 1927, S. 1 (NHR)

7 Heinz Rasch, ›Daten zu 5 Büchern 1927–1930‹, in: *Polis. Zeitschrift für Architektur, Stadtplanung und Denkmalpflege*, 8. Jg., H. 1, Wuppertal 1997, S. 29

8 Heinz und Bodo Rasch, *Wie Bauen? Materialien und Konstruktionen für industrielle Produktion*, Stuttgart 1928. Ein Teil der Auflage erschien mit rotem Aufdruck »1929 Nr. 2« auf dem Einband. (Abb. 1)

9 G. L., ›Wie bauen?‹ (Rezension), in: *Zentralblatt der Bauverwaltung*, 49. Jg., Nr. 21, 1929, S. 341

10 Heinz und Bodo Rasch (wie Anm. 8), S. 155

11 Wie Anm. 9

12 Vgl. Heinz und Bodo Rasch, *Zu – Offen. Türen und Fenster*, Stuttgart 1930, S. 173

13 Heinz und Bodo Rasch (wie Anm. 8), S. 157

14 Brief an Jutta Kochanowski vom 16. 1. (1928?) (NHR). Schreibfehler wurden von der Verfasserin korrigiert.

15 Sigfried Giedion (Hrsg.), *Befreites Wohnen*, Zürich 1929, S. 13 und zu Abb. 42

16 Heinz Rasch, ›'Dymaxion' – das Wunder = Hängehaus der Zukunft!‹, in: *Kölner Volkszeitung*, undatiert (NHR)

17 Vgl. Universitätsarchiv Stuttgart 10/36–10/39, 7/32–7/34. Für hilfreiche Auskünfte ist Herrn Dr. Norbert Becker zu danken.

18 Brief an Richard Döcker vom 24.3.1954 (NHR)

19 Brief an Jutta Kochanowski vom 22.3.1928 (NHR)

20 Brief an Jutta Kochanowski vom 16.1.(1928?) (NHR). Heinz Rasch bezieht sich hier auf die Ausgabe von 1927.

21 *Die Baugilde*, 10. Jg., H. 18, 25.9.1928, S. 1386

22 Vgl. *Münchner Illustrierte Presse*, Nr. 15, 1929, S. 478

23 Vgl. *Das erste Kugelhaus der Welt*, Sonderdruck aus der Zeitschrift *Der Stahlbau*, Jg. 1928, H. 11, Beilage zur Zeitschrift *Die Bautechnik*, Berlin 1928

24 Heinz Rasch, Unbezeichnetes Typoskript eines Diavortrages, S. 6 (NHR)

25 Ebenda, S. 1

26 Ebenda, S. 3

27 *Neue Presse* vom 23.3.1963 (NHR)

28 Mart Stam in einem Brief an Heinz Rasch, 15.5.1956 (NHR)

29 Vgl. Patentschrift 1119499. Anmeldetag: 2.5.1956, Ausgabe der Patentschrift: 17.9.1964 (Kopie NHR)

30 *Bauwelt*, 49. Jg., H. 43, 27.10.1958, S. 1041

31 Heinz Rasch (wie Anm. 24), S. 4

32 Die seit 1960 entwickelten Wohntürme sind durch versetzte Etagen an einem vertikalen Erschließungsmast gekennzeichnet. Vgl. Bodo Rasch, *Ideen, Projekte, Bauten. Werkbericht 1924 bis 1984*, Gerlingen 1984, S. 38f.

33 Brief an Bodo Rasch vom 24.2.1964 (NHR)

Inge Wolf **›Häuser der Passion‹ –
Aquarelle von Hans Scharoun
aus den Jahren 1939 bis 1945**

**Neuerwerbungen in der Sammlung
des Deutschen Architektur-Museums**

Bereits im Jahrbuch des Deutschen Architektur-Museums von 1993 wies Evelyn Hils-Brockhoff auf die Sammlung von Zeichnungen des Architekten Hans Scharoun (1893–1972) hin, die das Museum seit 1991 erworben hatte.[1] Erst in jüngster Zeit konnte dieser Bestand um einige bedeutende Blätter, die als Schenkung, Dauerleihgabe oder durch Ankauf aus Familienbesitz nach Frankfurt gelangten, erweitert werden. Die jüngsten Neuerwerbungen sind zwei Aquarelle, die in den Kriegsjahren 1939–45 entstanden sind. Ende 1999 wurde dank der Stiftung des Frankfurter Bankhauses Metzler, die zur gezielten Förderung der Museen der Stadt gedacht ist, der Ankauf eines der Blätter ermöglicht. Für das zweite konnten in diesem Jahr Mittel aus dem Vermögenshaushalt der Stadt Frankfurt bereitgestellt werden.

Die beiden Zeichnungen zeigen Architekturfantasien, riesige Bauten, deren Formen von der Natur beeinflusst sind. Aus scheinbar großer Entfernung blickt man auf gigantische Versammlungsstätten, die von Menschenmassen, dargestellt oft nur als Punktzeichen, bevölkert werden. Eines der Aquarelle zeigt ein felsartig aufragendes Gebäude (Abb. 1). Die bewegte weiße Wandfläche wird aufgebrochen und lässt Innenbereiche erahnen. Viele unterschiedliche Wege führen zum und in das Gebäude, das sich über Treppenanlagen erschließt. Aussichtsterrassen, zum Teil weit auskragend, sind zu sehen. Scharoun gibt dem Gebäude große Dachterrassen, deren geschwungene Dächer wiederum begehbar sind. Sparsam ist die Farbigkeit des Blattes. Im Vordergrund setzt sich die vorhangartige Verkleidung des Unterbaus einer Aussichtsterrasse rot ab. Zartes Gelbgrün markiert einige wenige Büsche oder Bäume, mit Hilfe von Deckweiß wird modelliert, oder es werden sparsame Akzente gesetzt, der Himmel zeigt ein zartes Blau.

**"Houses of Passion":
The Watercolours of Hans
Scharoun, 1939–1945
New Acquisitions in the
Collection of the
Deutsches Architektur-
Museum**

In 1999 and 2000 the Deutsches Architektur-Museum was fortunate to acquire watercolours by Hans Scharoun. The works in question are imaginary architectural designs created between 1939 and 1945. Scharoun's oeuvre includes more than 300 such watercolours, pencil sketches and ink drawings, most of them housed in the Akademie der Künste in Berlin, which holds the architect's estate. The Deutsches Architektur-Museum has fourteen of these works.

Although Scharoun was able to build a number of private homes after 1933, his situation deteriorated with the outbreak of WWII, and he was barely able to make a living. Scharoun had already experienced a period of economic hardship during the inter-war years, during which time he created fantasy drawings in the spirit of the Gläserne Kette group of artists and architects that he had joined in 1919. Unable to work freely after 1939, in the shadow of war, Scharoun created very different architectural fantasies.

**1 Hans Scharoun,
Architekturfantasie, 1939–45
Aquarell, Bleistift auf Papier,
24 x 29,6 cm**
1 Hans Scharoun,
Architectural Fantasy, 1939–45,
watercolour, pencil on paper,
24 x 29,6 cm

Inge Wolf
›Häuser der Passion‹ –
Aquarelle von Hans Scharoun
aus den Jahren 1939 bis 1945

Architectural historians and critics disagree as to the significance of these works. Peter Blundell Jones has interpreted them as signs of frustration, dreams to sustain a sensitive spirit in a disintegrating world. They have also been spoken of, against the backdrop of monumental Nazi building projects, as a means of gathering and storing ideas for use in later years. Whatever their underlying meaning, they can certainly be regarded as the product of a mind addressing the past, the present and the future.

2 Hans Scharoun, Architekturfantasie, 1939–45, Aquarell, Bleistift auf Papier, 24 x 29,6 cm
2 Hans Scharoun, Architectural Fantasy, 1939–45, watercolour, pencil on paper, 24 x 29,6 cm

Auch für die zweite Zeichnung verwendete Scharoun nur wenige Farben: Blau und Braun, einige wenige Akzente in Gelb (Abb. 2). Zu sehen ist ein Hochplateau von sanfter Muldenform, das über eine riesige nur angedeutete Treppe von zahllosen ›Punktmenschen‹ erklommen wird. Öffnungen, über die unterirdische Bereiche zugänglich werden, sind zu erahnen. Die Zeichnung wird beherrscht von einer hohen, stark gewölbten Überdachung, deren Form an eine Muschelschale oder ein Blatt erinnert, vorn getragen von zwei hohen schlanken Stützen. Seitlich vom Plateau sehen wir eine lang gestreckte Überdachung, die tiefer gelegene Bereiche schützt. Sie ist ebenfalls gewölbt und vom gleichen Braun wie das Hauptdach. Im Bildvordergrund wieder Pflanzen, im Hintergrund sieht man eine Horizontlinie, die weit entfernte Stadtsilhouetten anzudeuten scheint.

Im Œuvre von Hans Scharoun finden sich mehr als 300 Architekturfantasien aus den Kriegsjahren vor 1945. Nur sehr wenige gelangten in Privatbesitz. Die meisten der Aquarelle, Bleistift- und Federzeichnungen kamen mit dem Nachlass des Architekten in die Sammlung der Akademie der Künste, Berlin. Zu den Beständen des Deutschen Architektur-Museums zählen mit den beiden Neuzugängen 14 Blätter dieser Art (Abb. 1–4, 6, 7, 10). Die Machtübernahme der Nationalsozialisten hatte sehr schnell gravierende Auswirkungen auf das kulturelle Leben in Deutschland. Amtsenthebungen, Vertreibung, Emigration und innere Emigration bis hin zur völligen Zerstörung des Menschen, aber auch Anpassung und Karrieren unter den neuen Verhältnissen – die Biographien und das Werk der Künstler spiegeln die drastischen Umbrüche wider. Hans Scharoun hielt Distanz zu den braunen Machthabern. Öffentliche Äußerungen zur veränderten Baupolitik oder Versuche, Einfluss zu nehmen, wie sie von anderen Vertretern des Neuen Bauens belegt sind, kennt man von ihm nicht.

Zunächst gestaltet sich die Lage für Scharoun recht erträglich. Neben Siedlungsbauten in Berlin und Bremerhaven sind es vor allen Dingen einige private Wohnhäuser, die er realisieren kann – beispielsweise Haus Mattern, Haus Baensch, Haus Moll und Haus Möller. Meist handelt es sich um Aufträge aus dem Freundes- und Bekanntenkreis, Bauherr und Architekt sind sich einig im Bemühen um die Verwirklichung von Wohnbauten, die trotz mancher notwendiger Kompromisse ungewöhnliche Raumlösungen und Gestaltung zeigen. Zur Gartenseite öffnen sich die Häuser, die zur Straßenseite angepasste Fassaden aufweisen, die den einschränkenden baupolizeilichen Bestimmungen Rechnung tragen und mehr Verbundenheit zum gewünschten ›Heimatstil‹ vortäuschten als tatsächlich vorhanden ist.

Mit Ausbruch des Kriegs verschlechtert sich die Situation zunehmend. Privater Hausbau ist bald nicht mehr möglich. Scharoun arbeitet bei der Fliegerschadensbeseitigung, Behelfsheimsiedlungen müssen errichtet werden – Aufträge, die ihm wenig abverlangen und ihn kaum ausfüllen können.

Zum zweiten Mal in seinem Leben sah sich Scharoun in einer Situation, in der es wenige lohnende Aufgaben für ihn gab. Vergleiche mit der Zeitspanne nach dem Ende des Ersten Weltkriegs drängen sich auf. Der wirtschaftliche Niedergang hatte eine Verschlechterung der Auftragslage für die Architekten zur Folge gehabt. Auch in dieser Zeit schuf Scharoun eindrucksvolle Architekturfantasien (Abb. 8). Der Hintergrund, vor dem sie entstanden, und die Stimmung, die sie wiedergeben, war jedoch eine völlig andere. Man sah sich damals vor dem Aufbruch in eine neue, sehr viel bessere Zeit und blickte mit Zuversicht nach vorn. 1919 hatte sich Scharoun der Gläsernen Kette angeschlossen, dieser lockeren Vereinigung von Künstlern und Architekten, die sich auf Anregung von Bruno Taut zum Ideenaustausch zusammenfand. Im ersten Schreiben wandte sich Taut an »Liebe Freunde im Werk!« Er führt aus: »Zu Bauen gibt es heute fast nichts und wenn wir irgendwo doch bauen können, tun wir es, um zu leben. ... Ehrlich gesagt: es ist ganz gut, dass heute nicht ›gebaut‹ wird. So können die Dinge reifen, wir sammeln Kraft, und wenn es wieder beginnt, dann kennen wir unser Ziel und sind stark genug, unsere Bewegung vor Verkleisterung und Entartung zu schützen. Seien wir mit Bewusstsein ›imaginäre Architekten‹!«[2]

Hans Scharoun war damals 26 Jahre alt und durfte sich Hoffnungen auf eine große Karriere machen. 1939 sah sich der 46-Jährige, der sich gerade noch anschicken wollte, weitere Schritte auf der Erfolgsleiter zu erklimmen, einer zunehmend trostlosen Situation gegenüber. Andreas Tönnesmann, der sich

**3 Hans Scharoun, Architekturfantasie, Stadion, 1939–45
Bleistift auf Papier, 22 x 27,8 cm**
3 Hans Scharoun, Architectural Fantasy, Stadium, 1939–45,
pencil on paper, 22 x 27,8 cm

**4 Hans Scharoun, Architekturfantasie, Versammlungsgebäude, 1939–45
Aquarell, Bleistift auf Papier, 23,5 x 30,8 cm**
4 Hans Scharoun, Architectural Fantasy, Meeting Hall,
1939–45, watercolour, pencil on paper, 23,5 x 30,8 cm

5 **Ludwig Mies van der Rohe, Hochhaus aus Glas, Projekt,
1920/21. Modellfoto**
5 Ludwig Mies van der Rohe, model photo of glass highrise,
project, 1920/21

mit Scharoun im Dritten Reich auseinander setzt,
weist auf die zunehmende Vereinfachung bei den Lösungen, die der Architekt für seine Privathäuser und
besonders auch bei den Siedlungsbauten findet, hin.[3]
Ein Austausch mit wichtigen Kollegen im In- und Ausland wurde zunehmend erschwert, wenn nicht gar
unmöglich gemacht. Immer deutlicher zeichnen sich
die Zerstörungen, die der Krieg zur Folge haben wird,
ab. Vor dieser Situation muss man die Architekturfantasien von 1939–45 sehen. Sie boten die Möglichkeit,
sich über alle Restriktionen der Zeit hinwegzusetzen,
waren aber auch nur ein schwacher Ersatz für einen
Architekten, der sich an seinen konkreten Lösungen
für bestimmte Bauaufgaben messen können muss.
1967 äußerte Hans Scharoun rückblickend: »Vom
Ausbruch des Krieges an bis zur Kapitulation entstanden Tag für Tag Zeichnungen, Aquarelle, Entwürfe.
Sie entstanden aus Selbsterhaltungstrieb und auch
aus dem Zwange, sich mit der Frage nach der kommenden Gestalt auseinanderzusetzen.«[4]

1919/20 waren es Bauten der Gemeinschaft, große
Versammlungsstätten, von denen man träumte und
die es für die kommende bessere Gesellschaft zu bau-
en galt. Die kristallinen Formen der Architekturfantasien, die im Zuge des Austausches mit den Kollegen
der Gläsernen Kette entstanden, finden sich in Wett-
bewerbsentwürfen Scharouns wieder. Beispiele sind
die Beiträge, die er 1920 zum Hygienemuseum in
Dresden und zum Theater, Volkshaus und Kulthaus in
Gelsenkirchen einreicht. Solch deutliche Übernahmen
sieht man nach 1945 nicht, doch gibt es Anklänge, und
man findet Zitate.

Auch die Zeichnungen der vierziger Jahre zeigen
Bauten der Gemeinschaft. Bei aller Unterschiedlich-
keit sind in immer neuen Varianten gigantische Bauwerke dargestellt, zu denen Menschenmassen hin-
streben. Sind sie als Gegenentwurf zu den Massen-
aufmärschen der NS-Zeit und den Bauprojekten der
Machthaber zu deuten? Scharouns kleine, winzige
Menschen schlendern in zwanglosen Gruppen, ohne
jede Marschordnung, zu den riesigen Versammlungsstätten. Die dargestellten Bauwerke sind sehr unterschiedlich und wecken immer andere Assoziationen.
So fühlt man sich beispielsweise an Entwürfe der russischen Konstruktivisten erinnert. Konstantin Melni-
kows Rusakow-Club von 1927 wird in verschiedenen
Varianten zitiert. Ein ganz anderes Beispiel zeigt ein
Blatt in der Sammlung des Deutschen Architektur-
Museums, bei dem sich sofort die Erinnerung an Mies

6 **Hans Scharoun, Architekturfantasie, 1939–45
Tusche, Bleistift auf Papier, 20,8 x 29,8 cm**
6 Hans Scharoun, Architectural Fantasy, 1939–45, ink,
pencil on paper, 20,8 x 29,8 cm

7 Hans Scharoun, Architekturfantasie ›Häuser der Leidenschaft‹, 1945 (?), Aquarell, Bleistift auf Papier, 30,8 x 25 cm
7 Hans Scharoun, Architectural Fantasy, Houses of Passion, 1945 (?), watercolour, pencil on paper, 30,8 x 25 cm

van der Rohes Hochhausprojekt aus Glas von 1920/21 aufdrängt (Abb. 5, 6). Stahlbetondächer, wie wir sie aus der Zeit nach dem Zweiten Weltkrieg kennen, sind zu finden. Besonders verblüffend ist die Nähe einer der Zeichnungen vom April 1945 zu Le Corbusiers berühmter Wallfahrtskirche von Ronchamp (1950–55). Das Aquarell trägt den Titel ›Häuser der Passion‹ und gehört ebenfalls zum Sammlungsbestand des Deutschen Architektur-Museums (Abb. 9, 10).

Auch Scharouns gebaute Architektur kann zum Vergleich herangezogen werden. Das geschwungene Dach der Berliner Philharmonie, die in den Jahren 1956–63 entstand, drängt sich auf. Verwirklicht wurde ein Gemeinschaftsbau, der die Menschen zu gemeinsamen Musikerlebnissen zusammenströmen lässt. Eckehard Janofske führt aus: »In den Scharoun-schen Räumen ist dem Betrachter kein besonderer Standort ... zugewiesen. In ihnen können weder die

Inge Wolf
>Häuser der Passion< –
Aquarelle von Hans Scharoun
aus den Jahren 1939 bis 1945

8 Hans Scharoun, Architekturfantasie, 1919/20, Aquarell,
Bleistift auf Papier, 30,7 x 25,6 cm
8 Hans Scharoun, Architectural Fantasy, 1919/20, watercolour,
pencil on paper, 30,7 x 25,6 cm

9 Le Corbusier, Wallfahrtskirche Notre Dame du Haut,
Ronchamp, 1950–55
9 Le Corbusier, pilgrimage chapel of Notre Dame du Haut,
Ronchamp, France, 1950–55

bekannten geometrischen Formen noch irgendwelche geometrischen Gesetzmäßigkeiten erkannt werden, sodass keinem Standort im Raum eine hervorragende Bedeutung zukommt. Vielmehr ist jeder Standort im Raum möglich. Nicht nur auf der ihn nach unten begrenzenden Ebene, sondern von verschiedenen Niveaus im Raum kann der Raum von unten, von oben und von den Seiten in allen Richtungen erlebt werden, denn er ist im Idealfall durch Treppen aller Art, Galerien und Emporen >erschlossen<. ... Dadurch, dass der Raum keinen besonderen Standort vorgibt, ist der Mensch selbst immer im Zentrum des Raums.«[5] Besonders Scharouns große öffentliche Bauten, wie die Philharmonie, das Stadttheater Wolfsburg und die Staatsbibliothek in Berlin, veranschaulichen diese Aussage. In übersteigerter Form finden sich die Treppen, Galerien und Emporen auch in den Fantasie-Gemeinschaftsbauten der Kriegsjahre 1939–45 (Abb. 1, 11, 12).

Man stuft Scharouns Architekturfantasien sehr unterschiedlich ein. Sie gelten als »Zeichen der Frustration, Träume, um einen empfindsamen Geist in einer zerfallenen Welt lebendig zu erhalten«[6]. Man sieht sie vor dem Hintergrund der Großprojekte der Nationalsozialisten oder als »eine Ansammlung formalen Kapitals«, das »als Vorbereitung für spätere Jahre«[7] dienen wird. Auch »Auseinandersetzung mit Vergangenheit und Gegenwart«[8] von 1945 erkennt man. Wie schon erwähnt, gibt es Hunderte dieser Zeichnungen, und man findet wohl für alle diese Aussagen Beispiele. Wir freuen uns, dass nun zwei weitere der ausdrucksstarken Scharounschen Fantasien aus den Jahren 1939–45 zur Sammlung des Deutschen Architektur-Museums gezählt werden können.

Anmerkungen
1 Evelyn Hils Brockhoff, >Hans Scharoun (1893–1972)<, in: *DAM Architektur Jahrbuch 1993*, hrsg. vom Deutschen Architektur-Museum, München 1993, S. 190–196. Dort finden sich auch weiterführende Angaben zur Literatur sowie zu Leben und Werk von Scharoun, ergänzend dazu: Johann Friedrich Geist, Klaus Kürvers und Dieter Rausch, *Hans Scharoun – Chronik zu Leben und Werk*, Berlin 1993.
2 *Die Briefe der Gläsernen Kette*, hrsg. von Iain Boyd Whyte und Romana Schneider, Berlin 1986, S. 18
3 Christine Hoh-Slodczyk, Norbert Huse, Günther Kühne und Andreas Tönnesmann, *Hans Scharoun – Architekt in Deutschland 1893–1972*, München 1992, S. 46ff.
4 *Hans Scharoun. Bauten, Entwürfe, Texte*, hrsg. von Peter Pfannkuch, Schriftenreihe der Akademie der Künste Bd. 10, Berlin 1974, S. 120
5 Eckehard Janofske, *Architektur-Räume. Idee und Gestalt bei Hans Scharoun*, Braunschweig und Wiesbaden 1984, S. 114
6 Peter Blundell Jones, *Hans Scharoun. Eine Monographie*, Stuttgart 1979, S. 79
7 Ebenda
8 Christine Hoh-Slodczyk, Norbert Huse, Günther Kühne und Andreas Tönnesmann (wie Anm. 3), S. 77

10 Hans Scharoun, Architekturfantasie ›Häuser der Passion‹, April 1945, Aquarell, Bleistift auf Papier, 29,7 x 24 cm
10 Hans Scharoun, Architectural Fantasy, Houses of Passion, April 1945, watercolour, pencil on paper, 29,7 x 24 cm

11 Hans Scharoun, Philharmonie, Berlin, 1956–63
11 Hans Scharoun, Philharmonic, Berlin, 1956–63

12 Hans Scharoun, Philharmonie, Berlin, 1956–63. Aufgänge
12 Hans Scharoun, staircases at the Philharmonic, Berlin, 1956–63

Anna Meseure   **Die ›schöne neue Welt‹
von Archigram**[1]

Die Halbwertzeit auch von architektonischen Utopien ist durchaus unterschiedlich. Während etwa Hermann Finsterlins expressionistische Drusen-Träume, Antonio Sant'Elias kühne Visionen überzeichneter Monumente für die Technik und Maschinenfantasien am Vorabend des Ersten Weltkriegs oder auch Walter Jonas' Trichterhäuser aus den sechziger Jahren von heute aus in ihrer jeweils futuristischen Latenz ein eher nostalgisches Amüsement, vielleicht der Wahrnehmung der utopischen Romane von Jules Verne vergleichbar, auslösen, haben die architektonischen Utopien der englischen Architektengruppe Archigram aus den sechziger Jahren neben ihrer ästhetischen auch gesellschaftspolitische Aktualität bewahrt. Dies liegt sowohl an ihren Inhalten wie am Modus ihrer Darstellung. Die sechs Architekten Warren Chalk, Peter Cook, Dennis Crompton, David Green, Ron Herron und Mike Webb, die vom Beginn der sechziger Jahre an für gut ein Dutzend Jahre als Architektengruppe Archigram zusammenarbeiteten, bewegten sich im Umfeld des von der Pop-Bewegung gesättigten ›Swinging London‹ und konkretisierten jenen zukunftsseligen Aufbruch, der die Musikszene, das Theater, die Literatur, die Mode, die Jugendkultur, überhaupt den Alltag erfasst hatte, in präzisen urbanistischen Fantasien.[2] Alle sechs hatten sich 1960 bei der Arbeit für die Erneuerung der Londoner Euston Station kennengelernt. 1961 erschien die erste Ausgabe ihrer Zeitschrift *Archigram*, deren Titel zum Gruppennamen und zur Aussage über ihre Methode wurde: Architektur durch und nur als Zeichnung.

Aber im Suffix -gram sind auch die Bedeutung von (hier natürlich einer neuen) Grammatik und Telegramm (im Sinne einer schnell erneuerbaren Architektur) angesprochen. Ihren ersten auch international bedeutenden Auftritt hatte die Gruppe 1963 im Londoner ICA (Institute of Contemporary Arts) mit der Ausstellung ›Living City‹. Die Zeitschriften übrigens sind bis heute Blatt für Blatt von Ron Herron und Dennis Crompton archiviert und mikroverfilmt verfügbar gehalten: als wissenschaftlich einschlägig gerühmte ›Archigram Archives‹ eine Fundgrube für Historiker weit über rein architektonische Interesse hinaus.

Zunächst richtete die Gruppe ihr Augenmerk auf neue technologische Errungenschaften der Jahrhundertmitte, etwa auf Prefab-Systeme, die sich in Projekten wie der ›Plug-In-City‹ (1963–66, Cook; Abb. 1) oder der ›City Interchange‹ (1963, Herron und Chalk; Abb. 3) niederschlugen, – Projekte, die einerseits ihre Anregungen von den japanischen Metabolisten oder auch von Yona Friedman durchaus nicht verbergen konnten, andererseits aber selbst wieder großen Einfluss auf ähnliche Projekte etwa von Wolfgang Döring in Deutschland ausübten. Mit einer vergleichbar technologischen Euphorie argumentierten Archigrams ›Walking Cities‹ (1964, Herron; Abb. 2, 4), überdimensionale technoide Stadtkäfer auf Beinen, die wie blinde Automaten, von Technikern der schönen neuen Pop-Welt bevölkert, vor allem in die unterentwickelten Gegenden des Globus wie etwa Wüsten ausschwärmen sollten: im Grunde genommen eine mobile Eingreiftruppe, lange bevor diesem Begriff seine

**Archigram's
Brave New World**

Architects Warren Chalk, Peter Cook, Dennis Crompton, David Green and Mike Webb met in London in 1960. By 1961, the first issue of their magazine, *Archigram*, had been published. The title was to become the name of a group of architects and a statement of their method: architecture through drawing, as drawing. At first, the group focused primarily on the latest technological achievements of the day, among them prefab systems, evident in such projects as Plug-in City (Cook, 1963–66) and City Interchange (Herron and Chalk, 1963). The oversized, technoid, urban "beetles" that characterized Archigram's Walking Cities (Herron, 1964) and were meant to swarm across the globe, especially to underdeveloped regions, demonstrated a similar technical euphoria. Later, the group conjured up visionary highrises, such as Montreal Tower (Cook, 1963) and Sponge Project (Cook, 1975), addressing issues that, if anything, have become increasingly topical with time: public space, the communicable city and urban structures in which advanced information technology renders the distinction between inside and outside more or less redundant.

All of these motifs may be found in the hundred or so plans, drawings, sketches and models that the Deutsches Architektur-Museum acquired in its founding years directly from the group. Archigram's thinking was formed by the constructive motifs inherent in architecture, on the one hand, and the sociological subjects that permeate it, on the other. Given the industrial developments in the last third of the twentieth century—albeit occasionally a mindless mix of entertainment, edu-tainment

1 ›Plug-In-City‹, Anwendung des Plug-In-Systems auf Wohn- und Geschäftshäuser (Peter Cook), Zeichnung, 1963
1 Peter Cook, Plug-In City, 1963, drawing. The plug-in system applied to apartment and commercial buildings.

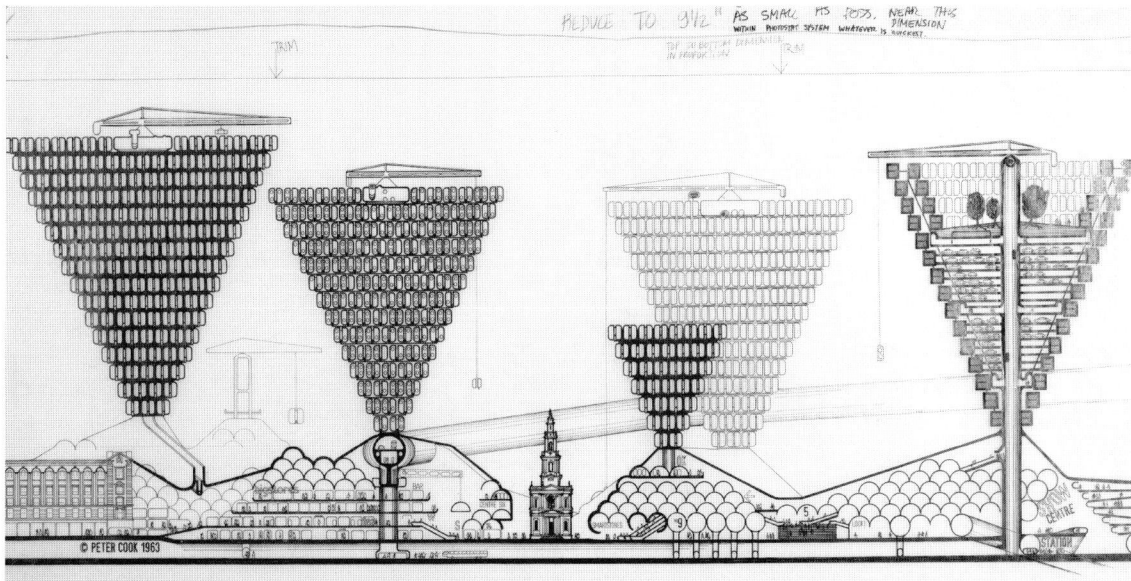

and info-tainment—and the emergence of a communication society, Archigram's communicative urban utopias, in particular, seem to mirror our recent history. What makes the work of this group so enduringly attractive and topical is that its projects are memorable visual metaphors.

2 ›Walking Cities‹, Walking Cities in Desert (Ron Herron), Skizze, 1971
2 Ron Herron, Walking Cities, Walking Cities in Desert, 1971, sketch

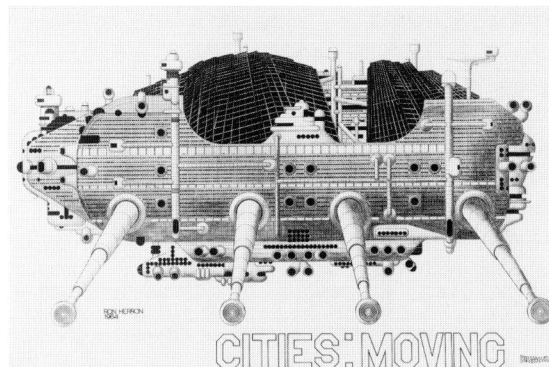

4 ›Walking Cities‹, Cities: Moving (Ron Herron), kolorierte Pause, 1964
4 Ron Herron, Walking Cities, Cities: Moving, 1964, coloured plan

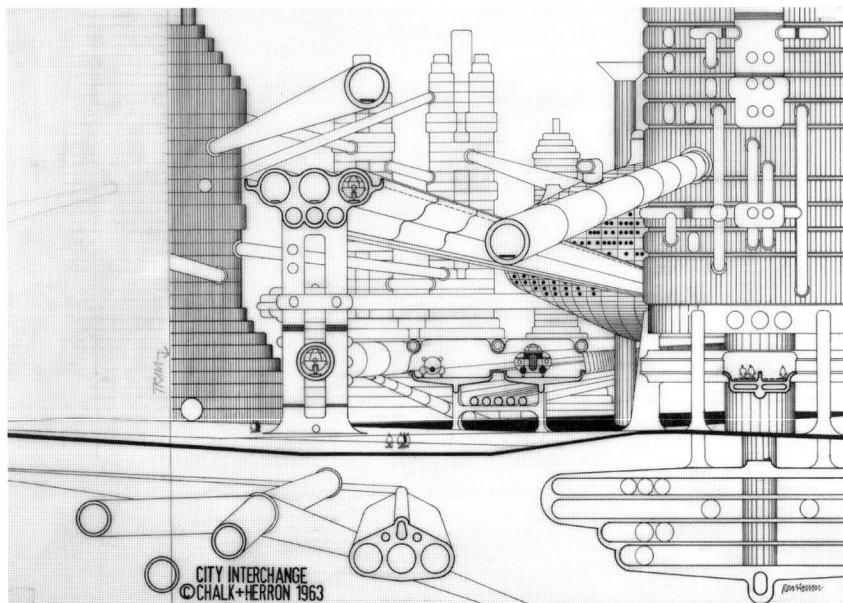

3 ›City Interchange‹, Perspektivische Ansicht der Gesamtanlage (Warren Chalk und Ron Herron), Zeichnung, 1963
3 Warren Chalk and Ron Herron, City Interchange, 1963, drawing, perspectival view of the site

gegenwärtige militärische Verengung widerfuhr. Visionäre Hochhausprojekte wie der ›Montreal Tower‹ (1963, Cook; Abb. 5, 6) oder das ›Sponge Projekt‹ (1975, Cook) kamen hinzu und dann vor allem ein Motivgeflecht, das bis heute permanent an Aktualität gewonnen hat: der öffentliche Raum, die Kommunikation der Stadt, die Vorstellung von einer Urbanität, für die nicht zuletzt aufgrund neuer Nutzungsmöglichkeiten avancierter Informationstechnologien die Unterscheidung zwischen innen und außen nur noch arbiträr ist. All diese Inhaltsmotive der Arbeiten von Archigram bilden auch den Grundstock jener knapp hundert Pläne, Zeichnungen, Skizzen und Modelle,

die das Deutsche Architektur-Museum bereits in seiner Gründungsphase direkt von den Architekten der Gruppe selbst erwerben konnte. Nicht nur vom Umfang her, sondern auch von der durchgängigen ästhetischen Qualität dieser Arbeiten innerhalb des Gesamtœuvres der Gruppe bilden die Konvolute unserer Sammlung die Schlüsselprojekte des Schaffens von Archigram. Allein von daher wird plausibel, dass es sich hier um einen Materialkomplex handelt, der wie kaum ein anderer unserer Archivbestände im letzten Jahrzehnt erneut und verstärkt internationale Nachfrage erfahren hat. Große Ausstellungen in Tokio und New York, in Spanien und auf der documenta X in Kassel, allesamt in der zweiten Hälfte der neunziger Jahre belegen die ungebrochene Attraktivität und die paradigmatische Signifikanz dieser Darstellungen, die offenbar einer aktuellen urbanistischen Diskussion nach wie vor Anregungen, wenn nicht Orientierungspunkte zu liefern in der Lage ist. Schon liegen für die nächsten Jahre Anfragen des dänischen Louisiana-Museums und des Pariser Centre Georges Pompidou für eben diese Blätter vor.

Neben den bereits erwähnten Motiven sind die Wegwerf-Mentalität, die Verschleißbarkeit, die Stadt als endlos verstrickte Folge von Ereignissen, Haus- und Wohnungsbau als Erweiterung der menschlichen Emanzipation, Grafik und Comicsprachen der Zeit Bedingungen und Ziele, um die Projekte von Archigram zu verstehen. 1967 schrieb Peter Cook im Architekturmagazin der Yale University, *Perspecta*: »Die abgepackte Tiefkühlmahlzeit ist wichtiger als Palladio. Vor allem ist sie elementarer. Sie ist Ausdruck eines menschlichen Bedürfnisses und gleichzeitig Symbol für eine effiziente Interpretation dieses Bedürfnisses, welche die verfügbare Technologie und Ökonomie optimal nutzt.«[3] Das war in einem Sprachrohr des Establishments gegen das Establishment gesprochen: zudem mit einer ähnlichen rhetorischen Präzision wie, sagen wir, das futuristische Manifest oder Venturis ›Less is a bore‹-Sentenz gegen Ludwig Mies van der Rohe. Auch dies ist wichtig zum Verständnis der Erfolge der Archigram-Gruppe. Alle Mitglieder waren Hochschullehrer, Rhetoriker von hoher Begabung, bei aller Unverfrorenheit und bei allem Hedonismus und Eklektizismus Theoretiker und praktizierende Künstler auf höchstem professionellen Niveau.

Doch zurück zu den Inhalten: technoide Kapseln, Stangen, Röhren, Gerüste, also konstruktive, architekturimmanente Motive auf der einen; soziale Räume, kommunikative Angebote, urbane Ereignisse, also soziologische, architekturtransitorische Motive auf der anderen Seite beschreiben das Spannungsfeld, in dem sich das Denken der Gruppe manifestierte.

Dabei ist der Dualismus dieser Motive durchaus kein Widerspruch. Denn die erdichteten Welten von Röhren, Kapseln und Gerüsten – die, nebenbei, durchaus auch Konrad Wachsmann einiges verdanken und den Utopismus von Raumfahrt- und Mondlandung einerseits, den Universalismus eines überzeichneten Modern Movement andererseits als grundierende allgemeinere gesellschaftliche Hintergründe haben, auch wenn es sich zunächst um ingenieurwissenschaftlich-konstruktivistische Architektur- und Stadtplanungsideen handelt – beschwören zwar einen Optimismus ohnegleichen, der aber bereits in den ›Walking Cities‹ von Ron Herron ironisch, manchmal sogar selbstironisch gebrochen scheint. Um so mehr gilt dies für die Collagen der städtischen Räume, wie etwa das Galerieprojekt für Bournemouth ›Bournemouth Arcade‹ (1970, Herron; Abb. 7) oder die urbanen Aktions- und Kommunikationsräume mit dem Titel ›Glamour‹ (1969, Cook; Abb. 8) oder auch jene ›Instant City‹, der mit großen Druckbuchstaben die Zeile »Urban Action Tune Up« (1969, Herron; Abb. 9) eingeschrieben ist. Sie alle bevölkern optimistische, gut gekleidete Models der sechziger Jahre, Menschen, die sich in den oft nur gezeichneten technoiden Strukturen als ausgeschnittene, collagierte, abziehbildhafte Fotomodels sichtlich wohlfühlen, Shopping gehen, Spiele treiben, sich der Leisure-Time hingeben. Gerade im Lichte der industriegesellschaftlichen Entwicklungen des letzten Drittels des 20. Jahrhunderts mit seiner manchmal besinnungslosen Mischung aus Entertainment, Edutainment und Infotainment, mit seinen wie Pilze aus dem Boden sprießenden überdachten Einkaufsmalls in den großen Metropolen der Welt, aber auch im Lichte einer Kommunikationsgesellschaft, für die der Informationsrausch immer öfter im bloßen Informationsrauschen endet und die Virtualität des Internet zwar eine globale permanente

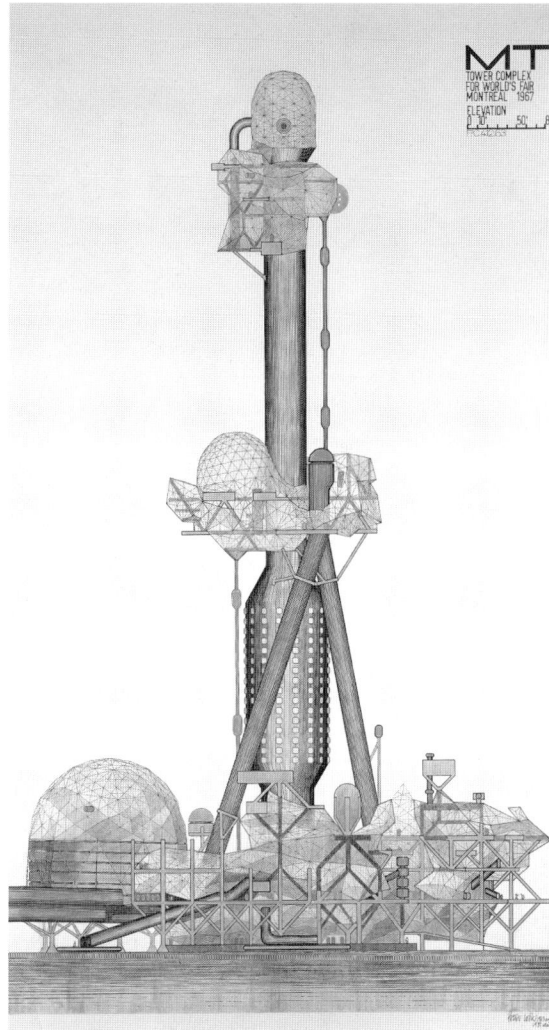

5 ›Montreal Tower‹, Ansicht
(Peter Cook), kolorierte Pause, 1963/1981
5 Peter Cook, Montreal Tower,
elevation, 1963/1981, coloured plan

6 ›Montreal Tower‹, Entwurfsstudie (Peter Cook), Zeichnung, 1963
6 Peter Cook, Montreal Tower, study for a design, 1963, drawing

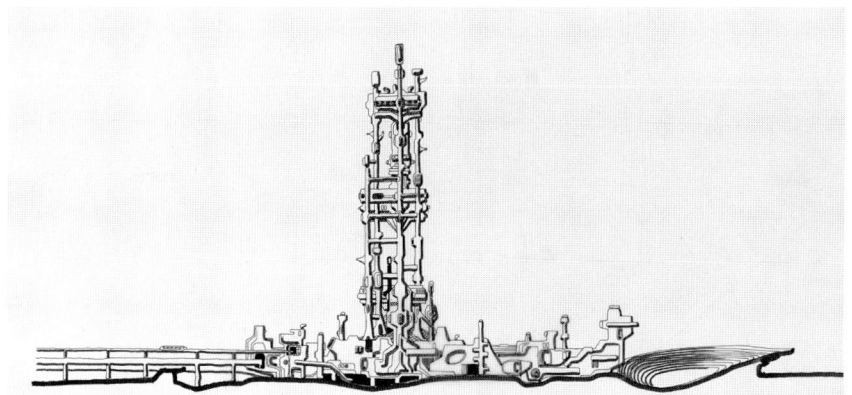

7 ›**Bournemouth Arcade‹ (Ron Herrron), Collage, 1970**
7 Ron Herron, Bournemouth Arcade, 1970, collage

8 ›**Instant City‹, Glamour (Peter Cook),
Collage, 1969**
8 Peter Cook, Instant City, Glamour, 1969, collage

Kommunikation ermöglicht, aber auch die Ebenen der Wirklichkeit untereinander eher verwischt als neu konturiert, sind solche kommunikativen Stadtutopien wie ein historischer Spiegel, in dem man urplötzlich seine eigene Gegenwart zu erkennen meint.

Neben allen Aktualisierungsmöglichkeiten der angesprochenen Inhalte der Arbeiten von Archigram ist für ihre bleibende Attraktivität eben auch und nicht zuletzt der Modus dieser Darstellungen entscheidend. Mit einer ähnlichen Intensität der visuellen Prägnanz im Finden von konkret ausformulierten, gleichwohl utopischen Szenarien, wie sie vielleicht vergleichbar nur noch die Gruppe OMA um Rem Koolhaas mit ihrem ebenso berühmten Buch *Delirious New York* in den siebziger Jahren schuf, haben vor allem Peter Cook und Ron Herron bleibende visuelle Metaphern geschaffen, ohne die auch die Arbeiten der italienischen Gruppen Superstudio und Archizoom ebenso kaum denkbar wären wie Bildfindungen inzwischen klassischer utopischer Filme am Ende des 20. Jahrhunderts, etwa in *Blade Runner* von Ridley Scott. Denn technische Konstruktionen nicht nur mit Menschen zu beleben, sondern sie selber zu Lebewesen zu machen, wie dies etwa bei den ›Walking Cities‹ der Fall war, nimmt der Technik ihre Abstraktion, archaisiert sie, um nicht zu sagen: humanisiert sie auf eine perfide Weise, die eine Gesellschaftskritik antizipiert, die, flächendeckend jedenfalls, erst eine Generation nach Archigram griff. Und die gewissermaßen biologische Selbstständigkeit technoider Systeme, die sich in Projekten wie ›Walking City‹ auf wenn auch megalomane Einzelstrukturen gründet, wird beispielsweise in den ›Urban Marks‹ (1972, Cook; Abb. 10) in stadtplanerische Dimensionen vergrößert; auch das im Lichte heutiger Megacitys mit teilweise weit über 20 Millionen Einwohnern vorweggenommene Realität.

Es entbehrt nicht einer historiographischen Ironie, dass diese so bunten, swingenden Projekte jener Pop-Zeit der sechziger Jahre für heutige Betrachter bereits von Großvätern erdacht wurden. Um so mehr bleibt bemerkenswert, dass diese Projekte und Darstellungen offenbar nostalgie-resistent sind, es sei denn, man würde sie sehr verengt als Emanationen einer spezifischen Sechziger-Jahre-Nostalgie begreifen. Was zeitgenössisch der Kunstkritiker Reyner Banham mit der Formulierung »... they have been blessed with the power to create some of the most compelling images of our time ...«[4] verspürte, hat offenbar heute nach wie vor Gültigkeit, wenn auch unter veränderten Vorzeichen. Denn der Technik- und Medienfaszination der Archigramschen Bilderwelten ist offenbar bereits jene Kritikfähigkeit eingeschrieben, die es uns heute trotz des galoppierenden Fortschritts innerhalb der Medien und der Technologie nicht mehr erlaubt, die-

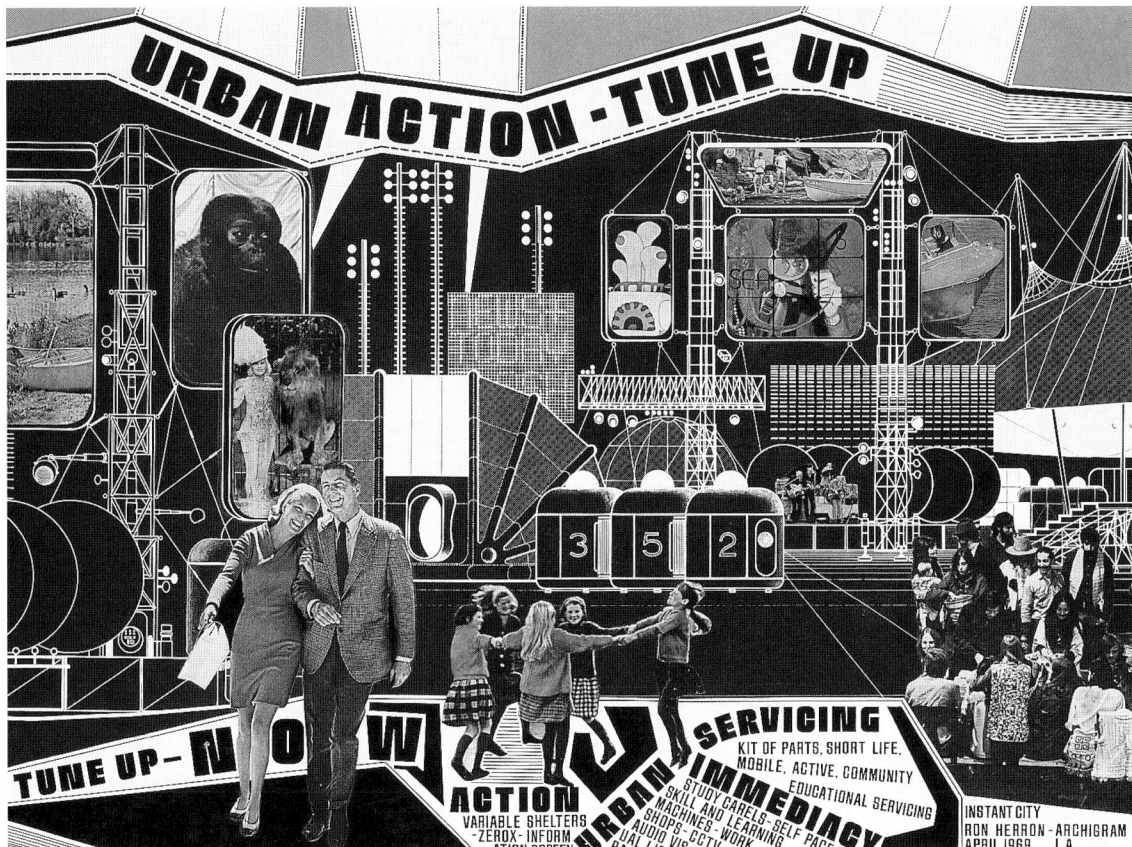

9 ›Instant City‹, Urban Action Tune Up (Ron Herron), Collage, 1969
9 Ron Herron, Instant City, Urban Action Tune Up, 1969, collage

ser Begeisterung blind zu erliegen. Bei aller Kraft der Fetische nicht in einen Fetischismus abzugleiten, bei allem Optimismus schon auch immer die Möglichkeiten seiner Relativierung oder gar seines Scheiterns mitzudenken, mag jener klassischen gesellschaftspolitischen Einsicht entsprechen, die man Dialektik nennt. Genau diese dialektische Kraft verleiht dem Œuvre von Archigram bleibende Aktualität.

Anmerkungen

1 Aldous Huxleys utopischer Roman *Schöne neue Welt* (erschienen 1932) imaginiert eine Zukunft, in der Menschen unterdrückt werden, in dem man ihnen gewissermaßen bis zur Besinnungslosigkeit Vergnügen zufügt. Im Gegensatz dazu statuiert die 1949 entstandene Utopie *1984* von George Orwell, dass Menschen dereinst durch zentralisierte Informationskontrolle unmündig gehalten werden. Nicht nur im Lichte von Archigrams Visionen, sondern mehr noch angesichts der Internet-Gesellschaft ist evident, dass wohl eher Huxley als Orwell als Seismograph für die Gegenwart in Anspruch genommen werden könnte.

2 *Archigram,* Ausst. Kat. Centre Georges Pompidou, Paris 1994; *A Guide to Archigram 1961–74,* hrsg. von Archigram, London 1994

3 Zitiert nach Peter Cook, ›Some Notes on the Archigram Syndrome‹, in: *A Guide to Archigram 1961–74* (wie Anm. 2), S. 27

4 Zitiert nach Hans-Peter Schwarz, in: Heinrich Klotz (Hrsg.), *Vision der Moderne. Das Prinzip Konstruktion.* Ausst. Kat. Deutsches Architektur-Museum, München 1986, S. 316

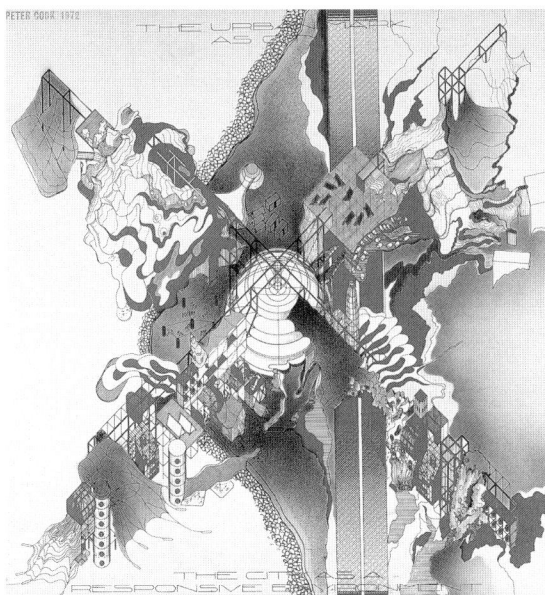

10 ›The Urban Mark‹, Isometrische Ansicht Nr. 6 (Peter Cook), Zeichnung, 1972
10 Peter Cook, The Urban Mark, isometric elevation no. 6, 1972, drawing

Deutsches Architektur-Museum
Jahresbericht 1999/2000

Ausstellungen

Durchaus passend zum hochsommerlichen Klima in Frankfurt zeigte das Deutsche Architektur-Museum ab Ende Juli 1999 die Architektur des mediterranen Landes Griechenland im 20. Jahrhundert. In der Folge der Beschäftigung mit den baukünstlerischen Entwicklungen verschiedener europäischer Länder im 20. Jahrhundert, denen unser Haus bereits für Österreich, Irland, Portugal, Schweden und die Schweiz nachgespürt hatte, wurde erneut deutlich, dass die Reichhaltigkeit der architektonischen Kultur gerade dieses Jahrtausende alten Kulturstaates, der zur Wiege der europäischen Identität wurde, auch in diesem Jahrhundert verblüfft. Bisher wurde kaum wahrgenommen, dass etwa der Neoklassizismus um die Wende des 19. zum 20. Jahrhundert in Griechenland ebenso vielfältige und qualitätvolle Einzellösungen hervorgebracht hat wie in den nordeuropäischen Ländern, etwa Schweden oder Finnland. Auch die Bauhaus-Moderne hat gewichtige bauliche Zeugnisse in jenem Land hinterlassen, in dessen Hauptstadt 1933 der berühmte vierte CIAM-Kongress stattfand. Ähnlich wie in vielen anderen Mittelmeerländern hat die griechische Architektur des 20. Jahrhunderts in einem regen Austausch mit den baulichen Entwicklungen in Zentraleuropa gestanden und es vermocht, diese an ihre eigenen geografischen und klimatischen Verhältnisse anzupassen. Einerseits geprägt von einem tiefen Stolz auf das antike Erbe, andererseits aber auch nicht unbeeinflusst von politischen Entwicklungen in Mitteleuropa, wurde so beispielsweise das Gedankengut des deutschen und italienischen Rationalismus mit historischem Reichtum überblendet. In den fünfziger und sechziger Jahren setzte sich vor allem in den Metropolen Athen und Thessaloniki eine eher leicht demokratisch inspirierte Architektur vor allem in der Gattung der Appartementblocks durch, die ihrerseits eine eigene Tradition bis zurück in die beginnenden dreißiger Jahre aufweisen konnte. Ab 1967 allerdings wurde dieses Erbe durch die Diktatur weitestgehend tabuisiert. So konnten sich die neueren internationalen Einflüsse, etwa die Postmoderne, der Minimalismus und ein kritischer Regionalismus nur zeitverzögert in Griechenland etablieren. Gerade aber im letzten Jahrzehnt ist auffällig, dass bedeutende Beispiele der erwähnten Richtungen oft auf gleichem, manchmal höherem Niveau als in anderen europäischen Ländern realisiert werden konnten. Ohne die generöse Hilfe des Hellenic Institute of Architecture in Athen hätte unser Haus die Dokumentation von weit über hundert gebauten Projekten des 20. Jahrhunderts in Griechenland, zusätzlich historisch erläutert und in soziologische Kontexte gestellt durch fundierte Essays im Katalog, nicht leisten können. Sowohl das griechische Kultusministerium als auch das Ministerium für Umwelt, Stadtplanung und öffentliche Gebäude unterstützten ebenfalls die Ausstellung und übernahmen ihre Schirmherrschaft.

Im Spätsommer 1999 setzte unser Haus sein Engagement auch für die regionalen Kontexte, in denen es selbst beheimatet ist, fort. Wir übernahmen die von der Akademie der Architektenkammer Hessen organisierte und in Zusammenarbeit mit dem Hessischen Ministerium für Finanzen entstandene Wanderausstellung ›Planen und Bauen im Bestand. Auszeichnung vorbildlicher Bauten im Land Hessen 1999‹. Diese Ausstellung, deren Auswahl aufgrund von Entscheidungen einer hochkarätigen Jury zustandekam, der sowohl Architekten aus der Schweiz, aus Österreich und Deutschland angehörten, zeigte ebenso vorbildliche Siedlungsbauten, Kulturbauten und Funktionsgebäude, wie etwa Parkhäuser, aber auch Hotels, Privathäuser und beispielhafte Restaurierungen alter Bestände. Denn gerade jene Bauten, die die Bürger in ihrem Alltag unmittelbar erfahren, sind es wert, in ihrer gestalterischen Qualität und Komplexität, in ihrer materialen Ausführung, in ihren funktionalen und konstruktiven Aspekten den Menschen nahegebracht zu werden. Dabei zeigte sich, dass die insgesamt 18 ausgezeichneten und lobend erwähnten Bauten in unserem Bundesland nicht nur in der Metropole Frankfurt oder in großen Städten wie Kassel, Darmstadt oder Wiesbaden, sondern durchaus auch in kleineren Orten jene Unterstützung der Behörden, Bauträger und Bauherren gefunden hatten, die erst ihre Realisierung ermöglichte.

Von Ende Oktober bis Anfang Dezember 1999 konzentrierte sich das Museum auf seine eigene Arbeit als Sammlungsinstitution und präsentierte unter dem Titel ›Die Neue Sammlung. Schenkungen und Akquisitionen 1995–1999‹ jene wesentlichen Neuzugänge, die die Sammlung unseres Hauses durch umfangreiche und großzügige Schenkungen gerade in den letzten Jahren erfahren hat. Die Liste der beteiligten Architekten vermittelt eindrucksvoll die internationalen, weit gespannten Kontakte unseres Hauses und eine Sammlungskonzeption, die, verankert in der deutschen Baukultur, diese in einen angemessenen internationalen Vergleichsrahmen stellt. In der Ausstellung wurden Bauten und Entwürfe von Florian Beigel, Patrick Berger, Heinz Bienefeld, Helge Bofinger, Joao Carrilho da Graça, Johan Celsing, Henry N. Cobb, Coop Himmelb(l)au, Hermann Czech, Diener & Diener, Gigon & Guyer, Richard Gluckman, Zaha Hadid, Herzog & de Meuron, Thomas Herzog, Nikolaus Hirsch, Carl-Viggo Hølmebakk, Jan Olav Jensen & Per

Christian Brynildsen, Jochem Jourdan & Bernhard Müller, Alexander Klein, Dieter Köhler, Hans Kollhoff, Adolf Krischanitz, Juha Leiviskä, Peter Märkli, Josép Lluis Mateo, Marcel Meili + Markus Peter, Enric Miralles, Rafael Moneo, Simo & Käpy Paavilainen, Eric Parry, John Patkau & Patricia Patkau, Gustav Pichelmann, Boris Podrecca, Hans Poelzig, Heinz Rasch, Tim Ronalds, Hans Scharoun, Erich Schelling, Till Schneider + Michael Schumacher, Scogin Elam & Bray, Alvaro Siza, Benedikt Tonon, Zvonko Turkali und Tod Williams & Billie Tsien gezeigt. Neben der Dokumentation der Exponate beinhaltete der die Ausstellung begleitende Katalog wiederum vertiefende Essays, diesmal zur Gründung und Baugeschichte unserer Institution und zur wissenschaftlichen und pädagogischen Zielsetzung der Sammlungstätigkeit.

Parallel zur Dokumentation unserer eigenen Sammlungstätigkeit gaben wir erneut einer anderen Institution, diesmal der Architektursammlung der TU München Gelegenheit, ihre architekturpädagogische und entwerferische Kompetenz zu dokumentieren. Die Ausstellung zeigte ›40 Häuser des 20. Jahrhunderts‹, von Studenten des Lehrstuhles für Entwerfen und Raumgestaltung der Technischen Universität München nachgebaute und teilweise rekonstruierte vorbildliche Lösungen im Privathausbau.

Im November und Dezember 1999 präsentierten wir die Ergebnisse eines Projekts, welches wie kaum ein anderes in der Stadt Frankfurt in absehbarer Zeit den innerstädtischen Zusammenhang verändern wird. Die städtebauliche Entwicklung des Areals des ehemaligen Güterbahnhofs wird von seiner Dimension her einen komplett neuen Stadtteil zwischen der Messe Frankfurt, dem Rebstockgelände und dem Gallusviertel auf mehr als 90 Hektar ermöglichen. Unter dem Titel ›Das Europa Viertel in Frankfurt am Main‹ wurden sowohl die Ergebnisse der Rahmenplanung des städtebaulichen Büros AS & P – Albert Speer & Partner GmbH wie eines Workshops zum geplanten Boulevard, einem Themenpark zur Naherholung und einem neugeplanten Wohnviertel gezeigt. Sechs Planerteams aus vier Nationen, die sich aus Architekten, Landschaftsarchitekten, Verkehrsplanern und Immobilienfachleuten zusammensetzten, haben diese Entwürfe erarbeitet. Folgende Planerteams waren beteiligt: GTL, Kassel; Mäckler, Frankfurt; dos Santos, Porto; Snozzi, Lausanne; Stete, Darmstadt; Vasconi, Paris.

Zeitlich parallel zu den Frankfurter Neuplanungen konnten wir in Zusammenarbeit mit der Max-Planck-Gesellschaft den ›Ideenwettbewerb für die Neugestaltung der Bibliothek der Bibliotheca Hertziana, Max-Planck-Institut in Rom‹ zeigen. Jenes berühmte Institut für Kunstgeschichte, welches sich mit der wissenschaftlichen Erforschung der italienischen Kunst und ihrer Bedeutung für die anderen europäischen Länder beschäftigt, gehört zu den ältesten Einrichtungen seiner Art überhaupt und wurde 1913 im römischen Haus des Malers und Kunsttheoretikers Federico Zuccari, welches um 1600 entstanden ist, eingerichtet. Die Aufgabe des Ideenwettbewerbs bestand darin, innerhalb des vorhandenen Gebäudevolumens eine Lösung zu finden, bei der größere Magazin- und Leseflächen möglich sowie alte und neue Gebäudeteile optimal miteinander verbunden werden. Aufbauend auf ein Kolloquium in Rom, an dem acht renommierte Architekten aus Italien, Deutschland und Spanien teilnahmen, entschied sich Mitte 1995 ein Preisgericht für die Arbeiten des Spaniers Juan Navarro Baldeweg und des Deutschen Alexander von Branca. Die Ausstellung zeigte alle zum Wettbewerb eingereichten Beiträge, dokumentierte ausführlich den zu errichtenden Neubau, den schlussendlich der spanische Preisträger realisieren soll, und gab darüber hinaus unseren Besuchern die Gelegenheit, mittels einer Dokumentation das historische Institut und seine Räumlichkeiten kennen zu lernen.

Noch kurz vor der Jahreswende eröffneten wir die siebte Ausstellung unserer Reihe ›Architektur im 20. Jahrhundert‹, die diesmal Finnland gewidmet war. Wiederum generös von Spezialisten vor Ort unterstützt, nämlich vom Finnischen Architekturmuseum in Helsinki, zeigten wir 140 finnische Bauten, Wettbewerbsbeiträge und Stadtplanungen, erneut beginnend mit der Wende vom 19. zum 20. Jahrhundert. Diese war in Finnland durch das Bestreben unterschiedlicher Disziplinen gekennzeichnet, die Anstrengungen um eine nationale Unabhängigkeit zu unterstützen. In den dreißiger Jahren dann, als Finnland unabhängig war, definierte das Land sein Profil und seine Identität durch eine moderne, funktionalistische Architektur, während die fünfziger Jahre dieses Vokabular eines internationalen Stils regionalistisch einzubinden versuchten. Diese Ausstellung, die erste umfassende Präsentation der Architektur dieses Landes überhaupt, legte bewusst auch einen Schwerpunkt auf den Zusammenhang gesellschaftlicher Entwicklungen, bautechnologischer Möglichkeiten und architektonischer beziehungsweise stadtplanerischer Ergebnisse. In Absprache mit unseren finnischen Partnern entschlossen wir uns diesmal, die Begehung der Ausstellung in umgekehrt chronologischer Reihenfolge zu präsentieren, also im Erdgeschoss mit der Gegenwart zu beginnen und die Wende vom 19. zum 20. Jahrhundert im Obergeschoss zu zeigen. Finnland selbst begriff diese Ausstellung als das wichtigste finnische Kulturereignis auf deutschen Boden während seiner EU-Ratspräsidentschaft. Der weitaus größte Teil dieser Präsentation wird im Finnischen Architekturmuseum in Helsinki dessen Dauerausstellung bereichern.

Ab Ende März des Jahres 2000 wurde diese Reihe der Überblicke über die Architektur im 20. Jahrhundert mit einer Ausstellung fortgesetzt, die unser eigenes Land zum Thema hatte. Da wir in den vergangenen Jahren bereits in drei umfangreichen Präsentationen die architektonische Kultur Deutschlands aufgeblättert hatten, konzentrierte sich dieser Gesamtüberblick diesmal auf das Verhältnis von Menschen und Bauten. Er reflektierte diese Verbindung mit Hilfe speziell für die Ausstellung aufgenommener Architekturfotografien folgender renommierter Fotografen: Wolfgang Dürr, Gerrit Engel, Sibylle Fendt, Klaus Frahm, Roland Halbe, André Kirchner, Norbert Miguletz, Detlef Riemarzik, Petra Steiner, Annet van der Voort und Markus Werres. Im Gegensatz zur meist üblichen, oft kanonischen Art und Weise, Gebäude abzubilden, die gewissermaßen ›zeitlos‹ versucht, die architektonischen Charakteristika unabhängig von Nutzungen oder Gebrauchsereignissen zu dokumentieren, ging es hier darum, sowohl die zeitlichen Spuren wie den Umgang mit Architektur durch ihre Nutzer und Benutzer zu zeigen. Insofern gliederte sich die Ausstellung folgerichtig nicht nach den üblichen chronologischen oder stilistischen, gattungsdefinierenden oder regionalen Ordnungssystemen, sondern versammelte unter insgesamt 14, dominant soziologisch verstandenen Nutzungskontexten über 100 einzelne herausragende architektonische Zeugnisse Deutschlands im 20. Jahrhundert. Die Schirmherrschaft der Ausstellung lag beim Beauftragten der Bundesregierung für Angelegenheiten der Kultur und der Medien, dem Staatsminister beim Bundeskanzler Michael Naumann.

Veröffentlichungen
- *20Th-Century Architecture. Greece,* hrsg. von Savas Condaratos und Wilfried Wang, München, London und New York 1999
- *DAM Architektur Jahrbuch 1999,* hrsg. von Wilfried Wang und Annette Becker, München, London und New York 1999
- *Die Neue Sammlung. Schenkungen und Akquisitionen 1995–1999,* hrsg. von Anna Meseure und Wilfried Wang, Tübingen und Berlin 1999
- *Bibliotheca Hertziana Rom. Ideenwettbewerb für die Neugestaltung der Bibliothek des Max-Planck-Instituts für Kunstgeschichte,* hrsg. von der Bauabteilung der Max-Planck-Gesellschaft München und dem Deutschen Architektur-Museum Frankfurt, 1999

- *20Th-Century Architecture. Finland,* hrsg. von Marja-Riitta Norri, Elina Standertskjöld und Wilfried Wang, München, London und New York 2000
- *Architektur im 20. Jahrhundert. Deutschland,* hrsg. von Romana Schneider, Winfried Nerdinger und Wilfried Wang, München, London und New York 2000

Vorträge, Symposien, Veranstaltungen
- Vortragsreihe LandschaftsArchitekten Juli/August 1999
  Referenten: Arno S. Schmid, Klaus von Krosigk, Daniel Sprenger, Gisela Fleig-Harbauer, Susanne Burger, Tobias Micke, Ute Wittich und Werner Kappes
- Vortragsreihe ›Weit und leicht gespannt‹ (in Zusammenarbeit mit dem Architekten und Ingenieur-Verein) Oktober 1999
  Referenten: Werner Sobek, Richard J. Dietrich, Frei Otto, Jane Wernick
- 5. Internationaler Frankfurter Architektur-Diskurs ›Kritik der Architekturkritik‹ (in Zusammenarbeit mit der Frankfurter Rundschau) Oktober/November 1999
  Drei Diskussionsabende mit Zaha Hadid, Annette Gigon, Hubertus Adam, Gesine Weinmiller, Heinrich Wefing. Kolloquium mit Wolfgang Bachmann, Louise Hutton, Christian Thomas und Pierre Vago unter der Moderation von Manuel Cuadra und Wilfried Wang
- Vortragsreihe zur Ausstellung ›Architektur im 20. Jahrhundert. Finnland‹ Januar 2000
  Referenten: Wilfried Wang, Antero Markelin und Marja-Riitta Norri
- Symposium ›Hochhäuser in Deutschland – Zukunft oder Ruin der Städte?‹ (in Zusammenarbeit mit dem Fachbereich Gesellschaftswissenschaften der Johann-Wolfgang-Goethe-Universität Frankfurt am Main und der Frankfurter Rundschau) Januar 2000
  Referenten: Lutz Hoffmann, Dirk Schubert, Harald Bodenschatz, Kurt Schmidt, Wolf Reuter, Iris Reuther, Stefan Böhm-Ott, Hans-Günter Seckerdieck, Dieter von Lüpke, Uwe Wahl und Wilfried Wang
  Moderation: Marianne Rodenstein
- Veranstaltungsreihe ›Zukunft Region Rhein-Main. Von Visionen und Leitbildern‹ (Bund Deutscher LandschaftsArchitekten Landesverband Hessen und Deutsches Architektur-Museum) Februar/ März 2000
  Referenten: unter anderen Werner Kappes, Ursula Poblotzki, Lorenz Rautenstrauch, Rainer Mühlinghaus, Reinhard Henke, Henri Bava, Andreas Kipar, Almut Jirku

Moderation: Teja Trüper, Gerhard Richter
- Vortragsreihe ›Werkberichte von Architekten aus Hessen‹ (in Zusammenarbeit mit dem Bund Deutscher Architekten BDA im Lande Hessen und der Frankfurter Rundschau) April/Mai/Juni 2000
  Referenten: Albert Speer, P. Karle/R. Buxbaum, Claus Bury, Zaeske + Maul, Marie-Theres Deutsch, Michael Wilkens/Baufrösche, Scheffler, Warschauer + Partner, Eckardt + Hahn
- Symposium ›Einzelhandelswelten‹ (in Zusammenarbeit mit der ECE Gruppe und der Deutschen Bank Gruppe) Mai 2000
  Referenten: Andrew Roud, Holger Tschense, Helmut Ahuis, Heinrich Kraft, Martin Wentz, Manfred Stanek, Harald Deilmann, Dieter Mronz, Matthias Kohlbecker, Meinhard von Gerkan, Eric Kuhne, Hans Günter Wawrowsky, Klaus Hofmann, Hermann Henkel, Alexander Otto, Hartwig K. Hasenkamp, Bernd Knobloch, Jörn Walter, Gunter Just, Dieter Ullsperger, Ute Pohl und Achim Großmann
- Symposium ›Welche Zukunft hat die Architektur in Deutschland‹,im Rahmen der Ausstellung ›Architektur im 20. Jahrhundert. Deutschland‹ Mai 2000
  Referenten: Reinhard Klimmt, Hans Kollhoff, Peter Kulka und Winfried Nerdinger
  Moderation: Wilfried Wang

Aktivitäten außerhalb des Museums

Die vom Deutschen Architektur-Museum erarbeitete Ausstellung über das Werk des deutschen Architekten Heinz Bienefeld (1926–1995) konnte an zwei weiteren Orten gezeigt werden: von September bis November 1999 im Museum für Angewandte Kunst in Köln und vom März bis zum April 2000 in der Städtischen Galerie in Erlangen.

Mäzene und Sponsoren

Finanzielle Unterstützung erfuhr die Arbeit des Deutschen Architektur-Museums auch im vergangenen Jahr erneut in vielfältiger Weise durch Aktivitäten und geldliche Zuwendungen der Gesellschaft der Freunde unseres Hauses. Dazu gehörte insbesondere die Unterstützung der Ausstellung über unsere eigenen Akquisitionen der letzten fünf Jahre sowie das Enga-gement bei der Ausstellung ›Architektur im 20. Jahrhundert. Deutschland‹.

Praktische Hilfe erhielt unser Haus durch die Gütegemeinschaft Holzfenster und -haustüren e.V., die im Rahmen einer Mustersanierung die über die Jahre in Mitleidenschaft gezogenen Fenster unseres Obergeschosses erneuerten.

Wiederum konnten wir auch auf ausländische Unterstützung zurückgreifen. So floss der Griechenland-Ausstellung generöse Unterstützung durch die Stavros S. Niarchos Foundation, die I. F. Kostopoulos Foundation, die Foundation for Hellenic Culture, die O. Beinoglou International Forwarders, alle in Griechenland, sowie durch die Frankfurter Zweigstellen der National Bank of Greece, der Agricultural Bank of Greece und der Commercial Bank of Greece zu. Ebenso erfuhr die Länderausstellung über Finnland großzügige Hilfe durch die Finnischen Ministerien für Unterricht und für auswärtige Angelegenheiten sowie durch die Finnische Botschaft in Deutschland. Alle vier Ausstellungen zum Jahresende 1999: die ›Neue Sammlung‹, die ›40 Häuser des 20. Jahrhunderts‹, die ›Bibliotheca Hertziana‹ sowie jene über das ›Europa Viertel in Frankfurt‹ wurden von der EisenbahnImmobilien Management GmbH, der Deutschen Bahn Immobiliengesellschaft mbH sowie der Albert Speer & Partner GmbH insofern großzügig gefördert, als diese Sponsoren den freien Eintritt zu all diesen Ausstellungen ermöglichten. Darüber hinaus bekamen wir für die Ausstellung ›Neue Sammlung‹ weitere finanzielle Unterstützung durch die Deutsche Grundbesitz Management GmbH, DESPA, die Bayerische Hypo- und Vereinsbank und von Plan Plus Faktor.

Auch öffentliche deutsche Stiftungen haben uns erneut ihre Hilfe nicht versagt: So förderte sowohl die Hessische Kulturstiftung wie die Kulturstiftung der Länder großzügig die Deutschland-Ausstellung. Nach wie vor kommt uns zudem der Erlös aus den Grafik-Kassetten international renommierter Architekten und Künstler, die die Deutsche Bank Bauspar AG aufgelegt hat, zugute. All den erwähnten Förderern unserer Arbeit aber auch manchem ungenannt bleibenden Mäzen gilt der herzliche Dank unserer Institution. Ohne diese vielfältige Hilfe von dritter Seite wäre die Qualität und die Quantität unserer Arbeit weniger dicht.   Anna Meseure

Die Autoren

Dieter Bartetzko

geboren 1949; Kunsthistoriker; zwischen 1986 und 1994 freier Journalist; tätig unter anderem für die ›Frankfurter Rundschau‹ und den Hessischen Rundfunk mit den Schwerpunkten Architektur, Archäologie und Denkmalpflege; seit 1994 Redakteur im Feuilleton der ›Frankfurter Allgemeinen Zeitung‹.

Christof Bodenbach

geboren 1960; Ausbildung zum Möbelschreiner; Studium der Germanistik und Innenarchitektur; schreibt regelmäßig über Architektur, Stadtplanung und Umweltgestaltung; 1996 Preisträger im Journalistenwettbewerb der Bundesarchitektenkammer; seit 1997 Lehrauftrag an der FH Wiesbaden, lebt in Wiesbaden.

Layla Dawson

geboren 1949; Studium der Architektur an der Universität Newcastle upon Tyne, England; arbeitete als Architektin und Dozentin in England, Kuwait und Hongkong; seit 1989 in Hamburg als freie Architekturkritikerin tätig; zahlreiche Veröffentlichungen in internationalen Zeitschriften.

Nikolaus Hirsch

geboren 1964 in Karlsruhe; 1983 bis 1988 Studium an der TH Darmstadt; Büro Wandel, Hoefer, Lorch + Hirsch.

Steven Holl

geboren 1947 in Bremerton, Washington; Studium der Architektur an der Universität von Washington sowie in Rom und London; 1976 Gründung eines eigenen Architekturbüros in New York City; Professor an der Columbia University Graduate School of Architecture and Planning in New York sowie an der University of Washington, Seattle, Pratt Institute, New York, Parsons School of Design, New York, und der University of Pennsylvania, Philadelphia.

Markus Jager

geboren in Berlin; Studium der Kunstgeschichte in Berlin und Zürich; Forschungen und Publikationen zu Architektur und Städtebau des 19. und 20. Jahrhunderts; schreibt unter anderem für das ›Handelsblatt‹.

Karin Leydecker

geboren 1956; Kunst- und Architekturhistorikerin; Journalistin mit Arbeitsschwerpunkt Architektur und Design im 19. und 20. Jahrhundert.

Annette Ludwig

geboren 1963; Kunsthistorikerin, M.A.; Studium der Kunstgeschichte, Baugeschichte und Literaturwissenschaft in Karlsruhe; freie Mitarbeit bei Ausstellungsprojekten; Katalogbeiträge und Publikationen zur Kunst und Architektur im 20. Jahrhundert; derzeit Bearbeitung des Nachlasses von Heinz Rasch.

Marcel Meili

geboren 1953 in Küsnacht; 1973 bis 1980 Architekturstudium an der ETH Zürich bei Aldo Rossi und Mario Campi; 1981 bis 1983 wissenschaftlicher Mitarbeiter am Institut für Geschichte und Theorie der Architektur der ETH Zürich; 1983 bis 1985 Mitarbeit im Büro Dolf Schnebli; 1985 bis 1987 Assistent bei Mario Campi; seit 1987 gemeinsames Büro mit Markus Peter in Zürich; 1988 bis 1991 Dozent an der Höheren Schule für Gestaltung Zürich und 1990/91 an der Harvard University, Cambridge; 1993 bis 1995 Gastprofessor an der ETH Zürich.

Anna Meseure

geboren 1953; Kunsthistorikerin; 1983 bis 1990 wissenschaftliche Mitarbeiterin des Museums am Ostwall in Dortmund; seit 1990 als Kustodin am Deutschen Architektur-Museum tätig.

Philipp Meuser

geboren 1969; Architekt BDA und Journalist; Architekturstudium in Berlin und Zürich mit Schwerpunkt Geschichte und Theorie; Koordinator des Berliner Stadtforums; seit kurzem Chefredakteur der Zeitschrift ›FOYER – Journal für Stadtentwicklung‹.

Walter Nägeli

geboren 1953 in Mainz; Studium an der ETH Zürich; langjährige Architekten-Tätigkeit in London und Berlin; 1991 und 1994 Visiting Critic an der Graduate School of Design in Harvard; seit 1994 Lehrstuhl für Bauplanung und Entwerfen an der TU Karlsruhe; Architekturbüro NÄGELIARCHITEKTEN in Berlin.

Andreas Rossmann

geboren 1952 in Karlsruhe; Studium der Anglistik, Germanistik, Komparatistik und Philosophie in Heidelberg, London, Norwich und Siena; von 1979 bis 1984 wissenschaftlicher Mitarbeiter am Institut für Allgemeine und Vergleichende Literaturwissenschaft der FU Berlin; seit 1986 Kulturkorrespondent der ›Frankfurter Allgemeinen Zeitung‹ in Nordrhein-Westfalen; lebt in Köln.

Manfred Sack

geboren 1928 in Coswig, Anhalt; Studium an der FU Berlin; nach seiner Promotion in Musikwissenschaft lernte er in niedersächsischen Zeitungen das journalistische Handwerk; von 1959 bis 1994 Redakteur der ›ZEIT‹; Mitglied der Freien Akademie der Künste Hamburg, der Europäischen Akademie der Wissenschaften und Künste Salzburg und Träger des Dr.-Ing. ehrenhalber der TU Darmstadt.

Enrico Santifaller

geboren 1960; studierte in München Geschichte und Soziologie; volontierte anschließend bei der ›Frankfurter Neuen Presse‹ und war Redakteur der ›Offenbach Post‹; seit 1996 freier Architekturjournalist; von 1997 an verantwortlicher Online-Redakteur der ›Deutschen Bauzeitschrift‹ und Leiter der Online-Agentur @rchiglos; zahlreiche Beiträge in Fachzeitschriften und Fachbüchern, in Tageszeitungen und im Rundfunk; seit Frühjahr 2000 außerordentliches Mitglied im BDA; lebt in Frankfurt am Main.

Peter Cachola Schmal

geboren 1960 in Altötting; Architekturstudium TH Darmstadt, 1989 Diplom; Mitarbeiter bei Behnisch + Partner, Stuttgart, und Eisenbach + Partner, Zeppelinheim; von 1992 bis 1997 Mitarbeiter von Jo Eisele an der TU Darmstadt; seit 1997 Lehrauftrag für Entwerfen an der FH Frankfurt; seit 1998 Forschung für Promotion; seit 1992 freier Architekturkritiker.

Walter Schoeller

geboren 1957; freier Architekt in Frankfurt am Main; Lehrtätigkeiten an der FH Frankfurt und der TU Darmstadt; zahlreiche Publikationen.

Paul Sigel

geboren 1963; Studium der Kunstgeschichte und der Germanistik in Tübingen, 1997 Promotion mit einer Arbeit zur Architektur- und Kulturgeschichte deutscher Weltausstellungspavillons; seit 1996 wissenschaftlicher Assistent am Lehrstuhl für mittlere und neuere Kunstgeschichte der TU Dresden; zahlreiche Publikationen zur Architektur- und Städtebaugeschichte des 19. und 20. Jahrhunderts, zur Denkmalgeschichte und zur Kulturgeschichte der Weltausstellungen; lebt in Berlin und Dresden.

Christian Thomas

geboren 1955; studierte Germanistik, Philosophie und Kunstgeschichte; seit 1993 ist er Redakteur im Feuilleton der ›Frankfurter Rundschau‹, wo er für die Berichterstattung über Architektur und Städtebau zuständig ist.

Wilfried Wang

freischaffender Architekt in Berlin und Professor der Architektur an der Harvard University Graduate School of Design; zusammen mit John Southall leitete er von 1989 bis 1995 SW Architects Ltd in London; von 1995 bis 2000 war er Direktor des Deutschen Architektur-Museums.

Inge Wolf

geboren 1955; Kunsthistorikerin; seit 1994 Mitarbeiterin des Deutschen Architektur-Museums; seit 1996 Betreuung der Plan- und Modellsammlung.

Architektenregister der Jahrbücher 1992–2000
Index of Architects in the Annuals 1992–2000

Jahr/Seite
year/page